TEOLOGÍA

POP

21 ENSAYOS PARA PENSAR LA FE
Y LA CULTURA EN EL SIGLO 21

EDITORIAL CLIE
C/ Ferrocarril, 8
08232 VILADECAVALLS
(Barcelona) ESPAÑA
E-mail: clie@clie.es
http://www.clie.es

TEOLOGÍA POP
21 ENSAYOS PARA PENSAR LA FE Y LA CULTURA EN EL SIGLO XXI
ISBN: 978-84-19055-87-3
Depósito legal: B 22515-2023
Cristianismo / General
REL070000

Impreso en Estados Unidos de América / *Printed in the United States of America*

ÍNDICE

PRÓLOGO

José de Segovia

La relación de la Iglesia con la cultura popular ha sido siempre equívoca. Por un lado, hay sectores que todavía desprecian lo que les parece efímero y trivial, elevando el "arte sacro" a la categoría de "trascendental", ejemplo de "alta cultura" —como vemos en la mayor parte de las iglesias históricas, orgullosas de que su liturgia y arte religioso sean considerados parte de la "cultura clásica", o inspiración incluso de las expresiones más elitistas del mundo intelectual—. Y por otro, movimientos como el evangélico, que han abrazado la cultura popular hasta convertirla en un modo de adoración e instrumento de propaganda —constituyendo una auténtica subcultura con su propia música, literatura y medios de comunicación que no llegan más que a ellos y sirven solo para su propio entretenimiento—.

A estas alturas, creo que no hace falta mucho esfuerzo para demostrar la importancia que tiene la cultura popular, desde *Playboy* o Tolkien hasta *Star Wars* y *Los Simpson,* no solo en la sociedad occidental, sino en la realidad global en la que ahora vivimos. Es cierto que hay cristianos que han escrito ya de los peligros de la cultura popular, sobre todo en relación con la familia y la moral, pero pocos libros podrá encontrar como este que tiene entre manos. Lucas Magnin ha logrado reunir aquí a toda una serie de jóvenes interesados en la cultura pop, tanto en España como en Latinoamérica, que intentan evitar tanto la moralina de esta literatura como el simple llamado a participar de la subcultura evangélica para producir nuevos músicos, cineastas, escritores y comunicadores que sigan entreteniendo a los cristianos con mayor técnica e inspiración.

Como alguien que se siente unido a la cultura popular desde los años 60 y se ha criado tanto en una iglesia histórica como en el movimiento evangélico más amplio, nunca he entendido cómo separar la fe de mi interés por lo que se sigue llamando "el mundo". En el colegio me llamaban *Cine, música y libros* porque no hablaba de otra cosa. Era lo que me interesaba. Cuando empecé a escribir sobre estos temas a finales de los años 70 no podía separar la realidad de mi fe de la experiencia vital que encuentra su expresión en la cultura popular. No es que buscara ilustraciones para hacer el mensaje más actual, como hacen muchos predicadores... es que no puedo concebir la vida aparte de ella. La revista que publicaba en papel a principios de los 80 lleva el mismo nombre que la página web donde escribe ahora una nueva generación de autores cristianos interesados en la cultura pop, *Entrelíneas*. Este libro es el anuncio de cómo algunos jóvenes, como los que aquí ha reunido Magnin, van a llevar esta perspectiva a una Iglesia todavía confusa al respecto de qué hacer con la cultura pop.

Hasta leer las contribuciones de estos nuevos autores, confieso que lo único que creía que muchos evangélicos hispanos podían aportar a la cultura popular eran salmistas, memes y patéticos videos de internet. La superficialidad que todavía transmite gran parte de nuestro "mundillo cristiano" no solo hace dudar de nuestra inteligencia, sino que da una impresión de propaganda barata, solo apta para la manipulación y la promoción de intereses sociales conservadores, cada vez más partisanos a nivel político. En un sentido, parece que hemos ido hacia atrás desde los años 80, cuando la Mayoría Moral se unió al último Schaeffer (que cambió sus charlas sobre Buñuel o Jefferson Airplane por campañas contra el aborto —luego vino el movimiento LGTB, ahora lo trans y mañana cualquier otra causa de las que nos parezca que no somos culpables—). La hipocresía farisea ha convertido el escándalo del Evangelio en una moralina cada vez más asfixiante. Nuestra música es cada vez más cúltica, nuestras películas no hablan más que de "valores familiares" y los libros son simples productos de autoayuda y psicología barata. Tenemos que volver al realismo de la Escritura y hablar el lenguaje de un mundo que no entiende nuestra jerga, sospecha de nuestras motivaciones y desprecia nuestro estilo de vida como puritano y represivo.

Creo que nos hace falta, sobre todo, honestidad —la que caracterizó a Schaeffer y Rookmaaker en los años 60 y 70, cuando hablaban de la esperanza del Evangelio en relación con la cultura popular de los jóvenes de su tiempo—. Necesitamos sinceridad, pero también humildad, ya que fácilmente simplificamos apasionadamente la complejidad de unas obras que expresan luz y oscuridad, gozo y desesperación, bondad y maldad. La vida tiene esa mezcla de gracia e idolatría, como dice mi amigo Ted Turnau en su valioso libro *Pop-olegética*. Podemos buscar a Dios en la cultura popular, como hace Romanowski, pero lo que encontraremos tantas veces es una realidad tan humana que hace que lo mejor de la cultura muchas veces no sea más que un reflejo del problema que la Biblia llama *pecado*. No eso que llamamos "el mundo", sino nosotros —los seres humanos—, que somos tan complejos.

No me queda ahora sino recomendar la lectura de estas páginas y elogiar, si se me permite, la labor de Lucas Magnin. He conocido pocos como él, que unan a su juventud, la madurez de tantas lecturas; su seriedad a su sensibilidad; su iniciativa a su humildad. Lucas es, para mí, un ejemplo de cristianismo equilibrado, santidad mundana, personalidad comprometida con la Iglesia. Los libros que ya ha publicado muestran una originalidad en su expresión y fidelidad al mensaje nada habituales en su generación. Espero que los autores que aquí ha convocado sigan su ejemplo y que pueda ser el inicio de todo un movimiento que, aunque no creo poder llegar a ver, alcance a una generación necesitada de la Luz en medio de tanta oscuridad… ¡Que este libro sirva también para ello!

INTRODUCCIÓN

Lucas Magnin

La cultura popular es el medio ambiente en el que *vivimos, nos movemos y somos*. Las canciones, películas, series y memes interpretan el pulso de la existencia ante la vista de una audiencia global. Es allí donde se escenifican, como en pocos otros lugares, las *liturgias seculares*[1] que traslucen la cosmovisión, las ideologías y la religiosidad contemporánea. Es una «mitología para la cultura posmoderna»[2] en la que se forjan las identidades personales, la memoria colectiva y los futuros posibles. Un laberinto interminable de narrativas donde coexisten la gloria y la miseria (y todo lo demás).

Hay ciertos núcleos temáticos que, en diferentes momentos de la historia, han congregado la discusión y la producción teológica. El cristianismo viene hablando de la Trinidad desde hace veinte siglos, pero nunca con tanta dedicación y con consecuencias tan duraderas como en el siglo IV. Y también de Cristo, de su divinidad y humanidad, pero nunca fue la cristología más centro de atención que en el siglo V. La doctrina de la salvación dominó las conversaciones teológicas del siglo de la Reforma. Y aunque la eclesiología es un tema omnipresente de la teología cristiana desde las cartas paulinas, fue el siglo XX el que se ganó el rótulo de "el siglo de la Iglesia" (por la enorme cantidad de reflexión, debates y decisiones que propició).

Si tuviera que aventurar una hipótesis, me animo a decir que la cultura es el tema teológico clave del siglo XXI.[3] Es un asunto que aparece

---

1. Cf. Smith, 2016.

2. De Segovia, 2003, p. 119.

3. Para muchos intelectuales, otra gran candidata es la pneumatología, la doctrina del Espíritu Santo.

explícitamente en conferencias, sermones, charlas casuales y libros (como este). Pero, más aún, es el dilema que se percibe en el fondo de muchos otros asuntos. Con mayor o menor conciencia, los creyentes no paran de hablar de la cultura; si uno presta un poco de atención a los debates actuales sobre temas como la Escritura, la Iglesia, la ética, el fin del mundo o la misión, puede percibir que la verdadera preocupación detrás de esos asuntos es una cuestión esencial, pero que pocas veces se aborda frontalmente: la doctrina de la cultura.

Creo que esto refleja la experiencia de vivir en sociedades donde la fe cristiana ya no es la hegemonía cultural que fue en el pasado. El cristianismo occidental experimenta cómo se siente vivir en un entorno que no sostiene (más o menos implícitamente) un paradigma cultural y ético conectado con la propia fe. Es una experiencia bastante inusual en Occidente, al menos desde la cristianización del Imperio romano en el siglo IV; en ese sentido, se parece a algunos aspectos de la experiencia religiosa y cultural de los cristianos de los primeros siglos.

Mientras Iglesia y sociedad compartían códigos, instituciones y valores, podía parecer que la visión cristiana se superponía sin mayores esfuerzos con la visión de la realidad misma. Aunque no siempre estaban de acuerdo en las conclusiones, a fin de cuentas, fe y cultura cortaban el mundo con la misma tijera.

Pero ya no. El agotamiento cultural y espiritual se percibe como un viento helado en Occidente. Es una estampida de pesimismo y aturdimiento, fruto del pensamiento débil y la incertidumbre. Habitamos, en palabras de Max Weber, en un *politeísmo de valores*. Nuestras enciclopedias mentales son cada vez más diversas; los puentes que nos ayudaron a salir del aislamiento individual y a caminar hacia el prójimo se han vuelto cada vez más inestables y poco confiables.

Nada de esto significa que debamos entregarnos a un fatalismo apocalíptico ni abrazar conspiraciones persecutorias. No vas a encontrar esa actitud en este libro. Pero sí implica un esfuerzo por comprender cuáles son los fundamentos del entramado social que enmarca nuestra experiencia como cristianos en Occidente en el siglo XXI.

Los enormes cambios en la hegemonía cultural de nuestras sociedades obligan a la Iglesia cristiana a elevar una serie de preguntas muy complejas que, durante siglos, muchos creyentes no necesitaron abordar con urgencia: ¿Qué significa ser humano? ¿En qué se parecen las experiencias de personas de diferentes épocas, regiones y culturas? ¿Acaso esas similitudes son realmente universales o son solo particularidades muy difundidas?

¿Cuánto de lo que soy está determinado por mi contexto? ¿Qué actitud debería tomar ante el entorno cultural en el que crecí? ¿Y ante las culturas diferentes? ¿Es posible nombrar la realidad con cierto margen de objetividad? Y, si se puede, ¿cómo convivo con otros que también piensan que su percepción es la correcta? ¿Considero que la mejor forma de ser cristiano está estrechamente conectada con una experiencia cultural particular (la de cierto país, clase social o grupo demográfico)? ¿De qué manera las teologías —pasadas y presentes, ortodoxas y heréticas, saludables y peligrosas— incorporan o rechazan aspectos de la cultura en la que nacen?

Cultura es una de esas palabras prácticamente imposibles de definir con precisión; se han clasificado unas 250 definiciones diferentes. La etimología nos retrotrae al latín *cultus* (derivado, a su vez, del verbo *colere*). El sentido principal de *cultus* tenía que ver con el cultivo y el cuidado de la tierra: la capacidad humana de interactuar con el ambiente y las técnicas para transformar el mundo.[4] La cultura permite que el ser humano «no solo se adapte a su entorno, sino que haga que este se adapte a él, a sus necesidades y proyectos; dicho de otro modo, la cultura hace posible la transformación de la naturaleza»[5]. En segundo lugar, la palabra también tenía connotaciones religiosas, ligadas a la devoción y el cuidado de lo divino; en otras palabras: la conexión religiosa que existe entre las actividades humanas y aquello que trasciende a la humanidad misma.

Los fenómenos *culturales* están entonces etimológicamente conectados no solo con un aspecto del *cultivo*, sino también con una dimensión *cúltica*. Es una tríada de sentidos que se iluminan entre sí. *Culto*, *cultura* y *cultivo*, en palabras de Justo González; «esto no se debe únicamente a que el cultivo necesita de una estructura ideológica que le sirva de base. Se debe también, y sobre todo, a que el desafío más profundo de toda la vida humana es el tremendo misterio del sentido de la vida y de la realidad toda»[6].

Entre las incontables definiciones y matices que esconde el término *cultura*, nos interesa en este volumen concentrarnos en un aspecto en particular: la *cultura pop*.

Decimos que es *pop* porque es *popular*. De hecho, el primer registro de la palabra *pop* (que tiene casi cien años) tenía que ver específicamente con aquello que tiene un *atractivo popular*. Y aquí conviene hacer una aclaración fundamental. Todavía se escucha en algún lugar de la conciencia

---

4. En este mismo sentido, por ejemplo, hasta nuestros días seguimos hablando de agri*cultura*.

5. Cuche, 2002, p. 5.

6. González, 2014, p. 46.

colectiva una interpretación muy despectiva acerca de la palabra *pop* y la cultura popular en general. Entre cristianos esto se ve muy a menudo: usar la palabra *pop* como un sinónimo de pobre, falso, efímero o decadente; pensar que el arte masivo es algo intrínsecamente cutre y de mal gusto; o ver la cultura popular como una producción artística inferior a la música clásica, los textos de Homero o Goethe y las esculturas del Renacimiento.

¿Por qué los cristianos tienden a descartar la cultura pop? William Romanowski, profesor de Comunicación en el Calvin College, propone tres hipótesis.[7] En primer lugar, algunos creyentes pueden creer que son inmunes a los efectos de la cultura popular. En segundo lugar, es posible que la consideren como algo tan insignificante que ni siquiera vale la pena pensar en ella. Finalmente, es probable que muchos pasen de largo porque sientan que no tienen herramientas para emprender esa tarea.[8]

Creo que podría agregar una cuarta: el miedo de algunas personas a quedar expuestas a una maquinaria ideológica tan eficiente que los manipule en lo profundo de su psique y corrompa su sistema de valores sin que se den cuenta. Este temor alimenta una perspectiva muy negativa de la cultura y un atrincheramiento del individuo en su relación con la sociedad; en ocasiones llega a percibir toda forma de arte, pensamiento, creatividad o entretenimiento como meros artefactos de una conspiración global.

Al hablar de la cultura, el adjetivo *pop(ular)* nada tiene que ver con el valor artístico, la profundidad intelectual, cierto ideal etnocéntrico o la clase social. Tiene que ver con demografía. La cultura popular es una forma de expresión que floreció fuera del jardín amurallado de las élites sociales. Aunque es un fenómeno que explotó con fuerza en Occidente a lo largo del siglo XX, penetrando en todo tipo de clases, territorios y segmentos demográficos, ya mucho antes había indicios que preparaban el terreno.

A lo largo del último siglo, la cultura pop se ha convertido en «uno de los vehículos más significativos (quizás *el* vehículo más significativo) de la cosmovisión y los valores de Occidente»[9]. Cuando la industrialización y la economía de masas fueron progresivamente poniendo una mayor cantidad de dinero y de tiempo libre en las manos de nuevos actores sociales,

---

7. Romanowski, 2001, p. 31.

8. Ojalá este libro sea una respuesta para esos buscadores. Al final de esta introducción hay una bibliografía sugerida que también puede iluminar el camino.

9. Turnau, 2016, p. 30.

más y más personas pudieron acceder a formas de arte y expresiones culturales —música, literatura, dramaturgia, entretenimiento, etc.— antes res-
guardadas en algunos espacios sagrados de las clases dirigentes (museos,
teatros, cenáculos).

El desprecio por la cultura popular (que se traduce en un uso despectivo de la palabra *pop*) es heredero de la distinción entre *alta* y *baja cultura*.
Al menos en teoría, esta distinción estaba relacionada con tres formas de
accesibilidad. En primer lugar, económica: una entrada al cine suele ser
más barata que una entrada a la ópera. En segundo lugar, educativa: una
serie de televisión quiere ser disfrutada y comprendida por una audiencia
más amplia que el público objetivo de una muestra sobre el gótico germá-
nico del siglo XVIII. Y, en tercer lugar, de disponibilidad e inmediatez:
escuchar una canción a través de una radio o un tocadiscos es bastante más
sencillo que depender de la programación de una orquesta sinfónica.

Esa preocupación constante por la accesibilidad es una de las razones
clave detrás de ciertas deficiencias, excesos y carencias asociados con la cultura pop. La obligación de conectar con una audiencia amplia, la ansiedad
por no dejar a nadie afuera y las exigencias de vivir en sociedades de consumo a menudo convierten a la obra de arte popular en algo *excesivamente*
accesible (y, por lo tanto, fácilmente descartable).

Le debemos la distinción entre alta y baja cultura al libro *Culture and
Anarchy*, publicado por el poeta y crítico literario Matthew Arnold en 1869.
Allí decía que la alta cultura estaba dedicada a la búsqueda desinteresada
de la perfección humana (algo que, por oposición, la cultura popular nunca
podría alcanzar). La distinción de Arnold quedó grabada a fuego en Occidente y contribuyó decisivamente a etiquetar lo popular y lo masivo como
formas imperfectas de baja cultura.

Lo que se perdió en el proceso fue la conciencia de que Arnold usaba
esas categorías como un vehículo de presión social de la moral victoriana.
En el fondo (y a veces muy en la superficie), la distinción entre alta cultura
y baja cultura deja entrever una perspectiva clasista; pensar que la cultura
popular es un arma del mercado con forma de arte de segunda clase es una
herencia de la cosmovisión elitista de la Inglaterra victoriana de la segunda
mitad del siglo XIX.

La distinción entre cultura alta y baja fue entrando en crisis durante la
primera mitad del siglo XX; para la década del sesenta, esa distinción se
rompió para siempre. Aunque las vanguardias de los años veinte y treinta
dinamitaron la concepción moderna del arte, y las películas de Bergman,

Fellini, Hitchcock, Kurosawa, Ford o Buñuel menoscabaron la supuesta superioridad moral y estética de la alta cultura de las élites, fueron el rock y el pop de los sesenta los que terminaron de derribar la pared divisoria.

La publicación de *Sgt. Pepper* de los Beatles en 1967 fue la gota que rebalsó el vaso; los "guardianes" de la alta cultura ya no podían considerar que todo eso era solo música para adolescentes. «Han convertido al pop en una forma legítima de arte», decía uno; «han salvado la brecha infranqueable que separaba al rock de la música clásica», decía otro; incluso alguien afirmaba «este es un momento crucial en la historia de la civilización occidental». El hecho de que la Academia Sueca haya otorgado el Nobel de Literatura de 2016 a Bob Dylan fue solo el reconocimiento institucional de un movimiento tectónico que ya había transformado la cultura occidental décadas antes.

Si para mediados del siglo pasado, la difusión y popularidad del consumo cultural y artístico a través de medios electrónicos de difusión masiva ya era imparable, la plataformización de la última década ha puesto el acceso cultural todavía más cerca. Ya no hay que ir al cine, ni esperar a cierta hora para ver el programa de TV, ni tener un reproductor de CD, ni levantarse para buscar un libro en el estante de la biblioteca… el infinito mundo de la cultura humana se encuentra ahora en la palma de la mano.

¿Hasta dónde se extiende entonces la cultura pop? Los estudiosos no terminan de ponerse de acuerdo. En la antigüedad la cosa era un poco más sencilla; la categorización clásica de las seis artes[10] daba una impresión de totalidad. Pero de pronto se sumó una séptima (el cine), y la fotografía y el cómic también reclamaron su lugar en el panteón de las artes. Una vez abierta la compuerta, ya no hubo vuelta atrás. ¿Cómo clasificamos los videojuegos, las series, las publicidades, los musicales, los monólogos de stand up, el origami, los posters, la moda urbana o el diseño digital? Aunque hay un núcleo duro de fenómenos que innegablemente constituyen la quintaesencia de la cultura pop —relacionados con el arte, el diseño, el entretenimiento y los medios masivos—, la misma vitalidad y constante novedad de la cultura popular hace prácticamente imposibles las clasificaciones que en otros tiempos eran más sencillas.

Pocas cosas tienen el poder de convocar a las personas como una buena historia. «Había una vez…» es la estrategia que los seres humanos venimos usando desde las cavernas para unirnos y crear lazos de comunión

---

10. Pintura, escultura, arquitectura, música, danza y literatura.

y propósito. Antes lo hacíamos alrededor del resplandor de una fogata; ahora lo hacemos iluminados por el magnetismo de la gran pantalla.

Las narrativas nos permiten entender quiénes somos y qué es el mundo; usamos las historias para contar la gran historia de nuestra vida, de nuestro grupo o de la humanidad. Y detrás de cada gran historia se esconde la respuesta a un gran dilema. Jesús eligió contar su teología precisamente a través de relatos. Sus *parábolas* eran, etimológicamente, algo arrojado (*bolé*) al margen (*para*). Las historias arrojan la verdad al margen de los dilemas. Tienen la capacidad de bordear lo imposible, saltear lo indecible, salirse de lo predecible.

Parte del inmenso atractivo que el cristianismo ha despertado a lo largo de veinte siglos se debe a su enorme capacidad para entretejer sus verdades fundamentales en metáforas, símbolos, personajes e historias. En pocas palabras: la habilidad de crear meta-narrativas con las que una multitud de personas, experiencias y contextos diferentes pueden identificarse.

La historia de salvación que cuenta la fe cristiana es polifónica, coral. Justamente por eso, ha logrado calar hondo en geografías, culturas y edades aparentemente incompatibles. El Evangelio ha logrado saltar, como ninguna otra fe, los límites de clase, territorios y épocas para conectar con una experiencia humana común.[11] Nunca se conformó la fe de Jesús con ser una isla ni con descartar aquellas partes de la sociedad o la realidad que le resultaban extrañas. Siempre abrazó su vocación universal: el deseo de poder pronunciar la Buena Noticia en todos los mundos existentes.

La razón de este paradigma brota precisamente del misterio de la encarnación. Cristo llevó hasta las últimas consecuencias ese antiguo proverbio de Terencio, que decía: *nada de lo humano me es extraño*. En palabras de Hebreos, «era necesario que en todo sentido él se hiciera semejante a nosotros, sus hermanos, para que fuera nuestro Sumo Sacerdote fiel y misericordioso, delante de Dios. Entonces podría ofrecer un sacrificio que quitaría los pecados del pueblo» (2:17).

El cristianismo es todoterreno. Es una historia de amor espiritual, pero también una de sacrificio físico. Es un testimonio de los orígenes, del progreso humano y del fin de la historia. Es un retrato de toda la humanidad, de un pueblo, de una familia, de un grupo de amigos, de personas. Es una historia de sabiduría y de honor, de poesía y batallas, de cotidianidad y excepcionalidad, de castigo y comunión, de cruz y festejo.

---

11. En muchas ocasiones, con métodos totalmente anti-Evangelio. A esto también hay que decirlo.

Toda la experiencia humana —con sus luces refulgentes y sus pantanosas tinieblas— es invitada a la reconciliación en la mesa de Cristo. La explosión de colores y formas de eso que nombramos intuitivamente como *ser humano* puede identificarse sin pudores con los trazos que propone desde hace dos mil años el Evangelio de Jesús.

Semejante polifonía tiene el potencial de tender puentes para todos los rincones del globo. Y lo ha hecho. Pero arrastra también otra consecuencia: es una riqueza que hace tambalear todas las estructuras provisorias. Es muy difícil hacer entrar una paleta de colores tan grande en un lienzo mental; nuestras cajitas, categorías y marcos conceptuales se sienten apabullados y estupefactos ante semejante explosión de vida e intentan ordenarla.

Para colmo, las imágenes y valores que configuran la narrativa cristiana usualmente esconden tensiones muy profundas entre sí: el amor y la justicia; la *imago Dei* y la Caída; la sabiduría pseudo-ascética de Proverbios y el disfrute pseudo-nihilista de Eclesiastés; las metáforas de Dios como juez, como esposo y como Padre. Todas esas voces que logran conectar tan bien con las texturas y vericuetos de la experiencia humana también ponen en crisis los edificios que intentan contenerla, ordenarla, categorizarla.

La teología cristiana es una ciudad poblada por cientos, miles, millones de edificios que intentan, de manera más o menos sistemática, encauzar esta polifonía. Algunos son rascacielos que se esfuerzan por agotar cada variante y encajar a la perfección todos los coloridos ladrillos de la revelación. Otros se concentran en un color o dos, y se dedican a explorarlos sin mayor pretensión en algunas habitaciones pintorescas.

Cuanto más dedicado esté un edificio a una sola metáfora o a un único principio regulador —los pactos, la cruz, el reino de Dios, la Ley, el pecado, la predestinación, lo que fuere—, mayor control de la narrativa tendrá. Menos contradicciones y mayor solidez en la estructura. Las tensiones sugeridas por las otras voces de la revelación quedarán desplazadas a un lugar secundario o se explicarán como un detalle insignificante del edificio. Su especificidad teológica se disimulará.

La teología occidental ha tenido siempre una debilidad epistemológica por lograr el corsé perfecto, el edificio sin fisuras. Pero con este éxito vienen al menos tres problemas.

El primero es el aislamiento teológico. De tanto concentrarse en un valor, una metáfora o un tema, otros asuntos quedan descuidados, relegados al olvido o la intrascendencia. Por eso, cuando otros creyentes que le dan importancia a esos asuntos olvidados miran un edificio tan majestuoso y perfecto, pero tan carente de algunos distintivos cristianos que para ellos son fundamentales, no saben cómo explicar que ambas cosas sean "el mismo Evangelio". El éxito teológico es algo bastante paradójico: cuanto más alto el edificio, menos vecinos alrededor.

El segundo es el aislamiento antropológico. Elegir el camino de la monofonía es una estrategia útil para disciplinar la vida colectiva y generar identidad grupal, pero es poco eficiente para conectar con la polifonía humana. Un cristianismo monofónico construye majestuosas teologías sistemáticas y altísimos templos, pero falla en su misión. Y una era posmoderna, poscristiana, casi poshumana, necesita más misioneros que rascacielos.

Finalmente, la gimnasia intelectual que hay que hacer para meter el Evangelio en un corsé racionalista es bastante agotadora. Esto se ha visto muchas veces a lo largo de la historia. Los apologistas del siglo III que buscaban la plena continuidad entre Platón y el *kerigma*, las fervientes sendas de Tomás que llevaban a Aristóteles, los titánicos esfuerzos de la escolástica reformada del 1600, todos compartían un mismo deseo: crear una estructura teológica sólida, imponente e invencible. Sin embargo, para llegar hasta ahí normalmente tienen que hacer compromisos con algunos marcos conceptuales y filosóficos que algún día pasan factura a la espiritualidad cristiana (a veces de manera irreversible).[12] Y además, de tanto insistir en que «it's my way or the highway»[13], estos proyectos de rascacielos teológicos suelen dejar un tendal de ex-cristianos a su paso.

Somos lo que amamos, ha dicho James K. A. Smith. La fe cristiana entronca la relevancia de su mensaje en los aspectos más esenciales de la existencia humana: esas cosas que determinan nuestros deseos más arraigados y duraderos, nuestro amor y voluntad, incluso cuando exceden todo lo que conocemos, entendemos o podemos nombrar. «Eso que ustedes adoran como algo desconocido es lo que yo les anuncio» (Hch. 17:23), dijo Pablo con incontenible pasión en el Areópago de Atenas.

Con cada respuesta, milagro y enseñanza, Cristo inauguraba nuevos mundos de posibilidad, nuevas conexiones sinápticas, nuevos universos de sentido que cautivaban a su audiencia (y nos siguen cautivando hoy, dos mil años después). ¿Qué tal si nos animáramos a una teología que pudiera predicar, como el mismo Señor, a la inteligencia emocional de las personas? ¿Qué pasaría si dirigiéramos el fascinante Evangelio de Jesús de Nazaret

---

12. Esto es lo que pensaba Lutero al respecto de la constante intromisión aristotélica en la teología de su tiempo («sin Aristóteles no se convierte uno en teólogo», decían sus colegas escolásticos).

13. Lit. "es a mi manera o la autopista" (o sea, si alguien no está dispuesto a aceptar la idea del otro, no tiene más opción que irse). Patrick Swayze *dixit*.

no solo a la racionalidad y el método, sino también a la imaginación, la sorpresa y los deseos?

Las estructuras intocables de la racionalidad moderna tienen muchos problemas para conquistar las mentes posmodernas... mucho menos logran cautivar las imaginaciones. Creo que evangelizar los anhelos es una manera mucho más relevante de hablar de Dios en un contexto secular que una apologética de datos duros. Ver a alguien disfrutar de su propia fe es hoy mucho más convincente que verlo refutar la fe del otro.

Interés es precisamente lo que *está entre* las personas.[14] Donde no hay interés, no hay puentes posibles. Si no hay nada entre vos y yo, ambos nos quedamos encerrados en nuestra propia individualidad. Si no me interesan los anhelos profundos de mi prójimo, si considero que sus preguntas son irrelevantes o vacías, si creo que sus esperanzas son pura ilusión, el diálogo es imposible. No hay nada entre nosotros. Sin capacidad para escuchar las preguntas y problemas que una sociedad considera *relevantes*, nuestra voz no tendrá *relieve*: no se distinguirá del resto de la superficie.

¿Por qué debería interesarse la teología cristiana por la cultura pop? Steve Turner, periodista y crítico cultural británico, propone diez razones por las cuales vale la pena el esfuerzo de construir puentes. Cito solo algunas: porque la cultura popular es un regalo en el que vemos reflejada la imagen de Dios en la humanidad; porque tiene un inmenso poder para crear realidades; porque Cristo es Señor de toda la vida (y, por ende, también de esta dimensión); porque es un mapa invaluable al espíritu de la época; porque determina hábitos y perspectivas que son fundamentales para entender y encarar la misión y la vida cristiana en contexto; porque Dios puede usar la cultura pop para encontrarse con nosotros; etc.[15]

El libro que estás a punto de leer es una polifonía teológica iberoamericana: una muestra de la multiplicidad de voces que coexisten actualmente en la reflexión teológica de la Iglesia evangélica de habla hispana. Los autores y autoras de esta *Teología Pop* no representan una parcela eclesial aislada ni una tradición teológica uniforme; más bien, manifiestan una variedad de formas, tendencias y estilos. Aunque cada uno escribe desde su propio lugar en el mundo, área de conocimiento y experiencia de Dios, juntos apuntan, en un acto de adoración comunitaria, a la multiforme gracia que existe en nuestra fe.

14. Del latín *interesse*: *inter* (entre) y *esse* (ser).
15. Cf. Turner, 2013, pp. 13-26.

Teología Pop es el fruto de las búsquedas y los hallazgos de una generación ecléctica, curiosa, hiperconectada. Es una forma de dar el micrófono a muchas de las preguntas, ideas, necesidades, propuestas y desafíos que comparten las nuevas generaciones de la Iglesia.

Necesitamos esas voces. No podemos darnos el lujo de prescindir de los creativos, artistas, intelectuales y pensadores que desafían la rutina, los lugares comunes y las explicaciones de manual. Siempre la Iglesia ha necesitado esas figuras, pero creo que en estos tiempos de crisis institucionales, de fin de la hegemonía cristiana en Occidente y de aventurarnos constantemente como sociedad a territorios desconocidos, esa vocación se vuelve cada vez más necesaria. Porque si nuestras estructuras expulsan a sus elementos más creativos, más incómodos, más desafiantes y menos obsecuentes, no nos quejemos después de tener comunidades chatas, acomodadas, rutinarias, sin jóvenes, ni fuerza vital, ni propuestas comprometidas y valientes. Lo que sembramos, cosechamos.

Participan de este volumen 21 autores jóvenes de diferentes partes de Iberoamérica; son teólogos, artistas, biblistas, escritores, influencers, pastores, comunicadores intelectuales y divulgadores que hacen teología profunda y relevante en nuestro propio idioma y desde el sur global: Abrahan Salazar (Perú), Almendra Fantilli (Argentina/España), Alex Sampedro (España), Ana Ávila (México/Guatemala), Daniel Montañez (Estados Unidos), David Nacho (Bolivia/Canadá), Edgar Pacheco (México), Edgardo Fuentes (Puerto Rico), Graciano Corica (Argentina), Jocabed Solano (Panamá), Jonathan Hanegan (Estados Unidos/Argentina), Jonatán Rodríguez Amengual (España), Joseba Prieto (España), Jesús Rodríguez (México), Miguel Pulido (Colombia), Milena Forero (Colombia), Noa Alarcón (España), Paula Muñoz (Argentina), Sergio Ramírez (Colombia), Shealtiel Durán (México) y Silvina Repullo (Argentina).

Aunque cada uno de los 21 ensayos de esta *Teología Pop* trata sobre distintos asuntos y usa estilos diferentes, todos comparten un mismo método. Pivotan siempre sobre los tres mismos pilares. A partir de *una referencia a la cultura pop*, se propone *una meditación bíblica o teológica* sobre algún tema fundamental que responda a las *realidades y preocupaciones actuales de las iglesias y los creyentes* de Hispanoamérica. Cada ensayo, entonces, analiza creativamente un fenómeno de la cultura pop —película, filmografía, serie, canción, disco, cómic, meme, happening, pintura, etc.—, mientras dialoga con la Biblia, la historia de la Iglesia y las doctrinas fundamentales en un esfuerzo por dar sentido y respuestas a la experiencia cristiana contemporánea.

Los lectores atentos podrán reconocer, detrás del artificio literario de cada ensayo, un esfuerzo intelectual compartido. Entre medio de las películas de Marvel y las de Tarkovski, de los dibujos animados, los Funko Pop y las canciones de rock, lo que late es una especie de teología sistemática. Los autores hablan de cristología, escatología, eclesiología, antropología y pneumatología, de la Creación, el pecado y la *imago Dei*, de la Trinidad, la hermenéutica bíblica, la experiencia mística y la salvación. Pero esta no intenta ser una dogmática tradicional.

Haciendo un paralelismo pictórico, aquí no se ensaya una teología sistemática hiperrealista, sino una de estilo impresionista. Como dice Óscar García-Johnson,[16] las *teologías sistemáticas* del norte no crecen con naturalidad en el sur global; en este "nuevo mundo" brotan más bien las *teologías rizomáticas* que logran integrar, de manera compleja, pero reconciliadora, las diferentes ramas del conocimiento sobre Dios y la experiencia espiritual de los creyentes. Más que definir inequívocamente cada recoveco de la revelación, nuestros/as autores/as sugieren, evocan, despiertan nuestro asombro y nos animan a descubrir el misterio de Dios con nosotros.

Lejos de ser meros escapes de la realidad, el arte, la cultura pop y el entretenimiento son poderosísimas formas de conectar con los anhelos más íntimos de la humanidad. El arte es un puente espiritual, un eco que nos conecta con algo más profundo que nosotros mismos.

La teología del siglo XXI se ve en la titánica tarea de establecer un diálogo entre sus certezas fundacionales y las frenéticas experiencias que nos rodean. Con valentía y criterio, con capacidad para leer entrelíneas, sin ceder al miedo paralizante, ni a las evaluaciones en bloque, ni a la resignación sin esperanza. Como cada generación cristiana de la historia, nos vemos ante el desafío de volver a presentar —en un escenario nuevo y ante desafíos desconocidos— la vieja historia de la salvación.

Que su fuerza nos acompañe.

Bibliografía recomendada

Cobb, K. (2005). *The Blackwell Guide to Theology and Popular Culture*. Wiley-Blackwell.

Crouch, A. (2010). *Crear cultura: Recuperar nuestra vocación creativa*. Sal Terrae.

Cuche, D. (2002). *La noción de cultura en las Ciencias Sociales*. Nueva visión.

---

16. Cf. García-Johnson, 2022.

De Segovia, J. (2003). *Entrelíneas.* Consejo Evangélico de Madrid.

Detweiler, C. & Taylor, B. (2003). *A Matrix of Meanings: Finding God in Pop Culture.* Baker Academic.

García Canclini, N. (1989). *Culturas híbridas: Estrategias para entrar y salir de la modernidad.* Grijalbo.

García-Johnson, Ó. (2022). *Introducción a la teología del nuevo mundo. El quehacer teológico en el siglo XXI.* Editorial CLIE.

González, J. L. (2014). *Culto, cultura y cultivo. Apuntes teológicos en torno a las culturas.* Ediciones Puma.

Long, D. S. (2008). *Theology and Culture: A Guide to the Discussion.* Cascade Books.

Lynch, G. (2005). *Understanding Theology and Popular Culture.* Wiley-Blackwell.

Magnin, L. (2016). *Arte y fe. Un camino de reconciliación.* Ediciones Kairós.

Romanowski, W. (2001). *Eyes Wide Open. Looking for God in Popular Culture.* Brazos Press.

Rookmaaker, H. (2009). *Arte moderno y la muerte de una cultura.* Editorial CLIE.

Smith, J. K. A. (2016). *You Are What You Love. The Spiritual Power of Habit.* Brazos Press.

Staglianò, A. (2020). *Pop-Theology 2: Appunti per una riflessione epistemologica.* Edizioni Santocono.

Turnau, T. (2016) *Pop-ologética. Cómo acercarnos a la cultura pop desde la fe cristiana.* Publicaciones Andamio.

Turner, S. (2013). *Popcultured. Thinking Christianly About Style, Media and Entertainment.*

EL DRAMA DEL DISCIPULADO
El arte de ser testigos en tiempos de desencanto

Jonatán Rodríguez Amengual[1]

Martin Scorsese adaptó a la gran pantalla la novela *Silencio*, de Shusaku Endo, en 2016. Ambientada en el Japón de mediados del siglo XVII, narra el viaje de dos jóvenes sacerdotes en búsqueda de su mentor, el padre Ferreira. Al llegar a la Nación del sol naciente, los peores rumores se confirman: el misionero ha sido torturado y ha apostatado de la fe.

La trama de *Silencio* se ubica en un periodo de la historia japonesa conocido como *sakoku* o "nación cerrada", un tiempo de persecución en el que el cristianismo quedó reducido a un rebaño disperso y silenciado. Durante su peregrinaje, los sacerdotes encuentran pequeñas comunidades cristianas que, a pesar de la amenaza, han preservado la llama de la fe. Tal vez la escena más efectiva de la película sucede cuando el líder de los samuráis (conocido como "el Inquisidor"), encargado de perseguir a los cristianos, toma a los líderes religiosos de la comunidad, los cuelga en una cruz sumergida en el mar a media altura, hasta que, tras cuatro días de agonía, mueren ahogados ante la vista de todos.

---

1. Jonatán Rodríguez Amengual nació en Santa Cruz de Tenerife, España, en 1992. Tiene un Grado en Teología por la Universidad Pontificia de Comillas, un Máster en Biblia por la Universidad de Deusto y está terminando el Grado en Filosofía por la Universidad Católica de Valencia. Es profesor en el Centro Superior de Teología Asambleas de Dios (CSTAD) y en la Escuela Digital de Teología, y es pastor de una iglesia en Mallorca, España. Está casado con Isabella, con quien tiene una hija de diez meses, Anna. Le interesa el cine —especialmente el thriller y el cine religioso, desde Dreyer hasta Malick—, la música jazz y el indie-rock. Es un consumidor compulsivo de pódcasts de contenido teológico y ama la lectura, cocinar, pasear y compartir tiempo con su familia y amigos.

Silencio me hace pensar en lo que Gregory Perry llama *el drama del discipulado*.[2] Asumiendo que el camino exigido por Jesús ha sido, es y será exigente, Pablo nos anima a "tener los mismos sentimientos que Cristo" (Fil. 2:5), es decir: abrazar la *kénosis* del llamado, la negación de sí mismo y la propia cruz (Mt. 16:24). «Todo el que da testimonio de la verdad», escribió Orígenes, «bien sea con palabras o bien con hechos o trabajando de alguna manera en favor de ella, puede llamarse con todo derecho: testigo»[3].

La teología y la espiritualidad cristiana han sido sabias al respecto de este lento y prolongado proceso, conscientes de que «un hombre se hace cristiano, no nace así»[4]. En las siguientes páginas quiero justamente proponer un itinerario lento, pero seguro para dramatizar correctamente el discipulado. En un contexto pluralista y secularizado, tal vez la belleza de la vida cristiana sea el último lenguaje capaz de comunicar con credibilidad la verdad, bondad y belleza del Evangelio.[5] Puede que de ello hablara Pablo cuando escribió: «Porque según pienso, *Dios nos ha exhibido* a nosotros los apóstoles como postreros, como a sentenciados a muerte; pues hemos llegado a ser *espectáculo* al mundo, a los ángeles y a los hombres» (1 Co. 4:9).

El estado dramático del discipulado

Dallas Willard afirma que, al ignorar la *Gran Comisión* —«Id, y haced discípulos...» (Mt. 28:19)— hemos incurrido en una *gran omisión*. La Iglesia evangélica no ha elaborado una teología del discipulado, «carece de una enseñanza clara sobre cómo lo que sucede en la conversión continúa sin interrupción hacia una vida cada vez más plena en el reino de Dios»[6]. Alan Hirsch también sostiene que «en la Iglesia occidental hemos perdido en gran medida el arte de hacer discípulos»[7]. Esto se debe, entre otras cosas, a haber reducido el discipulado a la asimilación intelectual de ideas, al impacto del cristianismo cultural o *cristiandad* (Kierkegaard) y a

---

2. Cf. Perry, 2020.

3. Orígenes, *Comentario a San Juan* II, 210.

4. Tertuliano, *Apología*, 18.4.

5. Cf. Zahnd, 2012.

6. Willard, 2011, p. 236.

7. Hirsch, 2009, p. 103.

la influencia del consumismo en la cultura de muchas iglesias, fuerzas que operan radicalmente en contra de un verdadero seguimiento de Jesús.

Tal vez nadie ha diagnosticado mejor que Dietrich Bonhoeffer la causa fatal de nuestro estado. El cristiano, señala, ha renunciado al costo del discipulado entregándose a la *gracia barata*, «la gracia sin seguimiento de Cristo, la gracia sin cruz, la gracia sin Jesucristo vivo y encarnado»[8]. La única solución para ello, sostiene Bonhoeffer, es la *gracia cara*, que «es cara porque llama al seguimiento, es gracia porque llama al seguimiento de Jesucristo; es cara porque le cuesta al hombre la vida, es gracia porque le regala la vida; es cara porque condena el pecado, es gracia porque justifica al pecador»[9]. Aunque sus palabras son elocuentes —y, a juicio de los especialistas, las más bellas de la teología del siglo XX—, lo que las respalda es el testimonio de quien, entre los gruesos muros de la prisión, confió su vida al escándalo de la cruz sin declinar en el seguimiento. Bonhoeffer, con treinta y nueve años, fue ejecutado un 9 de abril de 1945.

La misión de la Iglesia: dramatizar el discipulado

Paradójicamente, muchas propuestas que abogan por la recuperación del discipulado lo hacen en contra de la Iglesia. Eso no debería extrañarnos, pues el mismo testimonio de la Iglesia la ha inhabilitado muchas veces para pronunciarse al respecto. Sin embargo, es precisamente la Iglesia —aunque ello suponga una paradoja— la que ha recibido de parte de Jesucristo el mandato y el ministerio del discipulado (Mt. 28:16-20). C. S. Lewis expresó esto con una potencia y claridad insuperables:

La Iglesia existe exclusivamente para atraer a los hombres a Cristo, transformándolos en pequeños Cristos. Si las iglesias no están haciendo esto, todas las catedrales, clérigos, misiones, sermones y hasta la propia Biblia son apenas un desperdicio de tiempo. Dios no se volvió hombre con otro propósito que este. Quién sabe si incluso todo el universo no fue creado para este fin.[10]

---

8. Bonhoeffer, 2016, p. 15.

9. Ibíd., p. 17.

10. Lewis, 2014, p. 135.

La tarea de la Iglesia contemporánea consiste en *re-presentar*, de forma creativa y concreta, la acción comunicativa encarnada en Jesucristo: continuar, en términos relevantes para hoy, en el mismo camino, verdad y vida decretados en las Escrituras. El discipulado se forja en un diálogo de binomios indispensables: oír y practicar, instruir las mentes y formar hábitos, escuchar la Escritura y también la doctrina, el individuo y la Iglesia, la narrativa bíblica y el contexto cultural.[11]

Para una tarea como esta, que compromete el futuro de la misión, es necesario mirar al pasado. Y aunque este planteamiento se vea con sospecha en el mundo evangélico, nos atrevemos a proponer que «lo mejor del protestantismo siempre ha estado en lo profundo de la historia»[12]. Nos subiremos a hombros de gigantes para proponer tres itinerarios (o *dramas*) que, articulados entre sí, pueden contribuir a nuestros peregrinajes como discípulos: la espiritualidad, la doctrina y la comunidad.

El drama de la espiritualidad

Parafraseando a Karl Rahner, podríamos decir que el discípulo del futuro será místico o no será. Sin duda, una de las tareas fundamentales del cristianismo contemporáneo ha sido retomar el cultivo de la espiritualidad. Practicar el drama de la espiritualidad exige disciplina y esfuerzo: «*Ejercítate* para la piedad» (1 T. 4:7), le decía Pablo a Timoteo usando el término griego *gymnazō* (de donde proviene *gimnasia*).

La historia de la Iglesia, de Oriente a Occidente, nos ha legado las disciplinas espirituales.[13] Aunque estas por sí mismas no logran nada, pueden situarnos en un lugar donde la obra divina es más propensa a producirse; su objetivo último es que podamos ofrecer nuestra vida entera como sacrificio vivo y agradable para Dios (Ro. 6:13). El método para esta transformación implica asumir un yugo fácil, tomando a Cristo como modelo que guíe y transforme nuestro *ethos* o estilo de vida. El corazón, la mente y el cuerpo están invitados a orientarse hacia Dios y cooperar con él.

---

11. Cf. Vanhoozer, 2022.

12. Ortlund, 2021, p. 44.

13. Siguiendo a Willard (2010), podemos dividirlas en dos grandes bloques: las de abstinencia (oración, ayuno, soledad, silencio, castidad) y las de participación (estudio, adoración, servicio, oración, confesión).

La situación dramática del discipulado nos lleva a reconocer que el estado de nuestro interior está quebrantado; en palabras de Pablo, «no hago el bien que quiero, sino el mal que no quiero, eso hago. Y si hago lo que no quiero, ya no lo hago yo, sino el pecado que mora en mí» (Ro. 7:19-20). *Silencio* transmite esta condición contradictoria del discípulo a través del personaje de Mokichi, un pobre pescador que lucha con el alcohol. Se le plantea en la película la misma pregunta que escuchó Pedro: «¿No eres tú también uno de los discípulos de ese hombre?» (Jn. 18:7), a la que responde del mismo modo: «No lo soy». Mokichi experimenta una transformación similar a la del apóstol tras el diálogo con Jesús: «¿Me amas? Y le respondió: Señor, tú lo sabes todo; tú sabes que te amo. Jesús le dijo: Apacienta mis ovejas» (Jn. 21:17). Pedro y Mokichi dejan de ser pescadores para convertirse en *apóstoles*: *enviados* a transmitir con su vida el escándalo de la cruz, el infinito amor de Dios, que es más fuerte que el pecado.

Las disciplinas espirituales pretenden reparar nuestros amores desordenados y dirigirlos a Dios. El filósofo reformado James K. A. Smith realiza una sugerente propuesta para el discipulado, que presta especial atención a las disciplinas y liturgias que conforman nuestra cotidianidad y revelan lo que hay en nuestros corazones.[14] Para ello, se remonta a una antigua concepción de la antropología cristiana, sintetizada por Agustín en una conocida sentencia de las *Confesiones*: «Nos hiciste, Señor, para ti; y nuestro corazón está inquieto hasta que descanse en ti». Agustín, sostiene Smith, nos enseña que el drama de la espiritualidad tiene que ver principalmente con nuestros amores.

Como ejemplo, Smith propone pensar los centros comerciales como espacios litúrgicos. En ese "espacio sagrado secular" aprendemos a ser consumistas y a practicar una ética materialista. Lo interesante es que no lo aprendemos cognitivamente, sino de forma afectiva. No nos convertimos en personas consumistas por comprender aspectos del marketing o el comercio, sino por medio de una serie de hábitos, peregrinaciones comerciales y anhelos moldeados.

Lo que amamos incide directamente en lo que pensamos y creemos. Nuestros amores nos forman y moldean cognitivamente. Esta comprensión del discipulado sopesa el énfasis desmedido de una teología reformada, racionalista y moderna, que comprende al ser humano en términos puramente cartesianos: *cogito ergo sum* o, en otras palabras, eres lo que piensas. Pero a su vez supone una respuesta a otros modelos de discipulado

---

14. Cf. Smith, 2016.

(fideístas o neopentecostales) que tienden a afirmar que somos lo que creemos o declaramos. Smith propone que los discípulos son seres pensantes y creyentes, sin duda, pero son principalmente seres amantes.

La sabiduría bíblica llama nuestra atención sobre esta realidad a través de un término hebreo que aparece 858 veces en el Antiguo Testamento: *leb*, que suele traducirse como "corazón". Esa es la sede donde se encuentran la dimensión cognitiva y la sensitiva. De nuestros amores se derivan nuestras prácticas; del corazón mana la vida (Pr. 4:23). Tomás de Aquino también reconocía que los hábitos y virtudes son leyes de amores internalizados; aunque preceden a nuestras ideas y hábitos, esos amores sustentan e informan el resto de las realidades que nos conforman.

Los hábitos tienen un poder inaudito. Nuestra espiritualidad, señalan los grandes maestros, se enhebra y construye a través de los hábitos y las disciplinas que adoptamos. Por eso no podemos ser ingenuos: la formación espiritual es algo que está ocurriendo todo el tiempo. Somos moldeados por hábitos y liturgias seculares de forma ininterrumpida; o, como diría Vanhoozer, la cultura se dedica a tiempo completo a hacer discípulos.[15]

Ante la proliferación de liturgias seculares, es necesario retomar liturgias de la tradición cristiana que puedan favorecer hábitos alternativos (*contra-liturgias*, en palabras de Smith). La misión del discipulado no es solo explicar ideas o conceptos sobre la fe, sino también ofrecer hábitos y prácticas que moldeen nuestros amores, cuerpos e intelectos. Serán esos hábitos, vividos de forma genuina, los que educarán secretamente al creyente en su corazón y contribuirán en su formación práctica. Si, como sugería Jonathan Edwards, «la verdadera religión consiste principalmente de emociones santas»[16], necesitamos poner en práctica disciplinas y liturgias que contribuyan a ese fin.

El drama de la doctrina

La idea de abrazar la *doctrina* como un camino para convertirnos en mejores discípulos es arriesgada en el marco de las sociedades occidentales, que sospechan de palabras como esta y la asocian con actitudes totalitarias y ofensivas. A pesar de la distancia histórica y cultural, *Silencio* presenta un panorama bastante parecido. Las autoridades japonesas de mediados del

---

15. Cf. Vanhoozer, 2019.
16. Edwards, 2011, p. 12.

siglo XVII justifican su rechazo de la fe cristiana con estas palabras: «Padre, la doctrina que nos ha traído, quizá valga en España y Portugal. La hemos estudiado cuidadosamente, dedicándole mucho tiempo. Decidimos que no resulta útil ni de valor en Japón. Y creemos que es un gran peligro».

Incluso en nuestros entornos eclesiales, hablar de esto nos obliga a enfrentar una pregunta fundamental: ¿De qué estamos hablando cuando hablamos de doctrina? Y más aún: ¿Cómo llegar a un denominador común entre aquello que es central a nivel doctrinal en medio de tradiciones y denominaciones tan distintas y en tiempos tan pluralistas y complejos?[17]

En la Gran Comisión, el mandamiento concedido por Jesús a la Iglesia, existe implícita una función pedagógica y cognitiva: «*Enseñándoles* que guarden todas las cosas que os he mandado» (Mt. 28:20). Jesús desea que sus discípulos enseñen, con palabras y acciones, que dramaticen el guion que leemos en las Escrituras: «A cualquiera, pues, que *me oye estas palabras y las pone en práctica*, lo compararé a un hombre prudente que edificó su casa sobre la roca» (Mt. 7:24).

Tomando Santiago 1:22 como marco conceptual —«sed *hacedores* de la palabra, y no tan solamente *oidores*»—, Kevin Vanhoozer propone una dramatización de la doctrina a partir de un movimiento doble: escucha y práctica. La escucha atenta a la palabra es la base sobre la que se edifica la práctica.[18] Este proceso, por supuesto, requiere mucho tiempo y formación; quienes se animan a ese camino deben armarse de paciencia. Sin embargo, el esfuerzo vale la pena: las doctrinas, lejos de ser abstracciones ajenas, nos ayudan a entender de qué trata la Biblia y cómo su narrativa nos interpela a la acción.

La doctrina nos hace entender qué es lo que Dios ya ha hecho y nos ayuda a pensar qué podemos hacer nosotros. Es el teo-drama que narra la Escritura y al que estamos invitados a re-accionar en el discipulado. La doctrina es, en palabras del teólogo puritano William Ames, «el proyecto de vivir de forma bienaventurada para con Dios». Nos impulsa a crecer como cristianos maduros y nos da dirección para afrontar la desafiante experiencia humana.

Muchas voces en nuestro entorno proclaman: «Este es el camino para la vida buena». A lo largo de la Biblia encontramos también esta consigna: desde los Salmos y los Proverbios, hasta las cartas paulinas y las propias palabras de Jesús («yo soy el camino»). Conocer la Palabra de Dios nos

---

17. Cf. Vanhoozer, 2016.
18. Cf. Vanhoozer, 2019.

ayuda a vivir de acuerdo a la realidad última, nos permite interpretar adecuadamente el guion de la Escritura. El núcleo de la doctrina no le pertenece a ninguna denominación concreta: es el conocimiento de Cristo.

El discipulado tiene que ver con adquirir una nueva ciudadanía. Los cristianos son «ciudadanos de una nación santa» (1 P. 2:9), «ciudadanos del cielo» (Fil. 3:20). Esto implica conocer la historia de esta nación santa: su identidad y propósito. Lo que buscamos es alfabetización canónica y teológica; en una palabra: *catequesis*. Los teólogos y agentes pastorales son catequistas. Un catecismo es un manual de capacitación que resume y detalla la historia bíblica, desde la creación y la caída hasta la cruz y la consumación. El catecismo informa a los discípulos lo que necesitan saber: el *mero cristianismo* necesario para ser ciudadanos efectivos del Evangelio. El cristianismo no es una ideología, sino un drama que forma a personas llamadas a representar fielmente el Evangelio en su experiencia cotidiana. El discipulado nos saca del lugar de espectadores y nos convierte en participantes del drama.

Descubrimos así que para conocer a Cristo necesitamos saber cómo encajan las Escrituras y cómo se enfocan en Él. El discipulado requiere interpretación bíblica, y por eso la interpretación bíblica se convierte en una forma de discipulado. Conocer a Cristo es aprender a leer las Escrituras como testimonio de su persona y obra; y leerla correctamente significa también aprender a practicarla: seguir a Cristo en nuestro propio contexto contemporáneo.

El drama de la comunidad

El siglo pasado fue el escenario de los regímenes totalitarios más nocivos de la historia. Durante la Segunda Guerra Mundial, el Tercer Reich sometió a la Iglesia oficial de Alemania al nazismo. En este convulso contexto, nació como una alternativa la Iglesia Confesante. Dietrich Bonhoeffer, uno de sus miembros más destacados, fundó un seminario clandestino, *Finkenwalde*, con el fin de formar pastores capaces de hacer discípulos en la Alemania nazi. En ese contexto escribió un pequeño libro titulado *Vida en comunidad*, una regla de vida contemporánea para los discípulos que abrazan el drama de la comunidad.

En contextos de oposición y censura, la Iglesia se depura de excesos: regresa a lo esencial. En *Silencio* observamos cómo los creyentes se bautizan, comparten la Santa Cena, escuchan la Palabra, oran y cantan en comunidad con una sencillez y reverencia sobrecogedoras. Que exista comunidad en un escenario como ese les parece un milagro a los sacerdotes portugueses.

Y esto es así porque Cristo es mediador en la comunidad, el único capaz de unir lo que el ser humano insiste en separar. La Iglesia es una comunidad de contraste donde los valores del reino de Dios se imponen sobre las lógicas del pecado y la muerte. A lo largo de los siglos, la Iglesia ha sido un espectáculo permanente en el que hombres y mujeres, llamados a ser un único pueblo, se van convirtiendo en una nueva humanidad que brota de la presencia de Cristo entre ellos. La *ekklêsia* tiene un paradójico modo de habitar la historia, y «debe ser así de paradójica, para provocar en quien la mira la pregunta y la llamada»[19].

Cuanto más profunda sea la comunidad, menores serán nuestras diferencias y con mayor claridad contemplaremos la obra redentora de Jesucristo entre nosotros.[20] Esta fraternidad no es el resultado de una ecuación psíquica, sino que es un don divino. No en vano nuestros ideales de una comunidad utópica son los primeros en impedirnos abrazar la comunidad real. Para vivir el drama de la comunidad, la gratitud es un ingrediente esencial; como dice Bonhoeffer: «Debemos dar gracias a Dios cada día por la comunidad cristiana a la que pertenecemos. Aunque no tenga nada que ofrecernos, aunque sea pecadora y de fe vacilante»[21]. En sus pecados podemos ver la redención obtenida por Cristo en el Gólgota.

El drama del discipulado siempre se despliega en el marco de la comunidad eclesial. Una de las preocupaciones centrales del cristiano es precisamente la edificación de la Iglesia (cf. Ef. 2:21-22), lo que se produce cuando se visibilizan en comunidad los valores de Cristo. El Nuevo Testamento nos recuerda que la Iglesia no existe fuera de este propósito: «Presentar perfecto en Cristo Jesús a todo hombre» (Col. 1:28).

Las iglesias locales habitan en lugares concretos de toda la tierra. Y esto no es insignificante. Nuestros cuerpos nos localizan, nuestra posición en el espacio es fija; podemos estar físicamente presentes en un solo lugar a la vez. En cierto sentido, el espacio más importante en una Iglesia es el espacio entre las personas: ese encuentro cara a cara, el drama de la comunidad, es una condición fundamental para lograr interacciones interpersonales

---

19. Gil Arbiol, 2015, p. 140.

20. Bonhoeffer, 2019, p. 19.

21. Ibíd., p. 24.

significativas. Es difícil participar del único pan (1 Co. 10:17) si no estamos sentados en la misma mesa.

Conclusión: la elocuencia del testimonio

El cansancio y el descrédito del cristianismo se percibe por doquier en nuestra *civilización del espectáculo* (Vargas Llosa). El cristiano, sugería Kierkegaard, suele aparecer como un payaso incapaz de comunicarse con sus interlocutores; tiene un mensaje relevante, pero habla un lenguaje ininteligible. «Mejores canciones tendrían que cantarme para que aprendiese a creer en su Salvador: ¡más redimidos deberían parecerme sus discípulos!»[22], gritaba Nietzsche con sarcasmo.

Al inicio de "What if I Stumble?", la canción de dc Talk de 1995, escuchamos la voz de Brennan Manning que dice: «La principal causa del ateísmo en el mundo de hoy son los cristianos que reconocen a Jesús con sus labios y luego salen por la puerta y lo niegan con su estilo de vida». El punto débil de la Iglesia sigue siendo la falta de credibilidad de los cristianos; «eso es lo que un mundo incrédulo considera realmente in-creíble» termina sentenciando la voz en *off*.

Varias películas de los últimos años —*A Hidden Life* (2019) de Terrence Malick, *Calvary* (2014) de John Michael McDonagh o *De Dioses y hombre* (2010) de Xavier Beauvois— nos recuerdan que el problema del testimonio cristiano no pasa hoy por las técnicas, sino por un encuentro con Cristo que al ser humano le resulte tan gozoso como para estar dispuesto a entregar la vida. En una época de encrucijada y cambios, el cine ha producido narrativas que apuntan a necesidades urgentes. La cultura necesita nuevos modelos de santos anónimos.

Silencio también nos recuerda que el cristiano está ante el mundo como un "símbolo" que es testigo de Cristo. El desafío de dramatizar el discipulado, convocando para ello nuestras mentes, corazones y cuerpos, es urgente. Cada discípulo se expresa a través de una determinada forma de ser y un hábito que lo identifica. Su manera de vivir se convierte en el primer «argumento a favor o en contra de la propia esperanza»[23].

---

22. Nietzsche, 2014, p. 116.

23. Rodríguez Panizo, 2012, p. 338.

Bibliografía

Bonhoeffer, D. (2016). *El precio de la gracia. El seguimiento*. Ediciones Sígueme.

Bonhoeffer, D. (2019). *Vida en comunidad*. Ediciones Sígueme.

Edwards, J. (2011). *Los afectos religiosos. La válida experiencia cristiana*. Publicaciones Faro de Gracia.

Gil Arbiol, C. (2015). *Qué se sabe de... Pablo en el naciente cristianismo*. Verbo Divino.

Hirsch, A. (2009). *Caminos olvidados*. Missional Press.

Hull, B. (2016). *Conversión y discipulado*. Andamio.

Johnson, K. J. (2015). *Theology as discipleship*. IVP Academic.

Kreider, A. (2017). *El sorprendente fermento del cristianismo en el Imperio romano*. Ediciones Sígueme.

Lewis, C. S. (2014). *Mero Cristianismo*. Harper One.

Nietzsche, F. (2014). *Así habló Zaratustra*. Gredos.

Ortlund., G. (2021). *Raíces teológicas. La importancia de la historia en el desarrollo teológico*. Publicaciones Kerigma.

Perry, G. R. (2020). *The Drama of Discipleship*. Cascade Books.

Rodríguez Panizo, P. (2012). De la condición simbólica del testigo. *Sal Terrae: Revista de teología pastoral*. ISSN 1138-1094, Tomo 100, N° 1166, pp. 337-348.

Smith, J. K. A. (2009). *Desiring the Kingdom (Cultural Liturgies): Worship, Worldview, and Cultural Formation*. Baker Academic.

Smith, J. K. A. (2016). *You Are What You Love: The Spiritual Power of Habit*. Brazos Press.

Vanhoozer, K. (2016). *Biblical Authority after Babel: Retrieving the Solas in the Spirit of Mere Protestant Christianity*. Brazos Press.

Vanhoozer, K. (2019). *Hearers and Doers: A Pastor's Guide to Making Disciples Through Scripture and Doctrine*. Lexham Press.

Vanhoozer, K. (2022). *Discipulado para a glória de Deus*. Vida Nova.

Willard, D. (2011). Discipleship. En *The Oxford Handbook of Evangelical Theology*. Oxford University Press.

Willard, D. (2015). *La gran omisión: recuperando las enseñanzas de Jesús sobre el discipulado*. Harper Collins.

Willard. D. (2010). *El Espíritu de las disciplinas*. Editorial Vida.

Zahnd, B. (2012). *Beauty Will Save the World*. Charisma House.

ENTONCES, REZO
Reflexiones estético-espirituales sobre un himno de rock

Graciano Corica[1]

Cuando recibí la invitación para sumar mi voz a esta polifónica *Teología Pop*, me resultó bastante sencillo encontrar intuiciones teológicas en el entramado de nuestra cultura rock.[2] La espiritualidad, tantas veces negada por la crítica, está tan presente en la música popular argentina y latinoamericana que no hace falta más que abrir oídos y corazón para poder reconocer esa sed infinita impregnando viejos clásicos y nuevos hits.[3]

El corazón de la cultura de nuestro pueblo esconde tanta información espiritual como para competir sin pudor con los miles de devocionales que se comparten a diario en las redes sociales. Y, sin embargo, durante mucho tiempo, en buena parte de nuestras iglesias se nos negó la posibilidad de bucear en ese acervo cultural por ser *demasiado secular y pecaminoso*. En el cancionero de los grandes artistas de nuestra tierra encontramos un sinfín de reflexiones sobre las preocupaciones universales de la espiritualidad y las religiones: el amor, el dilema de la existencia, el dolor y la sanidad,

---

1. Graciano Corica nació en Rosario, Argentina, en 1987. Se crió en un pequeño pueblo al sur de la provincia de Santa Fe, en el seno de una familia pastoral. Es Profesor de Ciencias de la Educación, Licenciado en Ciencias Sociales y Humanidades, y Maestrando en Filosofía por la Universidad Nacional de Quilmes. Docente por vocación y profesión. Músico por vocación. Ha hecho algunas publicaciones esporádicas en revistas, blogs y portales de internet sobre filosofía y literatura. Le gusta el rock nacional, el mate, el asado, el guiso de lentejas y la conversación infinita.

2. Lo difícil no fue tomar conciencia de su presencia, sino madurar mi propia voz *entre el ruido* —como decía Moris a principios de los setenta—. A fin de cuentas, ¿qué decir que no haya sido dicho o escrito ya?

3. Me animo a sugerir que esa sensación fue la que animó a Lucas, nuestro editor, a escribir su hermoso y necesario libro *Arte y fe. Un camino de reconciliación* (2016).

todos abordados de maneras que conectan con las realidades de los creyentes y los desafíos del cristianismo en el siglo XXI.

Hay un himno del rock argentino, firmado por Charly García y Luis Alberto Spinetta, que condensa quizás lo mejor de nuestra espiritualidad; estoy hablando, por supuesto, de "Rezo por vos". Por su letra, su música, su historia y la mística que la rodea, esta canción forma una parte crucial de la liturgia secular de la cultura popular argentina. Una poesía sobre la búsqueda y el encuentro espiritual que, como toda auténtica obra de arte, libera un manantial que nos conecta con lo más profundo de nosotros mismos, tanto a nivel personal como colectivo.

En este ensayo exploraremos esa experiencia incendiaria del amor sagrado. Vendrán en nuestra ayuda los aportes filosóficos y teológicos de Søren Kierkegaard, Jean-Luc Marion y Maurice Merleau-Ponty.

Rezo por vos

Por historia, obra y legado, Charly García y el Flaco Spinetta son, quizás, los dos nombres más icónicos e inamovibles del panteón del rock argentino —ese que, en nuestro país, se conoce sencillamente como *rock nacional*—. A mediados de los 80, poco después de la vuelta de la democracia a Argentina, Charly y el Flaco se reunieron para desarrollar un proyecto que quedó trunco rápidamente. Del plan inicial —que incluía un disco completo— vio la luz una única canción: "Rezo por vos".

García y Spinetta estrenaron su proyecto a mediados de 1985 con una aparición en el programa de televisión *Cable a tierra*. Cantaron "Rezo por vos", que contenía la frase: «Y rompí las cortinas y me incendié de amor»[4]. Precisamente, mientras estaban al aire, el departamento de Charly se prendió fuego: un cortocircuito causado por la videograbadora (que habían dejado encendida para grabar el programa) hizo arder las cortinas y casi destruye todo el piso. Este extraño fenómeno —Spinetta creyó que le estaba trayendo mala suerte a García—, sumado a las diferencias de personalidades de los dos compositores suspendió la continuidad del proyecto.

Ambos continuarían con la idea de grabar discos a dúo; de hecho, en 1986 ambos publicaron sus colaboraciones: Spinetta publicó *La la la* con Fito Páez, y Charly hizo su *Tango* con Pedro Aznar. Ambos grabaron su

---

4. La versión definitiva de la canción cambiaría la letra por: «Y quemé las cortinas y me encendí de amor».

propia versión de "Rezo por vos": Spinetta la publicó en 1986 en su disco *Privé*, y García en *Parte de la religión* del año siguiente —la versión que terminó siendo más popular—.

El hecho de que estos próceres de la música hayan logrado escribir juntos una única obra —y, además, una tan explícitamente religiosa—, hace que reverberen y se agiganten cada vez más los ecos espirituales de esta canción.

A continuación vamos a emprender un breve y sencillo ejercicio hermenéutico a partir de la letra de "Rezo por vos". Y quiero pedirte algo: en la medida en que puedas, intenta leer la letra en voz alta, lentamente:

La indómita luz se hizo carne en mí
Y lo dejé todo por esta soledad
Y leo revistas en la tempestad
Hice el sacrificio
Abracé la cruz al amanecer
Rezo.

Morí sin morir y me abracé al dolor
Y lo dejé todo por esta soledad
Ya se hizo de noche y aún estoy aquí
Mi cuerpo se cae
Solo veo la cruz al amanecer
Rezo, rezo, rezo
Rezo por vos.

Y curé mis heridas y me encendí de amor
Y quemé las cortinas y me encendí de amor
De amor sagrado.

Y entonces rezo
Rezo, rezo, rezo por vos.

La indómita luz se hizo carne en mí

Me resulta maravilloso el hecho de que la canción inicie con una expresión como «la indómita luz», una frase muy spinetteana. ¿Cómo entra o sale del cuerpo una luz indómita? ¿Cómo es que puede una luz así hacerse carne?

En los primeros versos del Génesis leemos que Dios dijo «sea la luz» y fue la luz. Esa luz fue el puntapié inicial de la Creación y la vida; la luz es entonces la primera manifestación de la capacidad creadora de la divinidad. El ser humano tiene la gracia de poder conectarse con esa luz creadora; cuando lo hace, nada vuelve a ser igual. La oración, la contemplación, la meditación espiritual y las prácticas devocionales nos ayudan a encontrar esa conexión y abren la puerta a una mejor comprensión del misterio de la existencia. El sufrimiento también permite esa experiencia de conexión cuando es canalizado correctamente. Sin esa luz primigenia, expresión originaria y primera del Padre de las luces, cualquier acto genuino de creación humana es imposible. De ahí que la experiencia estética tenga una conexión tan fuerte con lo espiritual.

Pero esa es una experiencia que solo puede darse a través del cuerpo. La espiritualidad no es una actividad que se desarrolla *a pesar* del cuerpo, sino *a partir* de él. De algún modo, la corporeidad es expresión fundamental de esa luz primordial. La Caída, sin embargo, nos ha desconectado de nuestra capacidad de expresar la luz que la imagen de Dios hace brotar en nosotros. Es por eso que la experiencia luminosa, si no *se hace carne en mí*, queda relativamente limitada a lo puramente estético.

Esta cuestión de lo carnal y lo encarnado es central para la reflexión que quiero hacer. La doctrina de la encarnación es una de las ideas más potentes del cristianismo. Si la vida del espíritu solo puede darse a partir del cuerpo, esa experiencia convierte al cuerpo en carne. La noción de carne permite expresar el sentir y el pensar en una presencia corporal que estructura la experiencia del mundo construyendo sentido. Voy a apoyarme en algunas ideas de la fenomenología de Maurice Merleau-Ponty para desarrollar un poco más este concepto.[5]

Para el filósofo francés, la noción de *carne* se refiere a la forma en la que el cuerpo y el alma humana están intrínsecamente unidos. En su trabajo fenomenológico, Merleau-Ponty argumenta que la percepción no es únicamente una actividad cognitiva, sino que está arraigada en la existencia carnal del cuerpo mismo.

La carne es, para Merleau-Ponty, una realidad vivida que une al sujeto con el mundo. En otras palabras: la carne es la unión entre el cuerpo y el mundo. En ese sentido, la carne no se limita a lo biológico, sino que incluye el mundo vivido y cultural. Es una realidad que está siempre en proceso de

---

5. Para adentrarse en la propuesta del autor, se recomiendan: *La fenomenología de la percepción* (1957; edición original: 1945) y *Lo visible y lo invisible* (1970; edición original: 1964).

formación y transformación. Merleau-Ponty argumenta que la experiencia humana es una experiencia encarnada: el cuerpo es la base de nuestra experiencia en el mundo, nuestra vía de acceso al mundo, aquello que nos permite conectarnos con algo más grande que nosotros mismos.

La presencia estructurada, articulada, de la carne permite la primitiva aparición de un sentido que podría expresarse en eso que Merleau-Ponty llama "luz natural". Es en la luz del Ser que el sujeto y el objeto se hacen presentes uno al otro y se reflejan. La indómita luz se hace carne, el cuerpo cobra vida y hace mundo, construye sentido desde una experiencia profunda de su sentir y pensar.

Revistas y cortinas

De esta experiencia encarnada que conecta lo luminoso con lo corporal, que hace mundo y construye sentido, podemos extraer algunas reflexiones muy valiosas. Para ello, volvamos a la canción. Hay dos palabras que parecen desencajar del motivo religioso que atraviesa la lírica de "Rezo por vos". Entre tanta cruz y tanto rezo, entre tempestades y heridas, sacrificios, amaneceres y soledades, aparecen *las revistas* y *las cortinas*. La significación es poderosa: en medio de un viaje profundamente espiritual, aparece lo doméstico. Y es que, si algo tiene la experiencia mística y espiritual auténtica, es que siempre está integrada en la vida cotidiana.

Las grandes manifestaciones sobrenaturales de lo divino, las visiones apoteósicas de la mística y las impresionantes construcciones conceptuales del pensamiento son algo maravilloso. Pero son, sin embargo, tan solo apoyaturas, andamios sobre los cuales expresamos nuestra espiritualidad. Lo esencial es la experiencia desnuda de lo divino, una experiencia que se manifiesta, se degusta y se recorre en el sagrado territorio de la vida cotidiana. Todo lo demás se da por añadidura.

Muchas veces esa vida cotidiana nos desespera porque nos ata a la finitud de un modo inexorable. Es el caldo de cultivo en el que se reproducen el tedio y el ajetreo como expresiones de la misma desesperación. Pero no es un laberinto sin salida. Salir de la desesperación implica reconocer la infinitud en lo finito, la eternidad en lo temporal, la libertad en el ámbito de lo necesario. El camino de la espiritualidad exige la sublimación de lo cotidiano. Como señalan muchos maestros espirituales —¿acaso deberíamos contar entre ellos a Charly y al Flaco?—, la actitud que debemos cultivar es la del éxtasis ordinario: vivir en un estado de conexión constante.

En un hermoso consejo a la iglesia de Tesalónica, el apóstol Pablo escribe: «Estén siempre alegres. Nunca dejen de orar» (1 Ts. 5:16, 17). Pero esto no es fácil, sino, justamente, exigente. ¿Cuántas veces nos habremos desesperado al intentar seguir este consejo y no lograrlo?

Es que se desespera también por lo infinito. Entonces, rezo: «*Venga tu reino. Hágase tu voluntad en la tierra como en el cielo*». El que desespera por lo infinito (y puedo dar testimonio de ello) solo quiere evadirse y alejarse de lo terrenal. Pero el camino del *Padre nuestro* es el inverso. Es el cielo el que viene a la tierra. Es el reino *de los cielos* el que se acerca. En tanto expresión suprema de la experiencia mística y de la unión con Dios, el cielo puede unirse a la tierra precisamente cuando la indómita luz se encarna en nosotros: cuando el ego caído muere y resucita en su auténtica identidad.

Y lo dejé todo por esta soledad

En la letra de García y Spinetta, hay una vía de realización para esta experiencia espiritual: la indómita luz se hace carne cuando logramos reconocer nuestra más radical soledad. Como muy pocos santos antes o después en la historia del cristianismo, Søren Kierkegaard meditó en la cuestión de la soledad y la relación del individuo con Dios.

Según Kierkegaard, la soledad es una experiencia fundamental de la existencia humana: el individuo se encuentra solo frente al mundo, enfrentado a elecciones que determinan su vida. La soledad nace de la conciencia de la finitud humana y de la falta de certezas existenciales. Kierkegaard argumenta que la soledad es más que un estado mental, es una realidad ontológica: una experiencia que surge de la separación entre *el yo* y *los otros*, y entre *el yo* y *Dios*.

Para Kierkegaard, la soledad es la condición humana básica. Hasta el mismo Cristo experimentó en la cruz el abandono total, el vacío, la angustia, la desesperación. Solo a través de la fe en Dios se puede superar la soledad. En las primeras páginas de *Temor y temblor*, Kierkegaard dice que, así como nadie puede ir más allá de la duda, nadie puede ir más allá de la fe.[6] Es una profunda reflexión sobre la cuestión del sacrificio. Abrazar la cruz al amanecer después de experimentar la soledad al estilo Getsemaní, la noche oscura que precede a la indómita luz, es un acto de fe. La fe abre

---

6. Cf. Kierkegaard, 2007. Una obra que recomiendo enfáticamente y —no podía ser de otra manera— con temor y temblor.

una nueva esfera de vida y hace manifiesto el escándalo más incomprensible: esa muerte sacrificial es el camino a la vida auténtica.

Estar solo —aprender a estar solo— es también una decisión. Las experiencias tormentosas, de sufrimiento, son inevitables. A menudo pasan como consecuencia de nuestras propias decisiones, pero tantísimas veces son cosas que simplemente suceden. ¿Cómo hacer, entonces, para atravesar la *tempestad*? ¿Para qué *hacer el sacrificio al amanecer*?

Curé mis heridas y me encendí de amor

"Rezo por vos" puede ser interpretada como la exploración de Spinetta y Charly en torno a la idea del amor como una fuerza que nos conecta con algo más grande que nosotros mismos, algo que nos trasciende y nos lleva más allá de nuestras limitaciones. El acto de *encenderse de amor* es, en la canción, el fruto de *abrazar la cruz al amanecer*.

La cruz es el lugar donde el cuerpo se vuelve carne; el elemento de tortura se convierte, bajo la paradójica sombra de la esperanza cristiana, en la máxima expresión de apertura. La cruz, que es el lugar de la herida mortal, es también el lugar donde todas las heridas se sanan y donde nos encendemos de amor. Pero no cualquier amor. Es un amor sagrado.

En su libro *El fenómeno erótico*, Jean-Luc Marion aborda el amor en relación con la experiencia del deseo y la trascendencia. Según Marion, el amor implica una apertura hacia el otro que va más allá de lo que podemos comprender racionalmente. Una definición como esta le ha permitido explorar la relación que existe entre el amor y la fe.[7]

La fe se experimenta, en primer lugar, como una disposición ante lo divino: una apertura radical a la trascendencia. Podríamos decir incluso que la fe se expresa como una *obra del amor* —parafraseando el libro de Kierkegaard de 1847—. El amor posee «la fuerza tensora de la eternidad»[8]: nos lleva más allá de nosotros mismos, nos sumerge en la experiencia de lo absoluto, nos transforma ontológicamente, nos abre a una realidad mayor. Un amor que solo puede darse cuando el verbo se hace carne. Kierkegaard nos invita a hablar del amor «con la originalidad de la fe, la cual, siempre que se encuentra en un ser humano, no cree porque otros hayan creído,

---

7. Cf. Marion, 2005.

8. Kierkegaard, 2006, p. 36.

sino porque también ese ser humano es asido por aquello que ha asido a innumerables antes que a él, aunque no por eso menos originalmente»[9].

¿Cómo comunicar semejante misterio en palabras? ¿Cómo asumir la paradoja que nos enciende de amor, de amor sagrado? No existe posibilidad de comunicar ese misterio de modo directo. Sin embargo, me gustaría encontrar los modos de transmitirte esa experiencia tan poderosa. Entonces, rezo. Rezo por vos.

Bibliografía

Kierkegaard, S. (1979). *El concepto de la angustia*. Espasa-Calpe.

Kierkegaard, S. (2006). *Las obras del amor*. Sígueme.

Kierkegaard, S. (2007). *Temor y Temblor*. Alianza Editorial.

Marion, J. L. (2005). *El fenómeno erótico*. El cuenco de plata.

Merleau-Ponty, M. (1957). *La fenomenología de la percepción*. Fondo de Cultura Económica.

Merleau-Ponty, M. (1970). *Lo visible y lo invisible*. Seix Barral.

---

9. Ibíd., p. 37.

TARANTINO Y LA MISIÓN MOSAICA
El ser y el deber ser

Alex Sampedro[1]

Esta es mi obra maestra.

Inglourious Basterds

Si estás alrededor de un café (o cualquier otra bebida que acostumbres) con un grupo reducido de seguidores de Jesús, tarde o temprano surgen algunas preguntas recurrentes, una conversación repetida hasta la saciedad: ¿Somos realmente libres? ¿No está todo determinado? ¿Hay un deber que podemos elegir cumplir? ¿Somos capaces de cumplirlo? ¿Es el mismo para todos o es más bien algo arbitrario que inventamos en nuestro ejercicio de libertad racional? ¿Estamos viviendo en una realidad donde todo está escrito o tenemos libre albedrío para ser lo que queremos ser (sin un director que nos marque la pauta)? ¿Somos arrastrados por el destino o hay un espacio de libertad en este universo? ¿La ética es o no es objetiva? ¿Acaso la voluntad es una ilusión? ¿Soy verdaderamente libre (y, por lo tanto, responsable) o no?

---

1. Alex Sampedro nació en Valencia, España, en 1984. Es Licenciado en Psicología por la UNED y tiene un Título profesional de música, con especialidad en violín, por el Conservatorio profesional de música de Torrent. Pastor de la comunidad cristiana Valentia en Alboraya, cantautor, escritor y conferencista. Ha editado varios libros, entre los que se cuentan *Artesano* (2018), *Jesús es la pregunta* (2020), *Igleburger* (2013), *Perdido* (2016) y *Toda la Biblia en un año para adolescentes* (2019). Es, además, el editor general de *La Biblia para grupos pequeños* de e625. Ha crecido con la música de Juan Luis Guerra, P.O.D., Evanescence y Joaquín Sabina, y es un fan absoluto de las bandas sonoras. Apasionado del cine, ha consumido todas las películas de superhéroes que existen y no puede perderse una de Nolan, Tarantino, Shyamalan y Almodóvar. *Dragon Ball* fue su serie de la infancia, que veía a escondidas de sus padres, como buen hijo de cristianos; desea verla con sus dos hijos, Martín y Pau, dentro de unos años.

Y siguen surgiendo nuevas aristas y preguntas. Y, en el fondo de todos esos cuestionamientos, una incógnita, que Francis Schaeffer expresó con estas palabras: *¿Cómo debemos vivir entonces?*

En ese momento, solo viene a mi mente una de las órdenes más repetidas por los directores de cine: *¡Corten!*

Porque esta conversación no pertenece solo al ámbito cristiano, ni es únicamente parte de una discusión entre arminianos y calvinistas. Es uno de los enigmas más debatidos desde hace miles de años y hoy en día llena toda nuestra cultura pop, nuestras películas y obras de literatura: el héroe y su destino trazado, el elegido, los viajes en el tiempo, los multiversos de Marvel y DC, la serie *Dark*, *Interstellar*...

> Lo que hay que hacer es trabajar como un profesional; un psicópata no es un profesional.
>
> *Reservoir Dogs*

Quentin Tarantino sale a nuestro encuentro para ayudarnos a comprender. Un psicópata no maneja el "deber ser", solo es. Esta frase pertenece a la ópera prima del director, una película sobre un atraco (o, más bien, sobre las consecuencias de un atraco). Todos son profesionales; uno de ellos, un policía infiltrado. Los profesionales saben que tienen una misión que cumplir, un guion que "interpretar", y en el ejercicio de su libertad se ajustan (o no) a ese propósito.

Te podrá gustar su obra más o menos, pero el séptimo arte no ha sido el mismo después de Tarantino, sobre todo después de *Pulp Fiction* (1994).[2] Es una filmografía que no deja indiferente a nadie. Sus películas son una ventana maravillosa para reflexionar, a la luz de la Escritura, acerca de la teología, la Biblia, el ser y el deber ser. Y, como sucede con todo asunto trascendente, creo que —más que entregarse a la mera reflexión abstracta— conviene que lo abordemos desde la parábola, el arte y el relato. Desde ese lugar, intentaremos procurar algunas explicaciones.

La ley mosaica: el deber ser

El ser humano ha necesitado orden, norma, deber para actuar como lo que es: *un ser humano*. El código de Hammurabi, los Diez mandamientos, las

---

2. Conocida en Hispanoamérica como *Tiempos violentos*.

leyes de la antigüedad, todos decían provenir de los dioses, o de un dios. No de un rey o un emperador: se apelaba siempre a la autoridad divina. La necesidad de derivar el deber ser —lo que debemos hacer— de algo externo, superior y trascendente a nosotros es universal.

Pero, con el tiempo, se ha intentado independizar la moral y la ética de la trascendencia. Kant definió el deber, al margen de la creencia en Dios, como pudo: la «necesidad objetiva de una acción por respeto a la ley»[3]. Pero, de nuevo, algo en nuestro interior nos confirma que, sin legislador, no hay ley. Si la realidad última es subjetiva (*sujeta* a un *sujeto*) y si nosotros somos los que legislamos, entonces esa ley es arbitraria, un fruto de nuestras opiniones. Por lo tanto, no existe el "deber ser": no hay un ancla, un punto de referencia, una roca firme desde la cual construir un guion coherente de vida.

Las películas de Quentin Tarantino a menudo son recordadas por su violencia, su narración no lineal y la mezcla de distintos géneros cinematográficos —que van desde Bruce Lee a Sergio Leone—. Son mosaicos visuales, diversos, variopintos, casi como un gran collage, pero que destila un mensaje, una palabra común, un subtexto que impregna toda su obra: *haz lo que debes hacer*. Interpreta de manera correcta tu papel. Las consecuencias de no hacer lo que debes hacer son siempre trágicas. Salirse del guion, dejar de "interpretar" correctamente te destruirá y generará caos. Nuestras acciones importan. Hacer lo debido y cumplir con la misión son el fin en sí mismo de cada personaje tarantiniano. Su guion, su destino, los trasciende: está fuera de ellos, fuera incluso de la pantalla, pero los atraviesa y fluye a través de cada uno.

La Biblia también es recordada en muchos ambientes por su violencia, su narración no lineal y su mezcla de distintos géneros literarios. Es un gran collage y también tiene un subtexto hermoso que baña todas sus páginas: *el Ser, que es amor entregado, quiere que seamos lo que debemos ser*. Quiere evitarnos las consecuencias de no cumplir con nuestra misión y rescatarnos de la tragedia. Aunque nos trasciende, podemos verlo fluyendo a través de cada uno.

Existe una diferencia, en nuestra condición humana, entre *lo que es* y *lo que debe ser*. Por alguna razón, no somos libres para hacer lo que debemos sin pensar en los resultados; hay algo en nuestra esencia que nos empuja a actuar en consecuencia. Aristóteles escribió en su *Ética a Nicómaco*: «La

---

3. Kant, 1994, pp. 63-64.

buena acción es en sí misma un fin»[4]. Es actuar de acuerdo a tu ser real: el éxito del ser totalmente libre, que no es otro que aquel que siempre actúa desde el deber ser y nunca en contra de él.

Esto choca frontalmente con nuestra visión del siglo XXI en torno a la evaluación de nuestras acciones basadas en nuestros sentimientos: *eres lo que sientes*, o *si lo sientes, es verdad*. De repente, la *emocracia*, el poder de las emociones, tiene la supremacía; quedan a un lado el razonamiento, la ética, la moral, el deber ser y la trascendencia, que es lo que da sentido a todo. El caos avanza, y con él, la tragedia.

Pero hay un hecho incontestable, un ruido de fondo que no nos deja. Lo expresó, con su habitual estilo de apisonadora argumentativa, el maestro de Oxford, C. S. Lewis; haciendo un diagnóstico de la condición humana, escribió: «Había dos cosas extrañas en los seres humanos. Primero, que les obsesionaba la idea de un cierto comportamiento que debían practicar, lo que podría llamarse juego limpio, o decencia, o moralidad, o la ley natural. Segundo, que de hecho no la practicaban»[5].

¿Cómo resolvemos esta ecuación? John Stott, intentando explicar la carta a los Romanos, decía que el tema que Pablo pretendía resolver en la epístola era «cómo hace Dios justos a los injustos de manera justa»[6]. En la Biblia, Dios, el gran protagonista, actúa de tapa a tapa para convertir a sus personajes en personas coherentes, para salvarlos del no-ser, de la muerte, de la desaparición de su esencia, que es la consecuencia natural de alejarse del deber ser. ¿Podrá hacerlo?

Retales, flashbacks y *flashforwards*

La obra de Tarantino también es mosaica y está también llena de referencias e hipervínculos a otras películas y obras. Algunos lo llaman "plagios"; otros, "homenajes". De cualquier manera, el crisol que genera es único, la combinación resultante propone un nuevo enfoque de todo lo anterior: lo sublima, lo perfecciona, a la vez que lo venera y lo convierte en objeto de "culto". Es sencillamente genial. Su bagaje cultural y cinematográfico es inmenso, y lo vuelca en sus películas sin vergüenza: secuencias completas,

4. Aristóteles, 2014.
5. Cf. Lewis, 2017.
6. Cf. Stott, 2007.

tiros de cámara y alusiones directas a personajes, canciones pop y cualquier otro recurso. Todo con el descaro de un genio.

De repente, aquello que quizá era desconocido para el gran público, se convierte en una pequeña gema que forma parte de la obra magna de un director acostumbrado a nutrirse de una materia prima que "siempre estuvo allí". *Pulp Fiction* es exactamente eso. El término "Pulp" designaba a las novelas y revistas impresas en papel barato dedicadas a narrar historias de crimen y misterio. Tarantino elevó las novelas baratas de quiosco a la categoría de obra de referencia de toda la década de los 90' y, al hacerlo, cambió el cine para siempre.

Y no solo eso. Las conexiones entre sus diferentes películas son aún más alucinantes. En *Pulp Fiction*, por ejemplo, dos de sus protagonistas (Mia y Vincent) tienen una conversación sobre personajes de una serie. En el momento del estreno, nadie entendió que estaban hablando de personajes de *Kill Bill* (2003), una película que se estrenaría nueve años después.

Así es la Biblia. No solo por los sesenta y seis documentos que la conforman, sino porque cada uno de ellos es, en muchos casos, también un mosaico en sí mismo, lleno de referencias a otros documentos. Pensemos en la Segunda Epístola de Pedro y sus tan discutidas alusiones a los libros de Enoc. O la forma como la Ley, la Torá, aúna múltiples tradiciones que se solapan, se conjugan y se insertan en historias inolvidables de rescate de la esclavitud —al mejor estilo *Django Unchained* (2012)[7], pero cuya finalidad no se agota en la historia en sí, sino que apunta a la enseñanza teológica e identitaria de un pueblo—. O pensemos en los once primeros capítulos del Génesis, con sus creaciones, su explicación del origen de los idiomas y su diálogo con otras cosmogonías; las piezas del tablero se colocan de forma asombrosa para que empiece la historia de los patriarcas: desde Abram, en el capítulo doce, hasta el final con José y sus hermanos de armas tomar.

Sin duda es la ley *mosaica*, en forma de mosaico; tanto es así, que es incluso reinterpretada —de maneras diferentes y con énfasis diferentes— en su último libro: Deuteronomio, la segunda ley (¡otro ángulo de la ley!), al final de la misma Torá. Todo eso bajo un mismo principio rector: *amar a Dios*.

La ley apunta hacia adelante, a la época de los reyes, que son evaluados a la luz de ese deber ser. Tampoco se puede entender a los profetas sin conocer la Ley, que ellos recuerdan vez tras vez a las nuevas generaciones de formas creativas, con nuevas metáforas, pero con la misma esencia.

---

7. Conocida como *Django desencadenado* en España y *Django sin cadenas* en Hispanoamérica.

Todo eso empapado de canciones, expresiones artísticas y reflexiones de sabiduría que siguen la tónica de ese encuentro con el deber ser y la realidad humana en todas las vertientes a las que se deriva: nuestro comportamiento social, la familia, nuestro manejo del tiempo, las emociones, el dinero y todo lo que tiene que ver con las relaciones interpersonales.

Y la historia sigue. El Evangelio es caleidoscópico. Es un hermoso cuadro, pero también un mosaico que tiene *flashforwards*, cuatro puntos de vista (al menos) del acontecimiento Jesucristo y mucho material ordenado de diferentes maneras para enfatizar diferentes aspectos del protagonista: Jesús de Nazaret, quien constantemente hablaba del reino de Dios. Ese era su tema. Tenía en claro su misión y su deber ser: amar a Dios y al prójimo. Esos dos absolutos articulaban su visión del ser humano como un ser para los demás —para Dios y para el otro—; desde esa ética inamovible, construyó toda una nueva propuesta de vida.

Pero para los autores de los evangelios y del resto de los veintisiete documentos que conforman el Nuevo Testamento, la figura de Jesús fue tan magnética, tan atrayente e impactante, que su propia persona se convirtió en su mensaje.[8] De tal forma que el mensaje de Jesús era el reino de Dios y el mensaje de sus seguidores fue Jesús. Él era su deber ser, y de Él fluía el amor por Dios y por el prójimo. La realidad última es subjetiva: *sujeta* a un *sujeto*. Él es el deber ser.

El deber de interpretar e *interpretar*

En la filmografía de Tarantino, cada uno de los personajes cumple básicamente con su deber, lo que se supone que como profesional debe hacer: cumplir con su misión. No tienen más moral que lo que ocurre, su guion. De hecho, las consecuencias más nefastas acontecen cuando uno de los personajes no cumple con ese deber.

La Ley, la Torá, la instrucción, el deber ser, el camino es la puerta de entrada a nuestras Biblias. Cinco libros entrelazados (seis, si sumamos el cumplimiento de la promesa en Josué). En estos hermosos documentos vemos una enorme cantidad de géneros literarios entremezclados, cuyo objetivo último es dar identidad y propósito a toda una cultura: otorgarles un deber ser para que no olviden cuál es la esencia de su llamado. Es un

---

8. También en la cinematografía de Tarantino lo más inolvidable son sus personajes: Mia Wallace, Vincent Vega, la novia, Señor Lobo, Jules Winnfield, Bill, Señor Rubio. Ellos son la puerta al relato.

mosaico lleno de colores, diálogos comunes en situaciones inimaginables, giros del guion, violencia, saltos en el tiempo y personajes inolvidables. Todo muy *mosaico*. La ley mosaica.

El ritmo y el orden de la trama es brillante. No es *debes ser para lograr finalmente ser*; la lógica de la Torá es: *por cuanto eres para Dios elegido, amado, rescatado... entonces, debes ser*. Porque nuestra Torá, nuestro *deber ser* como *ser humano* se resume en un solo mandato, un único guion: amarás a Dios y a tu prójimo como a ti mismo. Desde ahí se evalúa a todos los personajes. Todo lo demás es menos importante, es relativo a este principio.

En algunas películas, Tarantino cambia la historia tal y como la conocemos. Es una forma de expresar su deber ser, lo que el creador (el mismo Quentin) hubiera anhelado que sucediera. En *Inglourious Basterds* (2009)[9], unos soldados sin escrúpulos llevan a cabo una operación que consigue quemar un cine en Francia repleto con los altos mandos nazis... Hitler incluido. Todos sabemos que esa no es la "verdadera" historia, es una combinación entre lo que ocurrió y lo que podría haber ocurrido.

De igual manera, *Once Upon a Time in Hollywood* (2019)[10] cuenta la historia de la actriz Sharon Tate, esposa de Roman Polanski, trágicamente recordada por ser una de las víctimas fatales (mientras estaba embarazada) de la secta de Charles Manson. Pero en la película —*SPOILER ALERT*— eso nunca sucede. De hecho, vemos a Brad Pitt repartiendo justicia con su perro... "como debería ser".

La historia de los protagonistas es ficticia, pero el marco sobre el que transcurren los acontecimientos de la cinta son reales. Todos lo sabemos y lo disfrutamos porque estamos ante una parábola, una película que interpreta los acontecimientos con libertad creativa para que el director nos muestre lo que él quiere: su justicia poética, su deber ser.

Me pregunto cuántos pasajes de la Biblia tienen este espíritu. Además, si tomamos la Escritura como guion, nuestro deber es *interpretarla* (en su doble acepción). Por un lado, descubrir lo que el autor quería decir, decirnos: conocer qué lenguaje está usando y por qué, si es un relato histórico o figurativo, si está haciendo uso de la poesía o de un texto legal, además de conocer el trasfondo histórico[11] y un largo etcétera relacionado con la interpretación bíblica. Pero no debemos olvidar la segunda acepción: poner en

---

9. Conocida como *Malditos bastardos* en España y *Bastardos sin gloria* en Hispanoamérica.

10. Conocida como *Érase una vez en Hollywood* en España y *Había una vez en Hollywood* en Hispanoamérica.

11. Haciendo un paralelismo con *Once Upon a Time in Hollywood*, con un poco de cultura general del mundo del cine en 1969, la película se disfruta y comprende muchísimo más.

práctica el guion, interpretarlo, interiorizarlo, hacerlo propio, y también adaptarlo, contextualizarlo, vivirlo. En definitiva, no ser un mero espectador, sino un actor de la Palabra, del deber ser que fluye de lo que realmente somos según la perspectiva del director.

Creo que cuando contemplamos la Biblia desde este ángulo resulta más comprensible su *para qué* y, por lo tanto, también el nuestro: recuperar nuestro sentido de la existencia, de la interpretación, nuestra misión y propósito inspirados por el guion más sublime de todos —la Palabra de Dios, las palabras de Dios—.

Pero, por si eso no fuera suficiente, al parecer hay aún algo más que Dios tenía pensado, algo que formaba parte de su esencia, que es amor: un amor que se entrega, que se implica, que también interpreta un papel por el prójimo, por el que no es Él.

El guion protagonista

¿Y si el autor se incluyera en la historia? ¿Y si el *deber ser* se convirtiera en un *ser*, en un personaje que toma decisiones en el propio relato y lo transforma y resignifica desde adentro?

Tarantino no solo es el director de sus películas, sino que también es el guionista, y cuida al detalle los diálogos, su marca personal. Pero no solo eso: también se introduce en su filmografía a través de personajes y cameos, siendo parte de la historia que él mismo ha creado.

En la literatura han ocurrido varias veces cosas parecidas. En la famosa *Niebla* (1914) de Miguel de Unamuno, el autor se presenta frente al protagonista de la novela sabiéndose su creador porque el desesperado personaje necesita hablar con el escritor de su vida. Otro ejemplo es el increíble diálogo de *La historia interminable* (1979) entre la Emperatriz de Fantasía y el Viejo de la Montaña errante:

> —Escribes todo lo que ocurre —dijo ella.
> —Todo lo que escribo ocurre —fue la respuesta. Y otra vez era aquella voz profunda y oscura, que ella había escuchado como un eco de sus propias palabras.
> Lo curioso era que el Viejo de la Montaña Errante no había abierto la boca. Había anotado sus palabras y las de ella, y ella las había oído como si solo recordase que él acababa de hablar.

—Tú y yo —preguntó— y toda Fantasía... ¿todo está anotado en ese libro?

Él siguió escribiendo y, al mismo tiempo, ella escuchó su respuesta.

—No. Ese libro es toda Fantasía y tú y yo.

—¿Y dónde está el libro?

—En el libro —fue la respuesta que él escribió.

Esta obra maravillosa de Michael Ende también dialoga con la idea del ser y el deber ser, la libertad y la responsabilidad, la predestinación y el libre albedrío, el guion y los personajes, la interpretación y *la interpretación*. Esta paradoja irresoluble es la verdad más honda en la que podemos meditar y, al hacerlo, conocer y conocernos.

Pero esto podría ser aún más genial, creativo y verdadero: ¿Qué pasaría si ese personaje fuera capaz (el único capaz) de cambiar toda la metanarrativa y darle un giro de ciento ochenta grados a la historia, transformando el deber ser por redención, salvación y renovación del ser para alinearlo de nuevo con su esencia? ¿Y si fuera capaz de renovar a los mismos personajes? ¿Y si pudiera cambiar su *character* de tal forma que los hiciera capaces y aptos para cumplir con su misión?

Jesús, el Logos, el guion hecho personaje, detona todos nuestros argumentos. El autor invade el texto. El espíritu aparece en el papel, en la física. Y lo podemos comprender, lo podemos ver, tocar y oír sin abstracciones. Y Él puede actuar directamente. Ya no *sobre* el papel, sino *en* el papel. Podemos experimentarlo, nos puede *afectar*, transformar nuestros afectos e inclinaciones, y también podemos saber cómo es nuestro autor y cuál es su voluntad.

¿Cómo es Dios? ¿Cómo es el ser libre que siempre cumple con el deber ser? La respuesta es: «Como Jesús». No sé si podemos ir más allá que eso, pero seguro que no es nada menos que eso.

¿Y cómo es Jesús, el inesperado Jesús, el Mesías, el Hijo de Dios?

Clark Kent es tal como Superman nos ve a nosotros. ¿Y cuáles son las características de Clark Kent? Es débil, es inseguro, es un cobarde. Clark Kent es la crítica de Superman a toda la raza humana.

Kill Bill 2

Pero Jesús no es Clark Kent. No es un superhombre disfrazado de un ser torpe que no sabe ponerse bien las gafas. Jesús no es una parodia divina de los pobres seres humanos. Jesús es lo que un ser humano debe ser.

Ecce homo, «he aquí el hombre», dijo Poncio Pilato. No es Dios disfrazado de humano. Es Dios siendo humano, Dios hecho hombre, la palabra encarnada. Es el guion de todo convertido en protagonista. El *autor* hecho *actor* cumpliendo con la misión de entrega más apoteósica de la historia, consumando el guion insondable desde la libertad más absoluta, muriendo en la cruz, amando, resucitando. Porque Él es, fue, será.

Era como nosotros, pero cumplió con el deber ser. Eso dio sentido a todo el arco narrativo de todas las historias que nos habíamos contado, resignificó cada uno de nuestros mitos, de nuestra comprensión de la humanidad, de la historia, de la vida, de la eternidad, de la espiritualidad. De repente, estábamos en "otra película".

Y esa semilla humana/divina del ser/deber ser que fue sembrada en esta tierra que Dios había trabajado por siglos y quedó expresada de forma tan tarantiniana en la Biblia —ese mosaico de libros que nos sigue inspirando—, nos trajo luz, conciencia del ser, un motivo para interpretar, para actuar de manera correcta y para ser *bienaventurados*: vivir la *buena aventura* desde el guion y desde la libertad de interpretar e *interpretar*. Vimos su gloria, su arte, y nos dijo quiénes éramos, hijos amados, para que *actuásemos* en consecuencia… y entonces todo acabó cobrando sentido.

THE END

Y entonces todo comenzó.

Porque todo final de un discurso es en realidad el principio de un nuevo relato (como el Apocalipsis, que es el inicio de la historia eterna). Se abre el telón. Se descubre la verdad. Se desvela la *aletheia*.

Y entonces entendemos que la respuesta a las preguntas alrededor de un café (o cualquier otra bebida que acostumbres) no nos obligan a elegir. Quizás solo debemos decir *sí* y actuar.

Seguiría escribiendo, pero habrá más películas. Siempre hay más. De momento, solo viene a mi mente una de las órdenes más repetidas por los directores de cine: *Luces, cámara, ¡acción!*

Bibliografía

Aristóteles. (2014). *Ética a Nicómaco*. Editorial Gredos.
Kant, I. (1994). *Fundamentación de la metafísica de las costumbres*. Espasa Calpe.
Lewis, C. S. (2017). *Mero cristianismo*. Rialp.
Stott, J. (2007). *El mensaje de Romanos*. Certeza Unida.

TODOS SOMOS ANTIHÉROES
El cristiano como santo, sufriente y pecador

Ana Ávila[1]

En las últimas semanas he pasado más tiempo de lo que me gustaría admitir leyendo publicaciones en foros y viendo videos de Taylor Swift. No me atrevería a considerarme una *swiftie* —jamás tendría éxito en esos retos de redes sociales en los que tienes que adivinar o completar la letra de una de sus canciones tras unos segundos de escucharla—, pero no puedo dejar de admirar el talento y la disciplina de la compositora y cantante estadounidense. Durante sus casi 20 años de carrera, Swift ha mostrado una determinación incansable para desarrollarse como artista y una habilidad extraordinaria para destilar la experiencia humana en canciones de diversos géneros. A través de sus letras podemos dolernos con un par de quinceañeras ingenuas o brincar de alegría con la convicción de que, sin importar lo que otros digan, todo estará bien al final.

Algo que distingue a Taylor de sus pares en la industria de la música es que, para bien y para mal, ella ha sido un libro completamente abierto al mundo. Escuchar sus canciones es como leer su diario íntimo: cada emoción queda al descubierto. En "Anti-Hero" (Antihéroe)[2], la tercera canción

---

1. Ana Ávila nació en Ciudad Obregón, México, en 1992. Tiene una Licenciatura en Químico Biólogo Clínico por la Universidad de Sonora y un Diplomado en Estudios Bíblicos por el Instituto Integridad y Sabiduría. Es escritora *senior* en Coalición por el Evangelio y consultora académica para Blueprint 1543. Es autora de *Aprovecha bien el tiempo* (2020). Ana no se cansa de escuchar la banda sonora de *Hamilton* y todavía sueña con interpretar a la narradora en *José el Soñador* de Andrew Lloyd Webber y Tim Rice.

2. Se dice que alguien es un antihéroe cuando no cuenta con todas las cualidades morales o de carácter que se esperan del protagonista de una historia.

de su álbum *Midnights* (2022), Swift lleva esto al extremo. Ella cuenta en una entrevista: «Creo que nunca antes había profundizado tanto en mis inseguridades. Lucho mucho con la idea de que mi vida se ha vuelto inmanejablemente grande, y, sin tratar de sonar demasiado oscura, lucho con la idea de no sentirme una persona. [...] Esta canción es realmente una visita guiada por todas las cosas que tiendo a odiar de mí misma»[3].

Odiarme a mí misma es algo que hago muy bien.

Quizá por eso es que no puedo dejar de escuchar "Anti-Hero".

Santo, sufriente y pecador

Hace unos meses hice un ejercicio sobre "pensamientos inmediatos". Básicamente, al encontrarme con una dificultad, debía escribir lo primero que pasaba por mi mente. Tras unos pocos días de hacer el ejercicio, mi teléfono estaba lleno de notas como estas:

- «Uriel no parece muy entusiasmado con la idea de ir a la biblioteca. Soy una esposa terrible que lo obliga a hacer cosas innecesarias. También soy una inútil porque no sé conducir».
- «Tuve que cancelar una reunión con mi jefe para trabajar en un proyecto. Debe pensar que soy una floja porque necesité tiempo extra».
- «Escribiendo un artículo sobre ciencia y fe. No sé nada de nada».

Al revisar mis apuntes no tardé en darme cuenta de que mi mente —prácticamente todos los días y a todas horas— estaba en modo *eres lo peor del mundo*.

Mi amiga Alejandra Sura, que es consejera bíblica, se dio cuenta de esto. Todo empezó un domingo en el que le pedí ayuda a través de un mensaje de texto. No entraré en detalles, pero me encontraba algo desesperada; mi cabeza estaba llena de pensamientos críticos hacia alguien que amo. Me sentía muy incómoda y terriblemente culpable. No sabía cómo salir de esa espiral de juicio y culpa. Yo estaba lista para que Ale confirmara lo pecadora que soy, pero de pronto, me dijo algo diferente: «Te entiendo… ¡me pasa lo mismo!». Luego de asegurarme que no estaba sola, continuó: «¿Por qué no piensas en tres categorías de motivación para entender cómo enfrentar esta situación con más claridad? ¿Cuáles son las razones como

---

3. Swift, 2022.

santa, *sufriente* y *pecadora* que ocasionan esta reacción?»[4]. Yo estaba algo confundida. ¿De qué rayos estaba hablando?

Lo que necesitaba escuchar es que estoy mal, muy mal, y que necesito arrepentirme. ¿No es así? Sí, pero no. Por supuesto que hay pecado en mí, pero esa no es toda la historia.

Los seres humanos somos complejos. Todos lo sabemos, pero a todos nos cuesta admitirlo. Preferimos simplificar a las personas. «Ella no mataría ni a una mosca». «Él es incapaz de cambiar». «Ella tiene todo resuelto». Quizás es una madre que se niega a aceptar que su hijo ve contenido inapropiado en el computador del colegio: «Mi hijo *jamás* vería cosas como esas, debe haber sido su compañero». Quizás es un hombre fastidiado porque su esposa no logra preparar la cena antes de que él llegue del trabajo: «*Nunca* tienes la casa en orden, estás todo el tiempo en el teléfono». Quizás es una jovencita criticando a alguna celebridad en redes sociales: «Ella lo tiene todo; no puedo creer que sea *siempre* tan malagradecida».

La Biblia no nos permite ver a las personas de esta manera. Los *siempre*, los *jamases* y los *nunca* no existen. A lo largo de toda la Escritura nos encontramos con seres humanos hechos a imagen de Dios, gloriosamente hermosos, que reflejan la creatividad, el amor y la justicia del Señor. Sin embargo, cada uno de esos reflejos fue profundamente imperfecto; todos esos hombres y mujeres (excepto uno, por supuesto) fueron también rebeldes y pecadores que hirieron a los demás por orgullo o temor. Y el pecado, claro está, tiene consecuencias: todos los personajes de la Biblia sufrieron en un mundo que no funciona como debería.

Eso es lo que empecé a ver aquel domingo por la mañana: desde el principio de la historia, nos encontramos con *santos*, *sufrientes* y *pecadores*. Nos encontramos con antihéroes. Gracias a las palabras de una amiga pude detenerme en medio de la espiral de condenación y observar que no solo era mi pecado el que estaba al acecho; en mi corazón estaban sucediendo muchas más cosas. Los pensamientos de incomodidad y crítica que llenaban mi mente surgían, en parte, por mi orgullo y sentido de superioridad. Pero también brotaban de mi deseo de que esa persona desarrollara su potencial e hiciera las cosas mejor de lo que las estaba haciendo. Además, años atrás, yo había sido lastimada en una situación similar a la que estaba

---

4. La idea de amar a otros como santos, sufrientes y pecadores proviene del consejero bíblico Michael Emlet y sus ensayos en *The Journal of Biblical Counseling*. Haremos referencia a su trabajo más adelante.

observando; mi mente estaba alerta y no quería que la persona que tanto amo fuera lastimada de la misma manera.

Ese domingo por la mañana estaba abordando la situación desde la complejidad de lo que soy: santa, sufriente y pecadora. En palabras de Michael Emlet: «Como *santos*[5], necesitamos confirmación de nuestra identidad en Cristo; como *sufrientes*, necesitamos consuelo en medio de nuestra aflicción; como *pecadores*, necesitamos confrontar nuestro pecado a la luz de las misericordias redentoras de Dios en Jesucristo»[6].

Jesús veía a los demás en toda su complejidad. No los reducía a su pecado ni se impresionaba por su santidad externa. Durante su caminar en esta tierra rota y hambrienta de redención, el Señor fue compasivo con los que sufrían, hablaba con los rechazados y tocaba a los marginados, sin dejar de confrontarlos con su pecado cuando era necesario. Si queremos amar a otros como Jesús amó, debemos amarlos como seres creados a imagen de Dios, en su sufrimiento y también en su pecado.

Explorar estas categorías también nos ayuda a correr la carrera de la fe con fidelidad. Es fácil obsesionarnos en un aspecto de nuestra identidad en lugar de vernos en toda nuestra complejidad: vivir permanentemente en modo «¡soy un hijo del Rey!», «soy una víctima» o «soy una persona horrible». Pero eso solo nos perjudica.

Si no me veo como santa en Cristo, no podré reconocer la obra de Dios en mi corazón: las maneras en las que, a lo largo de los años, me ha hecho más como Jesús y está restaurando su imagen en mí. Si no me veo como sufriente, no podré señalar los aspectos quebrantados del mundo para decir «ven pronto, Jesús», ni reconocer cuando otros hayan pecado contra mí para perdonarlos. Si no me veo como pecadora, no podré matar el pecado que hay en mí, ni arrepentirme de mi maldad, ni poner la mirada en Cristo cada día.

Mirar a la persona completa

Todo este asunto de los santos, sufrientes y pecadores daba vueltas en mi cabeza mientras escuchaba "Anti-Hero". Como en la mayoría de las

---

5. Es importante notar que la categoría de *santo* es exclusiva de aquellos que se han arrepentido de su pecado y han abrazado el sacrificio redentor de Jesús. Para ampliar esta categoría e incluir a los no creyentes, Emlet usa el término "portador de imagen", que aplica a todos los seres humanos de la historia.

6. Emlet, 2018, p. 40.

composiciones de Taylor Swift, cada línea de la canción está llena de significado; podríamos dedicar un ensayo completo a cada estrofa, pero en esta ocasión nos enfocaremos en el estribillo. Creo que los cuatro versos centrales de "Anti-Hero" nos proveen un trampolín adecuado para meditar en las trampas en las que podemos caer cuando, como cristianos, nos rehusamos a vernos en toda nuestra complejidad.[7]

> *It's me. Hi! I'm the problem, it's me.*
> Soy yo. ¡Hola! Soy yo, el problema soy yo.

Swift inicia el coro de "Anti-Hero" con lo que se ha convertido en una de sus letras más populares. Miles de videos cortos de comedia se han hecho al son de esta melodía: *el problema soy yo*. Hay algo de verdad en estas líneas y todos lo reconocemos. Muchos de los aprietos en los que nos encontramos son de nuestra autoría. Nos reímos, pero también lloramos un poco. No queremos estar donde estamos, pero reconocemos que fuimos nosotros los que nos llevamos hasta ese lugar. En el videoclip de "Anti-Hero", esto se ilustra cuando una Taylor vestida de ropa casual abre la puerta a otra Taylor con pelo largo, maquillaje cargado y unos pantalones cortos con piedras brillantes. Es ella misma, pero no tanto. Este álter ego motiva a la Taylor casual a beber, la critica por su peso y le enseña a desconfiar de todo el mundo.

Es crucial que cada ser humano reconozca que el problema más grande de la vida está *adentro*. El pecado nos separa de Dios e invade cada aspecto de lo que somos; si no abrazamos esa realidad, no podemos arrepentirnos de nuestra maldad ni correr a Cristo como única salvación. Muchos, sin embargo, hemos caído en la peligrosísima trampa de reducir nuestra identidad *completa* al pecado que mora en nosotros. En lugar de reconocer que *el problema es mi pecado* —mi arrogancia, mi orgullo, mi amor al dinero, mi deseo de sobresalir, mi lujuria, lo que sea—, decimos *el problema soy yo*.

Esto no es mera semántica. Cuando llegamos al punto de creer que *nosotros* somos el problema, empezamos a convencernos de que la única manera de deshacernos del problema es desaparecer. Pero el deseo de Dios no es que desaparezcamos, es salvarnos; el Señor «es paciente para con ustedes, no queriendo que nadie perezca, sino que todos vengan al

---

7. Dudo muchísimo de que Swift tuviera las categorías de Emlet en mente al escribir "Anti-Hero". Creo más bien que el hecho de que los versos encajen con las categorías de santo, sufriente y pecador es un destello de la gracia común. Swift es cruda y transparente con lo que siente, y expone su vida interior sin tapujos: una mujer hecha a imagen de Dios que sufre y que peca.

arrepentimiento» (2 P. 3:9). La buena noticia del Evangelio es que nadie es meramente un problema que debe ser eliminado; no hay ningún ser humano que esté tan perdido que no pueda ser encontrado. Si nos rehusamos a admitir que el problema está *en* nosotros, jamás seremos rescatados de nuestra iniquidad; permaneceremos en la necedad y estaremos separados de Dios para siempre. Con todo, si nos dejamos llevar por la desesperación y concluimos que «el problema soy *yo*», no seremos capaces de recibir la maravillosa gracia que ha sido derramada en Cristo Jesús.

> *At tea time, everybody agrees.*
> En la hora del té, todo el mundo está de acuerdo.

«La hora del té» es la hora del chisme. Taylor hace referencia a que, como celebridad, está en la boca de todos, y todos están de acuerdo en que ella es el problema. En el puente de "Anti-Hero" se repite la frase, pero Swift alarga la palabra *agrees-ssss* para que suene como un siseo; esta es una referencia a una controversia de internet por la que fue masivamente bombardeada de críticas y llamada "serpiente". De hecho, muchos celebraron su cancelación y ella desapareció de la vida pública por un año.

Aquí muchos pueden sentir el impulso de burlarse de su confesión: «Pobrecita la multimillonaria de la que se burlaron en las redes sociales. ¡Supéralo de una vez!», podrían decir. La misma Swift cae en ese error. Al hablar en un video de las inseguridades que inspiraron "Anti-Hero", hace una pausa, finge una mueca de llanto lastimero y se burla de sí misma por quejarse de las cosas que la hacen sentir insegura o la lastiman. «No se sientan mal por mí, no necesitan hacer eso»[8], dice. Pero, multimillonaria o no, Taylor sufre… igual que todos los demás en este mundo quebrantado por el pecado.

¿Por qué nos cuesta tanto admitir la realidad del dolor? Algunos cristianos son incapaces de reconocer su sufrimiento porque han aprendido (incorrectamente) que los creyentes no deberían tener más que prosperidad y alegría. Después de todo, Jesús ya sufrió y murió por nosotros. Una lógica como esta nos obliga a ignorar las palabras del Señor a sus discípulos —«en el mundo tienen tribulación» (Jn. 16:33)— y también la enseñanza de Pablo a los filipenses —«A ustedes se les ha concedido por amor de Cristo, no solo creer en Él, sino también sufrir por Él» (Fil. 1:29)—. El sufrimiento no debería sorprendernos.

---

8. Swift, 2022.

La buena noticia es que el dolor que los cristianos experimentamos en esta Tierra jamás será en vano. Dios usa todas las cosas para nuestro bien (Ro. 8:28). A través de nuestras aflicciones podemos volvernos al Señor en arrepentimiento, practicar la confianza en Dios, ser corregidos en nuestras faltas, poner nuestra mirada en la recompensa celestial y traer a la memoria los sufrimientos de Cristo.[9] Como escribe el apóstol Pablo, «esta aflicción leve y pasajera nos produce un eterno peso de gloria que sobrepasa toda comparación» (2 Co. 4:17, 18).

En un mundo quebrantado por el pecado, todos —cristianos y no cristianos— sufrimos. Los que anhelamos la restauración de todas las cosas deberíamos ser los primeros en admitirlo y en invitar a otros a volverse a Cristo para recibir esperanza eterna y consuelo en medio de la aflicción.

I'll stare directly at the sun but never in the mirror.
Miraré directamente al sol, pero nunca me miraré al espejo.

En este verso del videoclip de "Anti-Hero", la Taylor casual da un vistazo al espejo para encontrarse con esa parte de sí misma que la arrastra a la bebida y la desconfianza, pero desvía rápidamente la mirada. Es un alivio saber que el problema no es *todo* lo que somos, pero no podemos evitar la dificultad de reconocer que somos *parte* del problema. A veces parece incluso más atractivo quemarnos la retina en plena negación que enfrentar la realidad de que necesitamos cambiar.

Parte de esta renuncia a mirarnos al espejo surge de la conciencia de que cambiar es muy difícil. De hecho, de acuerdo a la Biblia, cambiar desde lo profundo es *imposible* sin la intervención de Dios. Necesitamos un nuevo corazón y nuevos deseos para que el verdadero cambio tenga lugar (cf. Jr. 24:7; Ez. 36:26). Esto no sorprende a nadie. Tan conscientes somos de que los cambios son muy difíciles que muchos se han conformado con «aceptarse tal y como son», incluyendo las partes más oscuras del alma.

Vemos algo de esto al final del videoclip de "Anti-Hero". Taylor Swift termina haciendo las paces con la idea de que diferentes áreas de su persona están representadas por tres álter egos. El mensaje parece conmovedor: abraza *todo* lo que eres. La Biblia, sin embargo, nos ofrece algo mejor: ningún ser humano necesita hacer las paces con el pecado y el sufrimiento. Dios va a destruirlos y enmendará todas las cosas. Jesucristo cargó en la

---

9. Estos cinco propósitos para el sufrimiento fueron tomados de un devocional escrito por el pastor John Piper (s.f.).

cruz el peso de nuestro pecado y —en el día final— regresará en gloria para acabar con la maldad para siempre y establecer la paz perfecta en un cielo nuevo y una tierra nueva donde los que han confiado en Él podrán vivir con gozo para siempre.

Pero no tenemos que esperar a la eternidad para empezar a disfrutar de las bendiciones espirituales que nos han sido dadas en Cristo Jesús. El pecado en nuestro interior debe ser matado desde hoy. Dios perfeccionará su obra en nosotros en el día final, pero esa obra ya ha comenzado. Su imagen está siendo restaurada en su pueblo cada día a través de la renovación de nuestras mentes.

Así que enfrentémonos al espejo, pero no a cualquiera, sino al espejo de la Palabra de Dios. Cada generación y cultura ofrecen espejos distorsionados. Como los de una feria de circo, pero al revés; aunque nuestro carácter está muy lejos del estándar divino, en lugar de mostrarnos una imagen torcida, nos devuelve un reflejo hermoso. La Escritura es el único espejo perfecto en el que podemos mirarnos y descubrir quiénes somos en realidad. Enfrentarnos a ese reflejo puede ser tan difícil como mirar directamente al sol, pero es un riesgo que nunca nos quemará la retina; más bien, por el poder del Espíritu, nos restaurará para ser lo que siempre debimos haber sido.

> *It must be exhausting always rooting for the antihero.*
> Debe ser agotador estar siempre a favor del antihéroe.

En la última línea del estribillo, Swift se dirige directamente a sus seguidores. Admite que debe ser muy agotador para ellos apoyarla a lo largo de sus años de carrera, siendo una persona tan contradictoria y llena de errores. En otra parte de la canción reconoce que tiene pesadillas en que las personas se cansan de sus maquinaciones y la abandonan.

Me identifico sobremanera con esos pensamientos. Le he preguntado a mi esposo «¿Estás harto de mí?» más veces de las que puedo contar; afortunadamente, él no se ha cansado de responderme que no. Lo más asombroso de todo es que cada mañana obtengo la misma respuesta de Dios.

El Señor nos mira como lo que somos —santos, sufrientes y pecadores— y nos recibe siempre con nuevas misericordias en Cristo Jesús. No se cansa de nosotros, sino que está siempre a nuestro favor. Él nos afirma en nuestra identidad, nos consuela con esperanza eterna en nuestro dolor y nos confronta con la realidad de nuestro pecado para transformarnos más y más cada día. Aunque todos somos antihéroes, Él nos ama con amor eterno. Nuestras insuficiencias no tienen que abatirnos porque, a fin de cuentas, el héroe de la historia fue siempre Él.

Bibliografía

Emlet, M. R. (2018). Loving Others as Saints, Sufferers, and Sinners (Part 1). *The Journal of Biblical Counseling*, 32(1), pp. 33-47.

Piper, J. (s.f.). *Five Purposes for Suffering*. Desiring God. https://www.desiringgod. org/articles/five-purposes-for-suffering

Swift, T. (3 de octubre de 2022). *Taylor Swift talks about her new song "Anti-Hero"* [Archivo de video]. YouTube. https://youtu.be/t2t1cvSdgDA

EL DERROTERO DE UN IDEAL
Shrek, el buen samaritano y otras yerbas

Paula Muñoz[1]

Había una vez, en un pueblo muy lejano, una amorosa comunidad de fe, la cual estaba permanentemente amenazada por un terrible imperio que eliminaba a todos aquellos pueblos que no aceptaran sus condiciones de paz. El paso del tiempo hacía que dicha comunidad fuera aún más perseguida, por lo cual debía esconderse o escapar con lo puesto para sobrevivir. Sin embargo, eso no amedrentaba a sus valerosos integrantes, quienes, con la sola esperanza a cuestas, lograban expandirse y crecer a la luz de la expectativa del regreso de su Salvador.

Sin necesidad de agregar muchos nombres, el avispado lector notará que esta historia relatada en forma de cuento de hadas no trata tanto de fantasías como de hechos que se encuentran en los orígenes de nuestra amada Iglesia cristiana. Lejos de querer venderles un cuento, los invito a que transitemos juntos los escarpados caminos de la figura del *héroe*, para adentrarnos luego en la de su negativo, el *antihéroe*, y así preguntarnos qué historia nos gustaría que cuenten sobre nosotros en un futuro.

---

1. Paula Muñoz nació en Buenos Aires, Argentina, en 1983. Es Profesora de Filosofía por la Universidad de Buenos Aires y Técnica en Corno Francés por el Conservatorio Superior de Música Manuel de Falla; actualmente está preparando su tesis de la Licenciatura en Filosofía y el Profesorado en Corno. Trabaja en orquestas y bandas tocando el corno francés y como docente en tres orquestas escuela. Ha publicado artículos en revistas digitales y ponencias, y es miembro del equipo de investigación "Interculturalia". Fan de Bach, Tchaikovsky, Brahms, Rimsky-Korsakov, Red Hot Chilli Peppers y The Beatles, y también de *El gran pez*, *Forrest Gump*, Tarkovsky, Tim Burton, Hayao Miyazaki y *Los Simpsons*. Ama conversar con su compañero de ruta, los viajes en familia, conectarse con la naturaleza, el ronroneo de los gatos, leer donde sea y escuchar los relatos de la gente; se relaja tejiendo objetos en crochet que luego regala a quien le guste primero.

Las historias sobre héroes son fácilmente reconocibles, incluso cuando se refieren a personajes de la antigüedad como Ulises, Edipo o Eneas. Por lo general comparten algunas características.

En primer lugar, los orígenes del héroe suelen estar asociados a eventos extraordinarios, sobrenaturales, que parecieran predestinarlo a un propósito excepcional. Puede ser que hayan caído a nuestra atmósfera desde planetas lejanos, que provengan de una cuna privilegiada o desciendan de alguna deidad; de cualquier manera, los héroes parecen portar, en potencia, todas aquellas características notables y positivas de la comunidad que forja la historia. Sin embargo, ni ellos mismos ni la mayoría de los personajes que los rodean suelen ser conscientes de esta realidad.

Esto nos lleva a una segunda consideración. En medio del día a día de nuestro protagonista acontece algún evento notable que lo interpela a salir de su zona confortable para embarcarse, casi sin saberlo, hacia su épico destino. Esta es la parte que más nos conmueve en las historias que vemos en el cine: la muerte de los padres de Bruce Wayne —*lágrimas*—, la destrucción de Krypton y la orfandad del bebé Superman —*más lágrimas*—, y podríamos seguir llorando un buen rato. Para poder superar esta crisis, el héroe deberá adentrarse en un camino que estará atravesado por dificultades y aventuras que pondrán a prueba su temple y carácter hasta lograr sacar lo mejor de sí.

Finalmente, el héroe se consagra como tal en la realización de una hazaña que lo distingue de la mayoría —ya sea por valentía, bondad, astucia, abnegación o el valor que mejor lo caracterice—. Luego de esa proeza, el personaje retorna a su cotidianidad para encarnar en su propia vida las virtudes que lo han convertido en héroe.

Abel, Enoc, Noé, Abraham, y la lista de la carta a los Hebreos sigue. Podemos recordar fácilmente el rimbombante título que corona el capítulo 11 de la mayoría de las ediciones de la traducción Reina-Valera; todos esos son los "Héroes de la fe". Y podríamos preguntarnos: ¿Eran héroes en el sentido estricto que acabamos de describir?

Es posible encarar esta pregunta de diferentes maneras. Por un lado, podríamos rechazar esos criterios de clasificación, y abrir un poco más el juego; en otras palabras, que cada uno le diga "héroe" a quien quiera y punto. Otra posibilidad sería tomar a cada persona de la lista en cuestión, caso por caso, y evaluar si califican o no como candidatos; si elegimos esta estrategia, tendríamos por delante una larga investigación para desentrañar el asunto. De cualquier manera, la frase "Héroes de la fe" resulta más que interesante porque supone una virtud de carácter trascendental en la vida de estos personajes bíblicos, algo que traspasa su mera existencia y acción en la tierra.

Últimamente está de moda hablar de los *antihéroes*. Las carteleras de los cines exhiben como protagonistas de las películas a personajes que antiguamente se calificaban como villanos. De pronto, aparecen las historias de Maléfica, del Joker, de Loki, y de tantos otros que tradicionalmente eran la encarnación de todo lo malo de la humanidad. Creo que hay algo bastante saludable en este gesto, porque implica dejar atrás los clásicos maniqueísmos que distinguen a "los buenos" de "los malos". Esto no significa, por supuesto, que se llame *bueno* a lo *malo*, y *malo* a lo *bueno*, pero sí implica entender que es posible que "los malos" escondan una profundidad poco explorada, que quizás tengan mala fama solo por falta de conocimiento, o que hayan sido víctimas de una narrativa que los sentó injustamente en el banquillo de los acusados.

Al igual que al héroe, solemos conocer al antihéroe en su ámbito cotidiano; su vida ya constituida atraviesa, de repente, alguna situación que lo impulsa a recorrer una experiencia totalmente novedosa. Pero, he aquí la diferencia, el antihéroe no suele contar con un origen distintivo y especial que prácticamente lo predestina al éxito. En general, ni siquiera tiene virtudes notables ni grandes poderes de ningún tipo. Sin embargo, por torpezas del destino, también experimenta un proceso de autoconocimiento que lo pondrá a prueba y lo llevará a alcanzar, de algún modo, ese destino *anti*heroico.

Pensemos, por ejemplo, en *El Ingenioso Hidalgo don Quijote de la Mancha*, una obra escrita como una sátira tras el auge de las interminables y pomposas novelas caballerescas. Cervantes no fue ni el primero ni el único en satirizar a los héroes de las historias de su tiempo; muchos lo hicieron antes y lo siguen haciendo en la actualidad.

Tomemos el ejemplo de Shrek: un ogro interesado en defender su propia libertad que se transforma, sin buscarlo ni poseer un origen excepcional, en el libertador de la princesa Fiona. Es en este punto, tal vez, donde residen las diferencias con los villanos; a diferencia de los antihéroes, estos últimos parecen no poder cambiar, ni transformarse, ni redimirse. Los villanos quedan atrapados en un prefijado círculo vicioso del mal.

Teniendo todo esto en cuenta, y volviendo al título de Hebreos 11, ¿sería muy errado referirnos a los protagonistas de esa lista como *antihéroes de la fe*? Y, de ser así, ¿qué implicancias podría tener esto en nuestra práctica de la fe cristiana?

Mejor fuera que dentro.

Shrek

Podemos servirnos del ejemplo de la historia de Shrek para hablar de las "zonas de confort". La presentación de nuestro huraño protagonista comienza con una fresca canción que nos muestra su cómoda vida alejada de la sociedad. El "simpático" ogro es feliz en sus rutinas solitarias. Se ríe ahuyentando niños y asustando a la gente. En pocas palabras, un *antihéroe* en todo su esplendor. No tiene títulos divinos ni nobiliarios, ni características positivas que lo distingan en su comunidad, sino todo lo contrario: es antipático, gruñón, territorial, solitario y temible.

En cierto modo, la seguridad que cobija a Shrek no es tanto su hogar en el pantano, sino los estereotipos implícitamente acordados para seres como él, que lo definen como ogro. Sus actitudes terminan siendo mecanismos de defensa. Y si de cuentos de hadas y estereotipos hablamos, cada protagonista de estas historias tiene su propio cliché: Pinocho es *mentiroso*, el lobo feroz es *astuto*, el hombre de jengibre es *arrogante*. La lista es interminable.

Convivimos con los estereotipos que formamos sobre quienes nos rodean porque simplifican nuestra interacción con lo desconocido, facilitan el entendimiento de un *otro* que está fuera de nuestro control. Éste sería, si se quiere, el aspecto positivo del estereotipo; sin embargo, en su lado oscuro, nos impide conocer de forma genuina al prójimo, a nosotros mismos e incluso a Dios. La Biblia tiene varios de esos ejemplos: «Judíos y samaritanos no se tratan entre sí» (Jn. 4:9); «Eres un muchacho, mientras que él es un hombre de guerra» (1 S. 17:33); «¿De Nazaret puede salir algo bueno?» (Jn. 1:46).

La filósofa Miranda Fricker[2] trata el tema de los «estereotipos prejuiciosos identitarios negativos» (sus palabras) que operan casi silenciosamente en el imaginario colectivo para determinar la manera en que nos vamos a relacionar con alguien. Para volver al caso de Shrek, la mayoría de los personajes que no lo conocen se relacionan con él a partir de estereotipos prejuiciosos negativos: "Los ogros son malos. Shrek es un ogro. Ergo, Shrek es malo". Y podríamos suponer lo mismo en su versión positiva y también equivocarnos: "Los Lores rescatan princesas. Farquaad es Lord. Ergo, Farquaad rescatará a la princesa".

La parábola del buen samaritano es hermosa. Enseña sobre relaciones prácticas, rompe prejuicios, pone al desnudo razones y motivaciones. Se

---

2. Cf. Fricker, 2007.

acercó a Jesús un intérprete de la ley, un erudito, alguien que se la pasaba estudiando para estar del lado de los buenos. Pero en el fondo su intención era probar a Jesús; por lo visto, no tenía mucho por aprender, ya que hacía preguntas que él mismo respondía correctamente. Tenía muy clara la teoría, pero seguía insistiendo. Jesús le respondió con un ejemplo de estereotipos religiosos.

Un sacerdote y un levita —personajes totalmente enfrascados en sus roles, verdaderos *clichés* en sandalias y túnica— vieron a un hombre malherido, pero sus costumbres religiosas les impedían tocar un cuerpo impuro, ensangrentado. En otras palabras, su religiosidad operaba como un impedimento (o una excusa) para la compasión con quien estaba sufriendo frente a sus narices.

Pero hay más: quien realizó la acción ejemplar de amar al prójimo, ¡era un samaritano! Pertenecía a un pueblo que, según los estereotipos negativos atribuidos a su ascendencia, no respetaba las leyes ni los mandatos de Dios.

Si logramos eliminar los estereotipos, ¿será que solucionaremos el problema? Por momentos pareciera que son precisamente las leyes y reglas anticuadas las que nos separan de un encuentro realmente espiritual con nuestros semejantes.

Hay quienes, buscando liberarse de esas normas, empiezan a desarrollar una espiritualidad casi hedonista. La sensación personal de bienestar y la intimidad espiritual con Dios (percibida a menudo a través de una mayor desconexión con el otro) parecen ser el camino hacia el crecimiento individual. Como Shrek disfrutando de su pantano solitario, de sus comodidades a medida, desconectado de la sociedad y de sus esquemas.

Otro esfuerzo de lucha contra antiguos estereotipos religiosos se percibe en algunas proclamas, de alto contenido moral, que denuncian las injusticias sociales e intentan deconstruir sistemas opresivos. Un esfuerzo muy loable, pero que frecuentemente no pasa de la teoría y ni lleva a la práctica la solidaridad y la empatía real con quien sufre.

> Vivo en una ciénaga, he puesto carteles y soy un ogro aterrador.
> ¿Qué tendré que hacer para tener intimidad?
>
> *Shrek*

Nuestro antihéroe es alcanzado por un evento inesperado que irrumpe su cómoda rutina. Su amada zona de confort es invadida por una serie de "fenómenos": su cama, por el lobo vestido de abuelita; su galpón, por haditas madrinas; su patio, por tres cerditos desalojados de sus casas por Lord Farquaad. Shrek no quiere interactuar con otros cuentos; desea que cada personaje vuelva a su historia. Pero ese objetivo, contra todos sus deseos, lo pondrá en un camino que terminará alejándolo de la comodidad de su hogar.

Ya en los albores de la filosofía nos encontramos con el problema de los universales y los particulares. *Un anillo* (o concepto) *para gobernarlos a todos*, diría Tolkien.

De las fuentes que recibimos de Heráclito de Éfeso, descubrimos en su pensamiento la idea de un continuo fluir de la existencia. «No se puede entrar dos veces en el mismo río», reza una de sus frases más conocidas. En otras palabras, se pierden muchos aspectos del río cuando no reconocemos la multiplicidad de sus manifestaciones.

En la orilla contraria del río, un pensador de Elea, Parménides, prefería concentrarse en la unidad. Parafraseando un poco su poema, sostenía que el ser permanece *idéntico en sí mismo*. O sea que, para que podamos hablar del ser y no confundirlo con otra cosa, necesitamos reconocer la unidad y permanencia de sus características, su manera de ser lo que es.

A simple vista, podría parecer un tema menor, pero tiene enormes repercusiones en nuestro modo de conocer y relacionarnos con la multitud de estímulos que nos rodean desde que nacemos. ¿Cómo es posible que tengamos el concepto de *una* mesa en la cabeza si en realidad existe una infinidad de mesas diferentes?, se preguntaba Platón en sus diálogos.[3] Él mismo respondía con una distinción entre *la idea* de la mesa —que es una e inmutable, tal como sostenía Parménides—, que, en tanto idea, es *imagen* de una multiplicidad de mesas existentes —que son diferentes y cambiantes, como planteaba Heráclito—.

Nos podríamos cuestionar otra cosa ahora; cuando describimos el ideal de mesa, ¿de qué manera lo hacemos? ¿Es de madera? ¿De plástico? ¿De metal? ¿Azul, blanca o rosa? ¿Baja, alta? ¿Redonda, cuadrada, rectangular? Las opciones son incontables. Es probable que en nuestra cabeza elijamos un prototipo de mesa y vayamos categorizando los ejemplos según lo que consideremos como elemento esencial de ese ideal.

Y aquí es donde empiezan nuevamente las discusiones filosóficas. ¿Es posible llegar a un acuerdo sobre las cualidades esenciales de la "mesidad" entre dos ideales diferentes? Y no es una pregunta retórica; por el contrario, acarrea muchísimas consecuencias. Diferentes ideales forman maneras

---

3. Cf. Platón, 2003, Libro X (596-597a).

de pensar, modos de actuar y expectativas totalmente diferentes. Cierto ideal de belleza, por ejemplo, puede acarrear consecuencias positivas a quien reúne las características de dicho ideal, pero ser un incordio para quien queda fuera del mismo.

Volvamos a *Shrek*. Fiona esperaba a un príncipe encantador; se suponía que los príncipes rescataban a las princesas. En vez de esto, debajo del yelmo de caballero apareció la forzada sonrisa de un ogro acostumbrado a generar horror a sus espectadores. Así empieza el camino conflictivo entre ambos personajes ante la inminencia del amor. Siendo Fiona una princesa, ¿debería elegir al ogro o debería apostar por Lord Farquaad y cumplir así el ideal de este tipo de historias? ¿Shrek estaría dispuesto a renunciar a su libertad de ogro para compartirla con una princesa que tal vez nunca logre amarlo por lo que él realmente es y representa en la sociedad?

Muchas veces los ideales entran en jaque. Eso es, según Hechos 10, lo que le sucedió a Pedro en una visión: multitud de animales prohibidos por la ley le eran ofrecidos como alimento. Pedro los rechaza por temor a contaminarse. Fue necesaria una voz que lo despertara de sus ideales: «Lo que Dios ha limpiado, no lo llames tú impuro» (Hch. 10:15). Pedro necesitó romper sus esquemas mentales para entender que Dios no hacía acepción de personas. Sin este evento clave, la diversidad cultural de la Iglesia primitiva no hubiese sucedido. El ideal de pureza cultural de los primeros cristianos judíos podría haber impedido el acceso a las buenas nuevas de otras perspectivas culturales.

Ante estas problemáticas, algunos cantos de sirenas podrían seducirnos con la idea de eliminar toda determinación ideal: rechazar los conceptos que nos encierran y determinan culturalmente para dejarnos guiar por las pluralidades que se nos presentan. Pero la cuestión no es tan simple. Negar los aspectos que nos sitúan en un espacio-tiempo cultural es también negar las desigualdades que nos atraviesan.

Vamos princesa, no eres tan fea. Bueno, sí. Eres fea, pero solo eres así doce horas al día. Shrek es feo todo el año.

Burro

Aquí comienza la hazaña de nuestro antihéroe y su princesa Fiona. Shrek se percibe a sí mismo como un ogro feo y egoísta que merece la soledad, como si esa privacidad y libertad que tanto defiende no fueran más que un escudo para sobrevivir en una sociedad que lo rechaza por ser como es.

En un principio, la motivación para salvar a la princesa es meramente egoísta: recuperar su pantano, que los personajes vuelvan a sus respectivos cuentos de hadas y que no lo molesten más. Y lo logra: rescata a la princesa, cumple con el trato y recupera su pantano. Se podría decir que cumplió con su hazaña. Sin embargo, su condición de ogro no va de la mano con el amor que siente por Fiona.

Creo que la clave de acción de nuestro personaje se encuentra precisamente en el hecho de permitirse salir de su soledad para amar. En un primer momento, al dejar libre a Fiona, pensando que lo mejor para ella sería casarse con un Lord. Y en un segundo momento, al aceptar que, aun siendo un ogro, podía ofrecer un amor genuino a la princesa. Esto lo motivó a interrumpir la ceremonia matrimonial —una ceremonia más inspirada en la conveniencia (de Lord Farquaad, que quería convertirse en rey, y de Fiona, que quería romper el hechizo) que en un sincero amor—.

A propósito de convenientes ceremonias, el profeta Zacarías respondió de manera bastante brusca a los desterrados que preguntaban a sus sacerdotes y profetas si era necesario seguir manteniendo sus prácticas religiosas. Su mensaje confrontaba las verdaderas intenciones que subyacían a sus prácticas ceremoniales: «¿Hacían los ayunos realmente para mí? […] ¿No lo hacen para complacerse a sí mismos?» (Zac. 7:5, 6). A continuación, el profeta los invita a buscar la verdadera justicia, la compasión y la bondad los unos con los otros, pero no se queda en ideales universales puros y loables, pero lejanos de la práctica cotidiana. Por el contrario: en un relato claramente pedagógico, Zacarías propone cuatro ejemplos bien concretos de buen trato hacia los más débiles de la sociedad. ¿Quiénes eran? Las viudas, los huérfanos, los extranjeros y los pobres.

Un filósofo como Lévinas[4] se inspira en estas imágenes para conceptualizar su ética. Estos cuatro ejemplos representan a quienes han perdido los lazos sociales, esto es, son esos *otros* que, por algún motivo, quedaron separados del cuidado de su comunidad. Es el rostro del *Otro*, el extraño, el que debe interpelarnos a convertir nuestra libertad en responsabilidad hacia los demás. He aquí la hazaña.

Carol Gilligan, una psicóloga norteamericana, también se hizo eco de la importancia de la responsabilidad en el entramado ético de la sociedad. Su *ética del cuidado* propone que una comunidad debe estar sustentada en relaciones interpersonales que favorezcan vínculos de empatía y cooperación

---

4. Cf. Lévinas, 1971.

mutua.[5] Es posible comparar su ética del cuidado con las actitudes de unos padres hacia su bebé; aunque es justo que los progenitores puedan descansar, el llanto del pequeño los interpela, los convoca a cuidarlo.

Es la indefensión del niño la que nos llama a cuidarlo. No es tanto el hecho de que sea un deber moral o una ley que hay que cumplir, sino el deseo de calmar su dolor. ¿Podríamos imaginar tan solo qué tipo de valores inspiraría una justicia desconectada de todo sentimiento de cuidado hacia el prójimo?

—¿Por qué siempre regresas?
—Porque eso hacen los amigos. Los amigos siempre se perdonan.

Burro y *Shrek*

Shrek termina con una fiesta en el pantano. El antihéroe se ha consagrado como tal en la plenitud del aprendizaje de su viaje. La diversidad de personajes y fenómenos de los distintos cuentos de hadas celebran el amor del matrimonio ogro. Ya no son rechazados por un Lord que ve en ellos a la «basura de cuentos que envenenan su mundo perfecto»; en el pantano, son aceptados tal como son.

Apocalipsis 7 describe una escena de celebración maravillosa. Multitudes incontables vestidas con las mismas ropas blancas. La descripción bíblica de estas multitudes dista mucho de negar su origen, situación o diversidad. Aunque podrían haber sido descritas como "vestidas de ropas blancas sin importar su origen porque eran todas iguales", Juan escribe que las multitudes eran de toda nación, tribu, pueblo y lengua. Una multiculturalidad adorando al Cordero desde sus diversidades, pero unificadas por las ropas blancas y la adoración. Por alguna razón, la multiplicidad sigue presente en esta unidad celestial.

Nos encontramos en una época que refuerza valores como el mérito personal, el individualismo, la independencia, la libertad. Son valores que empiezan a determinar no solo nuestra manera de relacionarnos, sino también lo que concebimos como espiritualidad. Empezamos a presenciar "espiritualidades solipsistas", con una marcada búsqueda de experiencias personales y privadas: una trascendencia puramente individual. Semejante hedonismo se logra a costa de una importante desconexión con la realidad social. Y no es algo novedoso. Ya Juan lo preguntaba: «El que no ama a su hermano a quien ha visto, ¿cómo puede amar a Dios a quien no ha visto?» (1 Jn. 4:20).

---

5. Cf. Gilligan, 1982.

Luego de haber transitado el camino del antihéroe y su aprendizaje ante lo desconocido, me parece interesante reflexionar sobre el retorno al espacio cotidiano. Revalorizar el sentido de reunión, de asamblea en nuestras iglesias. Retornar al diálogo que entreteje historias, vivencias, caminos heroicos y antiheroicos entre las personas. Intentar salir de los estereotipos de perfección que proponen los héroes de cuentos para mostrarnos tal cual somos: seres vulnerables, imperfectos y necesitados los unos de los otros. Cuidar y ser cuidados. Amar y ser amados. Como aconsejaba Pablo a los gálatas, usar la libertad para servirnos en amor unos a otros, y no para satisfacer los egoísmos carnales (Gá. 5:13). ¿Acaso existe una espiritualidad que pueda prescindir del otro?

Al principio de este ensayo nos preguntábamos si es válido mantener el título de "Héroes de la fe" para hablar de la galería de Hebreos 11, o si, en confianza, podríamos actualizarlo a "Antihéroes de la fe". Ninguno de los personajes de esa lista desciende de algún ser excepcional o importante. Al contrario: hay hijos de esclavos, extranjeros, deportados, viudas y hasta prostitutas.

Cada uno de estos personajes realizó actos dignos de un héroe. No se esperaba nada de ellos, y muchas veces ni siquiera ellos mismos tenían nobles intenciones. Sin embargo, incluso sin su final feliz de cuento de hadas, alcanzaron la meta anhelada por medio de su fe. Todas sus hazañas involucraron el cuidado, la salvación o la liberación de quienes convivían con ellos. ¿Qué mejor nube de testigos para motivarnos a ser una comunidad de antihéroes de la fe que siga pacientemente el camino del amor que nos lleva a Jesús?

—Pero, Shrek, tú quieres ser ogro.
—Lo sé, pero quiero más a Fiona.

Burro y *Shrek*

Bibliografía

Fricker, M. (2007). *Injusticia epistémica*. Herder.
Gilligan, C. (1982). *La moral y la teoría. Psicología del desarrollo femenino*. Fondo de Cultura Económica
Lévinas, E. (1971). *Totalidad e Infinito*. Sígueme.
Platón. (2003). *República*. Gredos.

CRISTIANOS… ¡REUNÍOS!
Una promesa olvidada en el tiempo
Joseba Prieto[1]

Una casa dividida contra sí misma no puede resistir.

Lucas 11:17

"El niño que coleccionaba Spiderman"

Con ese título se publicó una de las historias más emotivas de los cómics de *Spiderman*.[2] En apenas diez páginas, el gran guionista Roger Stern lograba conmover a los fans del superhéroe arácnido. Era la historia de un niño llamado Tim, un fiel seguidor del Hombre Araña que coleccionaba todas sus fotografías y recuerdos publicados por el periódico local. En este relato, Spiderman nos muestra su lado más vulnerable, al enfrentarse a un enemigo que ni él mismo sería capaz de vencer: la enfermedad terminal que padece Tim. A pesar de ello, nada impide que ambos puedan disfrutar de un entrañable encuentro, logrando que el pequeño Tim experimente el día más feliz de su vida.

Hasta donde alcanza mi memoria, los superhéroes del Universo Marvel siempre me han acompañado. Como Tim, pertenezco a esa generación de jóvenes que crecieron inmersos en las aventuras de Spiderman o los

---

1. Joseba Prieto nació en Bilbao, País Vasco, España en 1994. Es graduado en Enfermería por la Universidad del País Vasco. Actualmente compatibiliza su labor enfermera con sus estudios de grado en la Facultad de Teología SEUT de Madrid. Presbítero en la CCE Santutxu de Bilbao. Es co-creador de *PARADOXA*, un podcast sobre fe y espiritualidad, y ha publicado artículos en la revista digital *Lupa Protestante*. Amante del universo de fantasía de Tolkien y de la adaptación cinematográfica de Peter Jackson; entre sus hobbies destacan los cómics, los videojuegos y los juegos de mesa.

2. Stern, Frenz & Austin, 1984.

X-Men. Recuerdo con especial cariño las primeras historias que leí en aquellos antiguos cómics de mi hermano mayor (una de las ventajas de ser "el pequeño de la casa"). Entre cómics, series de animación y muñecos de acción, el Universo Marvel estaría presente a lo largo de mi infancia, forjando innumerables recuerdos.

Con todo, la cumbre de mi pasión por los cómics no llegaría hasta unos años más tarde, cuando en 2011 cayó en mis manos un tomo titulado "Civil War", una historia de superhéroes que tenía algo realmente único: en ella no había ningún villano al que derrotar. Paradójicamente, no se trataba de la típica lucha entre "buenos y malos". En esta ocasión, eran los propios héroes los que se veían envueltos en una contienda entre amigos y compañeros. Sin duda, esa historia marcaría un antes y un después en mi relación con el Universo Marvel. Desde ese momento (y lo sigo haciendo hasta el día de hoy) empezaría a coleccionar mis propios cómics.

La iniciativa Vengadores

Como podéis imaginar, para un fan de Marvel como yo fue alucinante poder ver la adaptación de estos superhéroes a la gran pantalla. El denominado *Universo Cinematográfico de Marvel* (UCM) vio la luz con el estreno de *Iron Man: el hombre de hierro* (2008) y su primera fase de producción alcanzó su clímax con *Los Vengadores* (2012).

«Había una idea, llamada la Iniciativa Vengadores. La idea era reunir a un grupo de personas excepcionales y ver si podían convertirse en algo más. Ver si podían trabajar juntas cuando las necesitáramos para librar las batallas que nunca pudimos librar». Con estas palabras, Nick Furia nos presenta a los Vengadores, un grupo de superhéroes tan diverso como variopinto. A primera vista, nada tiene que ver un gigante verde con problemas de ira como Hulk al lado de un dios nórdico como Thor. Desde el inicio, la complejidad del grupo es evidente; no hay más que ver las tensiones que se palpan entre Iron Man y el Capitán América. El primero es un hombre progresista, con una mirada orientada hacia el futuro y la novedad tecnológica; el segundo encarna un espíritu conservador, anclado en la tradición y los antiguos valores. Cada uno porta una visión diferente del mundo, sustentada en principios fundamentales que no siempre coinciden. Sin embargo, todos se encuentran unidos por un propósito mayor, una misión común capaz de reconciliarlos en medio de sus diferencias: salvar a la humanidad y al planeta Tierra de las mayores amenazas del universo.

A priori, el proyecto resulta ser todo un éxito. A la llamada del Capitán América, «¡Vengadores, reuníos!», el equipo cumple una y otra vez con la misión para la que fue convocado, protegiendo al mundo de las fuerzas que lo amenazan. Ante este panorama tan prometedor, nadie podría imaginar lo que el futuro les depararía a la vuelta de la esquina. Una crisis sin precedentes estaba a punto de desatarse ante ellos. Su mayor desafío se gestaría en su interior.

Civil War

En 2016 se estrenó en cines *Capitán América: Civil War*, la adaptación cinematográfica del mismo cómic que años atrás había avivado mi pasión por el Universo Marvel.

En esta historia, los Vengadores se convierten en el epicentro de una polémica mundial. Mientras se enfrentan a un grupo de villanos, uno de los héroes comete un error accidental que provoca que una multitud de civiles pierda la vida. La tragedia inicia un debate a nivel político: ¿Quién se responsabiliza de las consecuencias que tienen los actos de los Vengadores? Como solución, las Naciones Unidas promulgan los Acuerdos de Sokovia: un protocolo legal para regular las actividades de los superhéroes. Tras su aprobación, los Vengadores dejan de ser una entidad privada y se registran como funcionarios públicos al servicio de las Naciones Unidas bajo legislación internacional. La fantasía del salvaje oeste en la que los superhéroes habían estado viviendo hasta ese momento, ocultos bajo el anonimato de una máscara, ya no parece funcionar en el mundo moderno.

Esta nueva situación detona una crisis dentro del grupo y provoca una auténtica división. En un lado del conflicto se sitúa el grupo pro-registro, liderado por Iron Man. A su juicio, situar a los Vengadores bajo un organismo de control, aunque limite su autonomía, garantiza un mejor ejercicio de su labor como protectores de la humanidad. ¿Y no debería ser esa la prioridad principal de los Vengadores?

En el otro lado nos encontramos con el grupo anti-registro, liderado por el Capitán América. En su opinión, esta regulación viola directamente la libertad y la capacidad de acción del grupo. Su argumento principal es que ningún organismo, ni siquiera las Naciones Unidas, está libre de intereses particulares. ¿Y qué ocurrirá cuando a los Vengadores se les prohíba actuar allí donde deben hacerlo?

Tras la aprobación de los acuerdos, el grupo anti-registro se sitúa al margen de la ley. El Capitán América y su grupo se convierten en fugitivos, mientras el equipo de Iron Man recibe la orden de capturarlos y llevarlos ante la justicia. Así es como se desata la Guerra Civil.

Es una guerra que involucra a amigos y compañeros. El conflicto escapa a todo dualismo maniqueo y abre la puerta a los grises. Como en la vida misma, "el contrario" resulta ser una persona mucho más cercana a mí de lo que pudiera parecer. Así es como nuestros protagonistas se ven abocados a un enfrentamiento entre pares, divididos por su respuesta ante un mismo desafío sociocultural. Todo un dilema de época, fruto del choque entre diversos valores, creencias y principios ideológicos. De hecho, tras el conflicto late un debate mucho más profundo: la primacía de la justicia vs. la primacía de la libertad.[3]

Para Iron Man, aceptar esta ley significa garantizar la aplicación de la justicia, asumiendo la necesidad de rendir cuentas con arreglo a la ley. Los Vengadores deben someterse a una autoridad que regule su actividad, como ocurre con cualquier cuerpo militar o policial, aunque ello implique renunciar a ciertas libertades individuales.

Para el Capitán América, asumir esta ley implica renunciar a su autonomía, sometiendo su libertad de conciencia a los intereses políticos del Estado. Como Vengadores quizá tengan que implicarse allí donde nadie más lo hace, cuando no resulte políticamente conveniente, o incluso en situaciones que sencillamente no le importen a nadie.

Civil War plantea un escenario totalmente polarizado. Cada bando lucha por su verdad. Y ahí radica el problema. Llevados al extremo, ambos valores resultan contraproducentes. Convertidos en principios absolutos, tanto la justicia como la libertad terminan acarreando consecuencias negativas. En ambos lados, el conflicto se plantea en términos absolutos y nos obliga a tomar partido de manera unilateral.

Cada bando posee argumentos realmente buenos a su favor, sustentados en principios y valores fundamentales. Pero el clima de polarización hace que la diversidad deje de ser enriquecedora y mute hacia una dualidad enfermiza: *conmigo* o *contra mí*. Esta incapacidad para tender puentes y desarrollar consensos mediante un diálogo fructífero es lo que conduce inevitablemente a la guerra: la lucha por imponer mi propio monólogo.

---

3. Los amantes de la filosofía podrán encontrar aquí resonancias de la clásica dialéctica entre Hobbes y Locke al respecto del contrato social y la naturaleza del ser humano.

«Ojalá coincidiéramos en lo de los acuerdos, de verdad. Sé que tú actúas según tu credo. Es lo que podemos hacer, lo que debemos hacer. Pase lo que pase, te prometo que, si nos necesitas, allí estaré». Con estas palabras, el Capitán América se despide de su antiguo compañero, Iron Man. A estas alturas, la ruptura es inevitable: «Los Vengadores se disolvieron. Capi y yo discutimos. Ya no nos hablamos».

Mientras nuestros protagonistas están envueltos en sus luchas y rencillas personales, una amenaza mayor se cierne sobre el planeta Tierra. Thanos, uno de los villanos más poderosos del universo, aparece en escena. Su nombre no es casual, es un juego de palabras con el término griego *Thánatos* ("muerte"), la misma muerte a la que Thanos sirve con fanática fidelidad.

Ante esta amenaza cósmica, los Vengadores deberán asumir el reto de superar sus diferencias y volver a unir fuerzas; solo ellos podrán cumplir con éxito la misión para la cual fueron llamados. La salvación del universo dependerá de ello.

Volverás a levantar viejas ruinas, cimientos desolados por generaciones; te llamarán reparador de brechas, restaurador de lugares ruinosos.

Isaías 58:12

Ecos de una promesa olvidada

¿Qué relación existe entre esta narrativa superheroica y nuestra propia experiencia vital? ¿Hay algún nexo entre este mundo de ficción y nuestra realidad cotidiana? *A priori*, cualquiera puede reconocerse en la experiencia del conflicto, la ruptura y el desencuentro, todas realidades comunes a nuestra fragilidad humana. Y, ¿qué decir de quienes nos identificamos como seguidores/as de Jesús? Sin duda, las resonancias adquieren un calado aún mayor.

Como cristianos nos sentimos parte de un movimiento que va más allá de nosotros mismos. Hemos sido convocados por el mismo Jesús para participar en un proyecto de salvación integral a escala cósmica: la *misión de Dios*. Esta misión es lo que da sentido y propósito a nuestra existencia. Es nuestra narrativa vital.

Sin embargo, sabemos que nuestra experiencia de fe está atravesada por la contradicción. Más a menudo de lo que nos gustaría reconocer, nuestras diferencias se convierten en obstáculos insalvables, auténticas cargas de demolición con el potencial para derrumbar los puentes que nos vinculan con el otro, arruinando así toda opción de diálogo y comunión fraterna.

Paradójicamente, nuestro Maestro nos transmitió la clave que garantizaría el éxito de nuestra empresa. Un principio tan claro y sencillo como difícil de materializar, una promesa largo tiempo olvidada, pero cuyos ecos aún resuenan en nuestra memoria: «Te pido que todos vivan unidos. Como tú, Padre, estás en mí y yo en ti, que también ellos sean uno en nosotros. De este modo el mundo creerá que tú me has enviado» (Jn. 17:21).

La unidad de los cristianos no es un capricho de época ni un propósito bien intencionado, pero eternamente aplazable. Esta unidad radica en el deseo expreso de Jesús, ¡es la condición ineludible para que el mundo crea en su mensaje! En otras palabras: el éxito de la misión a la que Jesús nos envía se relaciona directamente con nuestra capacidad para vivir unidos.

Pero, ¿de qué estamos hablando exactamente cuando hablamos de unidad?

Diversidad reconciliada

Y, sobre todo, practicad el amor, que es el vínculo perfecto.

Colosenses 3:14

El ideal de la unidad representa un reto tan difícil de alcanzar que fácilmente tiramos la toalla. A lo largo de la historia, los cristianos hemos claudicado una y otra vez ante este llamado. Como "alternativa", nos hemos conformado con transitar el camino de la imposición, incluso por medio de la fuerza, traicionando nuestra propia identidad en el proceso. Demasiadas veces la unidad cristiana ha quedado encerrada bajo el paradigma de la *uniformidad*: una falsa *unidad* que suprime las diferencias e impone un *monólogo* que sofoca la *multiforme* diversidad del cuerpo de Cristo.

En contraste, la unidad a la que Jesús nos convoca es aquella capaz de unirnos en medio de nuestra singularidad: una *diversidad reconciliada* bajo el vínculo del amor y que, por ello, se traduce en riqueza. Porque la verdadera unidad no implica negar nuestras diferencias, ni tampoco la ausencia de conflictos. La clave es sabernos unidos en medio de ellos.

El ejemplo de las primeras comunidades cristianas nos ayuda a iluminar esta paradoja. Es probable que tengamos una imagen idílica de los inicios del cristianismo, pero, si hay una constante en el libro de los Hechos, son precisamente los conflictos que experimentaron aquellos primeros cristianos. Desde un inicio, el cristianismo fue un movimiento diverso y plural: «Por entonces, al crecer extraordinariamente el número de los discípulos, surgió un conflicto entre los creyentes de procedencia griega y los de origen hebreo» (Hch. 6:1).

En los albores del cristianismo no nos encontramos con un movimiento monolítico y uniforme. La diversidad cultural de los cristianos, reflejada en el texto bíblico, se traduce en una auténtica pluralidad teológica y vivencial que da lugar a inevitables conflictos. Como fruto de estos desencuentros se desarrolla la asamblea de Jerusalén (Hch. 15), con el propósito de alcanzar un "pacto de convivencia", un acuerdo de mínimos que permitiera mantener viva la unidad en medio de la diversidad.

Desde un inicio, encontramos distintas sensibilidades teológicas entre los cristianos; como mínimo, los expertos[4] hablan de tres grandes movimientos durante la primera generación cristiana:

a) El judeocristianismo estricto de Jerusalén, liderado por Santiago, de corte tradicionalista.
b) El judeocristianismo moderado de Antioquía, liderado por Bernabé y Pedro, con una mayor apertura inclusiva.
c) El cristianismo paulino de Corinto y Éfeso, liderado por Pablo, con un énfasis radical en la libertad cristiana.

Con el paso del tiempo, esta diversidad no hizo más que aumentar. En la segunda generación cristiana, el cuadro resulta aún más complejo, incluyendo a varios movimientos dentro de cada tradición.[5] ¿Cómo pudo mantenerse viva la unidad en medio de tantas diferencias?

Sin duda, el ejemplo de aquellas antiguas comunidades resulta inspirador. En el siglo II, el cristianismo experimentó graves crisis internas, tensiones que estuvieron a punto de fracturar el corazón de la fe. En un contexto como ese, las iglesias tenían muchos motivos para caer presas de la polarización. Era tentador encerrarse entre las cuatro paredes de la propia tradición, abrazar el *monólogo* y no querer saber nada del resto. Sin embargo, contra todo pronóstico, el cristianismo fue capaz de romper una lanza en favor de la unidad, la convivencia y la búsqueda de consensos.

---

4. Cf. Aguirre, 2015; Theissen, 2002.

5. En el siglo II, la pluralidad del cristianismo antiguo abarca hasta cuatro grandes tradiciones —cristianismo paulino, judeocristianismo, cristianismo sinóptico y cristianismo joánico—, con sus respectivas ramificaciones y variantes.

Como fruto de este bello diálogo comenzó a consolidarse el canon del Nuevo Testamento (N. T.). Hasta este momento, no existía ningún consenso sobre cuáles eran los textos y tradiciones comunes de la fe cristiana. Cada movimiento daba valor a unos textos u otros, en función de sus propias preferencias teológicas y culturales.

En respuesta, con el canon del N. T. se reunieron escritos de las cuatro grandes tradiciones del cristianismo antiguo, como expresión de esa riqueza que nace en medio de la diversidad. Al comienzo del N. T. se colocaron los cuatro evangelios, cada uno escrito desde diferentes coordenadas teológicas. A continuación, las trece cartas paulinas, junto a las cartas universales y joánicas, ejerciendo así un mutuo contrapeso entre cada tradición.

Con el desarrollo del N. T., el cristianismo antiguo abogó por la polifonía. Cada voz, situada en su justo equilibrio, conforma una bella armonía. El canon reconoce y legitima la pluralidad teológica y, al mismo tiempo, dota a la fe de un marco común de sentido.

Curiosamente, en el N. T. solo faltan los escritos de los movimientos cristianos más extremistas, grupos que optaron por la polarización y el aislamiento hermético. Al final del día, aquellos que no estuvieron dispuestos a aceptar consensos acabaron convirtiéndose en movimientos marginales hasta desaparecer. Un dato que conviene no olvidar.

En definitiva, el ejemplo del N. T. representa un bello ejercicio de cohesión, aceptación y unidad en la pluralidad. En palabras del biblista Julio Trebolle: «La historia del canon neotestamentario es la historia de un proceso que parte de la diversidad y cristaliza en la unidad»[6]. ¿No es increíble que el proceso de formación de la Biblia contenga un testimonio tan maravilloso de *diversidad reconciliada*?

El testimonio del cristianismo antiguo nos demuestra que la unidad cristiana nunca fue uniformidad. La pluralidad es un signo de madurez espiritual: no somos un movimiento homogéneo, percibimos el mundo desde prismas diferentes, pero nos sabemos unidos por un mismo Espíritu y una misma fe.

La cuestión no está en ver el mundo de la misma forma, sino en saber tender puentes en medio de nuestros desacuerdos. Paradójicamente, no necesitamos pensar igual en todas las cosas, ni abrazar la misma teología, ni experimentar la fe de la misma manera, para creer juntos, como

---

6. Trebolle, 1993, p. 254.

parte de un mismo Cuerpo, en unión con Cristo y con nuestros hermanos y hermanas.

Un ingrediente fundamental ante el diálogo

No es a nosotros a quienes corresponde decir quién está o no está más cerca del espíritu de Cristo. Nosotros no vemos en el corazón de los hombres. No podemos juzgar.

C. S. Lewis

Un gran obstáculo en el camino hacia la unidad es, precisamente, la pretensión de creernos en posesión de la verdad absoluta. No hay mayor tentación para el creyente que la de encerrar a Dios entre las cuatro paredes de su cosmovisión, tradición o confesión teológica particular.

Como antídoto a esa autosuficiencia, el apóstol Pablo nos recuerda algo fundamental: «Ahora, en efecto, nuestro saber es limitado, limitada nuestra capacidad de hablar en nombre de Dios» (1 Co. 13:9). Esta cura de humildad nos ayuda a recordar que todos somos aprendices de la fe. Nuestra perspectiva es limitada, y esa es una muy buena razón para estar abiertos al diálogo y el aprendizaje continuo. La mirada del otro me enriquece. Cada confesión cristiana tiene algo valioso que aportar, algo que suple las carencias de mi propia perspectiva y tradición teológica. Frente al misterio del Dios que nos trasciende, una actitud humilde resulta ser un ingrediente fundamental.

Hans Küng escribió: «Quien puede hablar en varias lenguas escucha una sinfonía donde otros oyen una cacofonía»[7]. En muchos sentidos, la llamada de Jesús a la unidad nos impulsa a adoptar una mirada universal[8], más allá de nosotros mismos. Para hablar de esta diversidad reconciliada, aquellos antiguos cristianos emplearon el término griego *oikoumene*[9]. La fe *ecuménica* era la fe "de toda la tierra", una fe común que les permitía reconocerse como hermanos y hermanas en medio de sus diferencias.

---

7. Küng, 1967, p. 9.

8. El término "universal" proviene del griego καθολικός ("católico"). En la Iglesia antigua, la fe *católica/universal* hacía referencia a la fe común, compartida por todos los cristianos.

9. El término "ecuménico" deriva del griego οἰκουμένη, que significa la "tierra entera" o "toda la tierra habitada".

Como sabemos, la historia del cristianismo está atravesada por la ruptura. Y no hablo únicamente de las grandes divisiones históricas entre confesiones. A nivel local, en nuestra propia experiencia comunitaria de fe, podemos encontrar reflejos de esta misma realidad. A menudo, nuestros desacuerdos se traducen en profundas divisiones que dinamitan toda comunión y vínculo fraterno: el otro se convierte de pronto en un auténtico extraño.

En respuesta, el movimiento ecuménico busca rescatar este espíritu de diálogo y concordia, creando puentes que permitan superar las rupturas y divisiones del pasado. Su propósito no consiste en diluir nuestras diferencias en una falsa unidad, sino en reconciliarlas bajo el vínculo del amor. En este diálogo ecuménico, cada identidad debe ser preservada y respetada como expresión de la pluralidad del Cuerpo de Cristo. Solo así se podrá desarrollar una comunión fecunda con el otro, al que reconozco como hermano/a en su singularidad; en esto radica la paradoja de la unidad en la diversidad.

Tristemente, en nuestros días el diálogo ecuménico parece recibir más rechazo que acogida por parte de los cristianos. Asediada por un cóctel de desconocimiento, prejuicios, indiferencia y miedo, la palabra "ecumenismo" es demonizada sin cuartel. Y, mientras tanto, la promesa de nuestro Maestro permanece olvidada en el tiempo.

Cristianos... ¡reuníos!

No se puede ser "el amigo y vecino Spiderman" si no hay vecinos.
Peter Parker

Curiosamente, en los orígenes del movimiento ecuménico nos encontramos con una profunda preocupación por la misión: el proyecto de salvación integral al que Jesús nos convoca. En el siglo XIX, mientras servían en lugares de África y Asia, nuestros hermanos/as protestantes experimentaron en carne propia el efecto negativo que las divisiones del cristianismo proyectaban sobre la misión, una misión común a la que un mismo Jesús los estaba llamando, independientemente de su confesión o tradición teológica. Esa convicción fue la que los impulsó a derribar los muros de enemistad y a trabajar activamente por la unidad de los cristianos.

Una casa dividida contra sí misma no puede resistir. Al igual que los Vengadores en *Civil War*, los cristianos también llegamos a olvidar el propósito para el que fuimos llamados. Ante los desafíos socioculturales de nuestro tiempo, nos enfrascamos en pequeñas "guerras civiles", perpetuamos nuestras divisiones y profundizamos aún más la brecha de separación. El fenómeno de la polarización parece infiltrarse en el camino de la fe, generando constantes rupturas y desencuentros. Mientras tanto, la alternativa cristiana se desdibuja en el horizonte. La misión permanece en espera.

Frente a la eterna tentación de encerrarnos entre las cuatro paredes de lo ya conocido, la llamada del Maestro sigue saliendo a nuestro encuentro, invitándonos a abrazar la paradoja. Su voz nos recuerda que, separados de Él, nada podremos hacer. Pero, «¿dónde estaría el cuerpo si todo él se redujese a un solo miembro?» (1 Co. 12:19).

Ante esta realidad, el ejemplo de las primeras comunidades cristianas nos interpela: sentémonos a la mesa, dialoguemos y construyamos puentes en medio de nuestros conflictos. No nos conformemos con el monólogo de nuestra limitada verdad. Aprendamos a vivir en la tensión, en esa diversidad reconciliada. Unamos fuerzas para seguir desarrollando el proyecto de Jesús en este mundo. Ese es hoy nuestro desafío. Ese es y será siempre nuestro llamado.

En pleno siglo XXI, la humanidad sigue anhelando buenas noticias. Hay una misión por cumplir. Hemos sido enviados al mundo como instrumentos de liberación y salvación, pero no ganaremos solos esa batalla. La misión de Jesús nos convoca a todos por igual, seamos protestantes o católicos, ortodoxos o anglicanos. *Thánatos* sigue campando a sus anchas, extendiendo su dominio de muerte, pero la buena noticia es que sus días están contados. Jesús ha vencido. *Thánatos* ha sido derrotado. Ese mensaje despliega auténticos caminos de dignidad y de vida, de salvación y esperanza para toda la humanidad.

> Como tú vives en mí, vivo yo en ellos para que alcancen la unión perfecta y así el mundo reconozca que tú me has enviado y que los amas a ellos como me amas a mí.
>
> *Juan 17:23*

Que el Espíritu de Jesús nos impulse a responder a su llamada con valentía: *Cristianos… ¡reuníos!*

> Aunque no podamos pensar igual, ¿no podremos amar igual? ¿No podríamos ser de un mismo corazón, aunque no tengamos la misma opinión? Sin ninguna duda, podemos.
>
> *John Wesley*

Bibliografía

Aguirre, R. (2010). *Así empezó el cristianismo*. Verbo Divino.

Aguirre, R. (2015). *La memoria de Jesús y los cristianismos de los orígenes*. Verbo Divino.

Bosch, J. (1991). *Para comprender el ecumenismo*. Verbo Divino.

Congar, Y. (1967). *Cristianos desunidos*. Verbo Divino.

Gibellini, R. (1998). *La teología del siglo xx*. Editorial Sal Terrae.

Küng, H. (1967). *La justificación según Karl Barth*. Editorial Estela.

Lewis, C. S. (1995). *Mero cristianismo*. Rayo.

Stern, R. (e); Frenz, R. (d) & Austin, T. (l). (Enero de 1984). The Kid Who Collects Spider-Man. *Amazing Spider-Man*, Vol. 1, #248.

Theissen, G. (2002). *La religión de los primeros cristianos*. Ediciones Sígueme.

Trebolle, J. (1993). *La Biblia judía y la Biblia cristiana. Introducción a la historia de la Biblia*. Editorial Trotta.

EL INFIERNO SON LOS OTROS
Avatar: la leyenda de Aang y la empatía cristiana

Edgar Pacheco[1]

La empatía es una de las habilidades más valiosas que podemos desarrollar como seres humanos. Nos permite comprender las perspectivas y motivaciones de los demás, conectarnos con ellos y construir relaciones significativas y positivas.

En la serie animada *Avatar: la leyenda de Aang*, esta habilidad es una herramienta poderosa para resolver conflictos y lograr objetivos comunes; demuestra además el principio preponderante de «vencer el mal con el bien» (Ro. 12:21).

Pero la empatía no es solo una habilidad práctica. También es una virtud teológica que se encuentra en el corazón de muchas tradiciones religiosas. Desde una perspectiva teológica cristiana, la empatía es un medio para conectarse con el prójimo y entender la imagen de Dios en los demás.

En este escrito exploraremos la relación entre *Avatar: la leyenda de Aang* y la empatía desde una perspectiva teológica. Veremos cómo la serie animada utiliza la empatía como herramienta para resolver conflictos y construir relaciones positivas, y cómo esta habilidad se relaciona con las enseñanzas teológicas sobre la empatía y la compasión. A través de esta

---

1. Edgar Pacheco nació en Chihuahua, México, en 1988. Tiene una Licenciatura en Psicología por la Universidad Tecmilenio, una Licenciatura en Teología por el Seminario Metodista Dr. Gonzalo Báez Camargo y un Bachillerato en Teología por el Seminario Bíblico Antioquía, Asambleas de Dios. Publicó el libro *Huyendo de Dios. El viaje de un peregrino* (2022). Es músico profesional, tiene un podcast llamado *Eso No Dijo Kant* y un canal de apologética con el mismo nombre. Amante de la lectura, de ir de camping, de la música de Jackie Venson, Chris Stapleton y Alan Jackson, y las películas *Whiplash*, *Lalaland* y *Green Book*.

exploración, espero arrojar luz sobre la importancia de la empatía como virtud teológica y su aplicación práctica en la vida cotidiana.

El infierno de conocer a los demás

En 1944, el filósofo francés Jean-Paul Sartre acuñó una frase que, desde mi punto de vista, resume el resultado de la Caída: «El infierno son los otros»[2], dijo. La frase se refiere a cómo las personas pueden torturarse mutuamente a través de la interacción social, lo que hace que la existencia de cada individuo sea insoportable. Stanley Kubrick llevó a la pantalla la frase con su famosa película *La naranja mecánica* (1971). La película sugiere básicamente que la sociedad tiene un papel en la creación de la violencia y la alienación, y que la búsqueda de la identidad y el propósito personal a menudo entran en conflicto con las expectativas de la sociedad, lo que causa que el aislamiento y la maldad formen parte de los individuos como mecanismo de defensa, pues "los otros" son el infierno con el que debemos bregar.

La idea detrás de la frase es que las personas no pueden escapar de la presencia de los demás y de las percepciones que los demás tienen de ellas, lo que puede llevar a una sensación de encierro, opresión y tormento emocional. Para Sartre, la relación con los demás puede ser la fuente de nuestra angustia y sufrimiento, ya que estamos constantemente expuestos a su juicio y a su ojo despectivo. En su obra *A puerta cerrada* (*Huis Clos*), Sartre ofrece una historia desarrollada en un ambiente infernal; hay tres personajes —Garcin, Inés y Estelle— que se encuentran atrapados juntos en una habitación para toda la eternidad. A medida que interactúan, exploran la naturaleza de sus existencias y se enfrentan a la tortura de convivir con los otros. Poco a poco los personajes van aceptando la brutal verdad de que el infierno no es un lugar físico, sino la compañía constante y el juicio de los demás.

El orgullo, la altivez y la competencia son la expresión externa de un mal interno, que en nuestra sociedad se ve profundamente reflejado, por ejemplo, en el uso de las redes sociales. En 2019, Brian A. Primack escribió un artículo para la revista *BMC Public Health* en el que explica la forma en que la depresión acompaña a los individuos que usan plataformas como

---

2. Sartre, 2016, p. 135.

Instagram.[3] ¡Quién lo diría! Una plataforma que sirve para transmitir instantáneas de nuestra vida también puede ser una puerta abierta al dolor y la depresión. Este artículo parece corroborar la frase de Sartre; la exhibición y el escrutinio de los otros no solo han hecho que el narcisismo se haya vuelto normal, sino que también han masificado la crítica y el sufrimiento de ser observados y criticados sin piedad.

La interacción a través de las redes sociales lleva muchas veces a la comparación constante con otros y a la búsqueda de aprobación externa, lo que puede tener un impacto negativo en la autoestima y la salud mental de las personas. En ese contexto, el aislamiento parece ser cada vez más saludable.

El infierno de conocernos a nosotros mismos

En el siglo XX, el psicólogo alemán Theodore Lipps acuñó el término "empatía"[4]; lo utilizó por primera vez en su obra *Leitfaden der Psychologie* (1903) para describir la capacidad de los individuos de identificarse con los sentimientos de los demás. Lipps se inspiró en las teorías del filósofo alemán Friedrich Theodor Vischer, quien había utilizado el término *Einfühlung* (traducido como "sentir con" o "identificación emocional") para describir el proceso de percepción de la belleza en el arte. Aunque el concepto es moderno, lo que subyace en torno a él es tan antiguo como la humanidad misma.

Jesús dijo que para amar a los demás era preciso trasladar el amor que nos tenemos a nosotros mismos a nuestro prójimo; al mismo tiempo, Cristo demostraba con parábolas que precisamente esto es algo que el ser humano dista mucho de hacer. Pensemos, por ejemplo, en la parábola del buen samaritano; en ella se narra la justificación que los hombres ofrecían para dejar morir a su prójimo en la calle sin extenderle una mano de ayuda. El amor que yacía en ellos mismos era un amor egocéntrico, incapaz de extenderse hacia los demás o empatizar con el dolor ajeno.

Cicerón, por ejemplo, hablaba de la *humanitas* como la capacidad de entender las necesidades y sentimientos de los demás.[5] En su obra sobre la amistad, Aristóteles refiere a la empatía como una habilidad que se adquiere a través de la práctica y la experiencia. Aristóteles afirmaba que

---

3. Primarck et. al., 2019, pp. 1-8.

4. En alemán: *Einfühlung*.

5. Cf. Cicerón, 1887.

la empatía es esencial para la virtud de la justicia, ya que solo podemos tratar justamente a los demás si somos capaces de comprender sus circunstancias y necesidades.[6]

Esta es la llamada "Regla de oro" de los cristianos, dicha por Jesús de esta forma: «Así que, todas las cosas que queráis que los hombres hagan con vosotros, así también haced vosotros con ellos» (Mt. 7:12). Si amamos a los demás como a nosotros mismos, es menos probable que los percibamos como "otros" o como diferentes a nosotros. En lugar de ello, podemos reconocer nuestra interdependencia y conexión mutua, actuar con empatía y compasión hacia ellos. Por otro lado, si nos relacionamos con los demás desde una posición de superioridad o desprecio, podemos generar un gran dolor emocional y perpetuar nuestro aislamiento.

La falta de empatía es una cuestión que deja al descubierto el corazón humano, su deseo de control y dominio, el supuesto instinto animal y fundamental que impulsa a los seres humanos y a todas las formas de vida a buscar la propia afirmación. La idea de que la vida en sí misma es la manifestación de una lucha constante por el poder y la concepción de que la voluntad de poder es la fuerza motriz detrás de todas las acciones humanas revelan lo que para algunos es lo más parecido a una moralidad práctica: no importa a quién haya que pisar para llegar más arriba o las cosas incorrectas que se deban hacer para alcanzar cierta aprobación, lo importante es lograrlo.

En *Más allá del bien y del mal*, de 1886, Nietzsche afirma que las personas capaces de subyugar a los demás son una "casta aristocrática":

> ¡Digámonos sin miramientos de qué modo ha *comenzado* hasta ahora en la tierra toda cultura superior! Hombres dotados de una naturaleza todavía natural, bárbaros en todos los sentidos terribles de esta palabra, hombres de presa poseedores todavía de fuerzas de voluntad y de apetitos de poder intactos, lanzáronse sobre razas más débiles, más civilizadas, más pacíficas, tal vez dedicadas al comercio o al pastoreo, o sobre viejas culturas marchitas, en las cuales cabalmente se extinguía la última fuerza vital en brillantes fuegos artificiales de espíritu y de corrupción. La casta aristocrática ha sido siempre al comienzo la casta de los bárbaros: su preponderancia no residía ante todo en la fuerza física, sino en la fuerza psíquica —en

---

6. Cf. Aristóteles, 1985.

hombres *más enteros* (lo cual significa también, en todos los niveles, "bestias más enteras")—.[7]

En cuanto al cristianismo, Pablo afirma que «algunos, a la verdad, predican a Cristo por envidia y contienda» (Fil. 1:15); revela de esta manera que incluso el cristianismo lucha con la superación de la envidia, la contienda y la búsqueda de aprobación y poder. Es la voluntad de poder la que hace que uno se yerga sobre otro buscando dominarlo. Para un corazón endurecido, siempre será más fácil encontrar motivos para justificar la degradación del otro que para buscar su bien.

Avatar: la leyenda de Aang y la lucha con el infierno

En este contexto, me encantaría hablar de una serie que tiene bellos paralelismos con la Escritura, pero, sobre todo, enarbola una crítica a este mal y fomenta la idea antigua de que la unidad, el amor y la perseverancia espiritual no se pueden lograr a menos que la empatía sea una virtud real en nuestras vidas. Un requerimiento al que, según el apóstol Pedro, hemos sido llamados: «Sean compasivos y humildes; no paguen mal por mal ni insulto por insulto, sino más bien bendigan, porque para esto fueron llamados, para heredar una bendición» (1 P. 3:8-9; NVI).

La serie nos cuenta la historia de un niño llamado Aang, un monje que posee el sorprendente poder de controlar el aire. El concepto de controlar es en sí mismo un elemento muy importante de la trama, que básicamente reafirma la idea de que nuestros talentos, dones o habilidades —sean innatos o aprendidos— nos dan valor y pertenencia. Estas habilidades que poseen los protagonistas están circunscritas al bien común de su tribu. Sorprendentemente, la Biblia afirma justo eso cuando dice: «Cada uno ponga al servicio de los demás el don que haya recibido, administrando fielmente la gracia de Dios en sus diversas formas» (1 P. 4:10).

En el universo de esta serie animada, ciertas personas tienen la habilidad especial de manipular o controlar elementos como el agua, el aire, el fuego y la tierra. Dichas tribus fomentan, como parte de su *ethos*, el desarrollo de la habilidad de control como un símbolo distintivo de identificación. Desde pequeños, se les enseñan ciertas técnicas de control que forman parte del mundo en el que se desenvuelven. Esto me hace pensar

---

7. Nietzsche, 1997, p. 233.

en las grandes diferencias litúrgicas que pueden existir en las diferentes expresiones de la fe cristiana. Para mí, el *ethos* del mundo ortodoxo, por ejemplo, me parece fascinante, pero ajeno; pienso que a ellos les sucede lo mismo al respecto de nuestras formas modernas y cambiantes. Estas diferencias pueden llegar a ser un problema si el sentido de pertenencia se sobrepone al de la caridad y el amor, a la idea de que nos debemos los unos a los otros y formamos parte de un mismo cuerpo. A menudo sucede que las luchas que se perpetúan en la vida cristiana surgen por nimiedades que pudieran fácilmente superarse si fuésemos capaces de trasladar el amor que nos tenemos a nosotros mismos hacia los demás.

En la serie de *Avatar: la leyenda de Aang*, estas habilidades —fuertemente unidas al sentido de pertenencia— llevaron a la formación de naciones basadas en ellas: la Nación del Fuego, las Tribus del Agua, el reino Tierra y los Nómadas del Aire. Cada una de estas tribus está circunscrita a un cierto espacio, delimitado por las características que les permiten dominar su elemento y vivir en conformidad con sus habilidades. ¿No es esto justo lo que hacemos con nuestros templos, parroquias, iglesias y centros de reunión? Los consideramos nuestro espacio vital, los atesoramos por encima de cualquier otro. Lo mismo sucede en la serie: los *maestros aire* viven alejados del mundo en palacios elevados por encima de las nubes, mientras que los *maestros fuego* habitan entre volcanes y ríos de magma. Los *maestros agua*, por razones obvias, se encuentran delimitados a grandes ojos de agua —manantiales, represas o islotes—, mientras que los *maestros tierra* habitan en grandes planicies que les permiten acceder al elemento que controlan.

Por encima de estas cuatro naciones, se elige un Avatar que tiene la capacidad de manipular los cuatro elementos y debe ayudar a mantener la paz entre las naciones. Esta parte de la narrativa es sumamente importante, pues este Avatar es el vínculo de unidad y confianza, el líder que, debido a su poder, logra que las relaciones entre las naciones se desarrollen de forma armoniosa. Este personaje resume el papel de nuestro Señor y el poder de su Espíritu Santo; mientras caminaba con los apóstoles, Cristo lograba, con un amor y una paciencia magnánima, dirigir, coaccionar, unir y establecer los parámetros de la vida espiritual a pesar de las diferentes personalidades, ideas y conflictos que se suscitaban entre ellos mismos.

Desafortunadamente, en algún momento de la historia, el Avatar desaparece sin dejar pistas; durante cientos de años, nadie sabe adónde fue, por lo que se especula que el Avatar no volverá. Por ese motivo, el liderazgo y la forma de comunión deben cambiar. A la par de ello, las personas esperan su retorno con esperanza, expectantes de que en algún momento el elegido aparezca nuevamente. En las primeras décadas del cristianismo, hubo creyentes que perdían la esperanza, se lamentaban de que Jesús no volvía. El apóstol Pedro toma prestado lo que algunos de ellos afirmaban: «Y diciendo: ¿Dónde está la promesa de su venida? Porque desde el día en que los padres durmieron, todas las cosas permanecen así como desde el principio de la creación» (2 P. 3:4). La esperanza parecía difuminarse ante la árida constatación de lo que veían sus ojos: «Todas las cosas permanecen así como desde el principio».

En la serie, la falta del Avatar desata una lucha de poder entre las tribus y hace que la armonía que caracterizaba a las naciones se pierda. La Nación del Fuego, sintiéndose dueña del destino de los demás, busca dominarlos, exige sumisión y desata un infierno de luchas y muerte sobre las otras tribus. De alguna forma, esta tribu se convenció de que, al no haber un Avatar, el destino del mundo estaba en sus manos —algo que no dejaban de conectar con la idea de que el fuego es el más poderoso de los elementos—. Así fue que los que alguna vez se vieron como hermanos y se profesaron amistad se encontraron rivalizando y defendiéndose unos de los otros; las habilidades que formaban parte de su desarrollo como nación, quedaron comprometidas ante la obligación de la guerra.

Los paralelismos de esta serie con la vida espiritual y nuestra propia aventura como cristianos son sorprendentes. Más allá de los conceptos de perdón, humildad, amor y compañerismo que se ven reflejados en las características de ciertos personajes, la idea central es muy llamativa y parece reflejar una característica de nuestro mundo.

Con el paso de los siglos, el cristianismo se vio enfrentado a sí mismo; los grandes líderes o jerarcas se sumieron en luchas interminables de poder en las que esbozaban de uno y otro lado sus derechos por encima de los demás. El llamado Cisma de Oriente es un paralelo sorprendente entre nuestra realidad y lo que hizo la Nación del Fuego. En algún punto de la historia, el papado afirmó su poder en Occidente y requirió la sumisión de Oriente. Esto llevó a un conflicto que divide al cristianismo hasta nuestros días. Aunque estamos hablando de una serie animada, en ella se refleja con toda claridad la cruda realidad a la que los seres humanos nos enfrentamos: la lucha por el poder y la falta de empatía hacia los demás.

Ozai, el Señor del Fuego, es un personaje que representa la búsqueda del poder absoluto y la dominación sobre los demás. Su deseo de convertirse en el gobernante supremo del mundo y su falta de empatía y compasión hacia los demás lo convierten en un villano. Sus ideas —justificadas por la noción de que su tribu es la más poderosa y el fuego es el elemento superior— lo llevan a alinear a sus súbditos en una lucha contra aquellos que, desde su punto de vista, son rivales a vencer.

Ozai encarna la idea de que el infierno son los otros. Su búsqueda de poder y dominación sobre los demás lo lleva a causar sufrimiento a aquellos a su alrededor. De hecho, su deseo de destruir a la Nación del Agua y someter a la gente bajo su gobierno es un ejemplo de cómo la falta de empatía y compasión hacia los demás puede conducir a la creación de un infierno para aquellos que se encuentran bajo su dominio.

En contraposición a la filosofía de Nietzsche y su concepto de la "voluntad de poder" —que busca la superación del individuo a través de la afirmación de su propia individualidad y creatividad—, el personaje de Ozai encarna la búsqueda de poder y control a través de la subyugación y el dominio sobre los demás. En este sentido, podemos ver cómo la serie *Avatar: la leyenda de Aang* utiliza al personaje de Ozai para explorar los peligros de la búsqueda del poder y de la falta de empatía y compasión hacia los demás. Se refuerza la idea de que el infierno son los otros cuando no somos capaces de reconocer y respetar a los demás como seres humanos.

Un paralelismo sorprendente de la serie se encuentra en nuestra propia historia, en la lucha del papa Bonifacio VIII con los reyes de Francia, conocida como la Disputa de las Investiduras. La disputa tuvo lugar a finales del siglo XIII y se centró en la cuestión de si los reyes tenían el derecho de nombrar a los obispos y otros miembros de la Iglesia en sus territorios o si esta responsabilidad correspondía únicamente al papa. La disputa alcanzó su punto más crítico en 1302, cuando Bonifacio VIII emitió la bula papal *Unam Sanctam*, que afirmaba la supremacía de la Iglesia sobre todos los poderes de la tierra y señalaba que la salvación eterna dependía totalmente de la sumisión a la autoridad del papado.

Casos como este demuestran lamentablemente que el infierno, como decía Sartre, somos nosotros, un infierno desatado en nuestras propias interacciones y relaciones, alimentado por el deseo de controlar, dominar y establecer nuestra posición sobre los demás. En contraposición a este deseo —que también se encontraba en los apóstoles, que preguntaban «¿Quién es el mayor?»—, Jesús enseñó: «Entre vosotros no será así, sino que el mayor entre vosotros sea como el menor» (Lc. 22:26).

Avatar: venciendo el mal con el bien

El culmen de la serie, que va *in crescendo*, sucede con la aparición del Avatar y el retorno de la esperanza de un nuevo mundo. La idea de que el

Avatar destruirá a la Nación del Fuego está tan arraigada en el corazón de las otras tribus que se alinean en una misma dirección: perpetuar el odio, justificado por la idea de que la justicia debe primar por encima de todo. Pero Aang, el protagonista de la historia, es pacifista, su deseo no es destruir, sino crear; no es matar, sino perdonar; no tiene el deseo de perpetuar el odio de forma justificada, sino de aniquilarlo.

Quizá esto suene descabellado a algunos, pero muchas veces los apóstoles y seguidores de Jesús se sintieron decepcionados al escucharlo afirmar que su intención no era destruir a las naciones enemigas de Israel, sino vencer el mal con el bien y sanar a los necesitados de perdón. Pedro, en alguna ocasión, sorprendido por las palabras de Jesús sobre el sufrimiento del Mesías, le reconvino diciendo que eso era demasiado, que no era el plan que ellos esperaban; su reacción le valió una dura reprimenda de Cristo: «Apártate de mí» (Mt. 16:23).

Al final de la serie vemos cómo la empatía juega un papel fundamental en la resolución del conflicto entre la Nación del Fuego y las otras naciones. Después de una larga lucha, Aang el Avatar se enfrenta a Ozai el Señor del Fuego en un combate final con el objetivo de detener su plan de destruir a la Nación del Agua y someter a las demás bajo su gobierno.

Aang se da cuenta de que no puede simplemente derrotar a Ozai en un combate físico, ya que esto solo perpetuaría la lucha y el sufrimiento en el mundo. En cambio, decide utilizar su empatía y compasión para ayudarle a entender la perspectiva de los demás y animarle a renunciar a su deseo de dominación y control. A través de una técnica de energía espiritual, Aang se conecta con la energía de Ozai y le muestra las consecuencias de su deseo de poder y control, le permite ver el dolor y el sufrimiento que ha causado. Al final, Ozai renuncia a su plan de conquista y acepta su derrota.

La resolución del conflicto en el final de la serie demuestra cómo la empatía y la compasión pueden ser poderosas herramientas para la resolución de conflictos y la construcción de la paz. En lugar de imponer simplemente la victoria sobre su enemigo, Aang utiliza su capacidad de empatía para ayudar a Ozai a comprender las consecuencias de sus acciones y tomar una decisión que beneficie a todos los implicados.

Conclusión

En los últimos días sobre la tierra, con súplicas y llanto, Jesús oró al Padre pidiendo por la unidad de todos sus seguidores, pidiendo que todos y cada uno de ellos fuesen capaces de manifestar, a pesar de todo, que la unidad era un reflejo de la propia comunión entre el Padre y el Hijo. Aunque aún pesa sobre nosotros la realidad de que nuestras diferencias suelen perpetuarse con justificaciones reales, también brilla la esperanza de que el Espíritu Santo nos sigue guiando a buscar la unidad a través del amor y la empatía como virtudes centrales de nuestro peregrinaje.

En este contexto, la compasión se convierte en un puente de unidad que permite superar nuestras diferencias y enfocarnos en lo que nos une en lugar de lo que nos separa. La compasión nos recuerda que, a pesar de nuestras divergencias y desacuerdos, todos somos seres humanos con deseos, necesidades y anhelos similares. Nos invita a mirar más allá de nuestra propia perspectiva y a considerar la experiencia de los demás, fomentando así la comprensión, la colaboración, el respeto mutuo, la tolerancia y la aceptación. En el ejemplo de Jesús y su llamado a la unidad podemos encontrar la fuerza para superar los obstáculos que nos separan y abrazar la diversidad que nos enriquece como sociedad. La compasión nos desafía a trascender nuestro egoísmo y a trabajar juntos para crear un mundo en el que todos se sientan valorados, amados y cuidados.

Bibliografía

Aristóteles. (1985). *Ética a Nicómaco*. Editorial Gredos.

Cicerón. (1887). *De Officiis*. Little, Brown, and Co.

Nietzsche, F. (1997). *Más allá del bien y del mal. Preludio de una filosofía del futuro*. Alianza.

Primack, B. A.; Escobar-Viera, C. G.; Barrett, A. E.; Pérez-Hernández, J. E.; Shensa, A.; Colditz, J. B. & Radovic, A. (2019). Association of Social Media Use With Social Well-Being, Positive Mental Health, and Self-rated Health: Disentangling Routine Use From Emotional Connection to Use. *BMC Public Health*, 19(1), pp. 1-8.

Sartre, J.-P. (2016). *A puerta cerrada*. Alianza Editorial.

JESÚS Y NEO
El reino de Dios y la Iglesia entre utopías y distopías

Milena Forero[1]

Y juzgará entre las naciones, y reprenderá a muchos pueblos; y volverán sus espadas en rejas de arado, y sus lanzas en hoces; no alzará espada nación contra nación, ni se adiestrarán más para la guerra.

Isaías 2:4

La utopía

El reinado del Mesías. La tierra de la que fluyen leche y miel. El león y el cordero que juegan (Is. 11). «Enjugará el Señor toda lágrima de los ojos de ellos y ya no habrá más muerte ni habrá más llanto» (Ap. 21:4; RVR1960). El mundo de paz con el que soñaron los profetas y con el que concluye Apocalipsis. El lugar sin llanto y sin muerte se mezcla con un lugar donde la gente planta una viña y puede comer sus frutos (Is. 65). Las promesas del mundo del Mesías combinan escenarios celestiales y terrenales.

Jesús anunció el reino de Dios que se acerca a los seres humanos, el sueño de Dios: un lugar donde los últimos son los primeros; un lugar para

---

1. Milena Forero nació en Chiquinquirá, Colombia, en 1983. Estudió Comunicación Social Comunitaria y es además Licenciada en Teología; actualmente estudia una Maestría en Mediterráneo antiguo. Hace parte del colectivo pastoral de la Primera Iglesia Presbiteriana de Bogotá. En redes sociales desarrolla el proyecto *Espiritualidad en Libertad* a través del usuario @panderetamilennial. Es artista audiovisual y cantautora, y ha desarrollado documentales comunitarios y con temática ambiental; para público infantil, ha producido dos cortometrajes, un musical y un álbum con el coro de Prea Refugio. Es fan de Studio Ghibli, *Avatar: la leyenda de Aang*, las hermanas Brönte, Billy Wilder, Billie Holiday y Piazzolla.

los pobres, los leprosos, las mujeres, los niños; un lugar donde se renuncia al poder y nadie quiere controlar a otros (Mt. 20:26), donde se perdona setenta veces siete (Mt. 18:22) y se detiene el mal amando a los enemigos (Mt. 5:43, 44). Es un lugar donde no hay hombre ni mujer, rico ni pobre, razas ni nacionalidades (Gá. 3:28) porque el amor de Cristo nos abraza.

¿Dónde puede existir algo así? «Allá en el cielo no tendré más luchas, ni angustias ni llantos, ni amargos quebrantos»[2], decía una canción. ¿O quizás será posible aquí? ¿Podríamos establecer comunidades que, estando en este mundo, experimenten la vida según Dios? ¿Vivir fuera de los poderes de las tinieblas y de los príncipes de este mundo? Aunque debamos sufrir las consecuencias de decir ¡no! al sistema corrupto,[3] ¿podríamos construir ese pedazo de cielo aquí?

Los teólogos encontraron una categoría para explicar esto: el *ya* y el *todavía no*, eso que *ya* podemos experimentar del reino de Dios aquí y ahora, y eso que *todavía no*. La tensión entre cuánto es *ya* y cuánto *todavía no* lleva a pensar qué es y qué puede ser una comunidad de fe. ¿Cuánto de los ideales del reino entran en la categoría de utopía que solo podemos soñar e imaginar y cuánto es realizable entre nosotros?

Tan escandalosas suenan las palabras de Jesús que algunos llaman al Sermón del monte "la constitución del cielo". ¿Cómo podría llevarse a cabo esa locura?

Tarde o temprano, entenderás la diferencia entre conocer el camino y andar el camino.

Morfeo

Las distopías

Si pudiéramos perseguir a los que se oponen a "los planes de Dios" —esos planes que estamos segurísimos de conocer—, ¿lo haríamos? Si pudiéramos tener todo el poder, ¿lo tomaríamos? Si pudiéramos cambiar de un plumazo todas las cosas a "la manera de Dios" —en realidad, a nuestra interpretación de la manera de Dios—, ¿lo haríamos? A fin de cuentas, ¿no tenemos *la verdad*? ¿No tenemos *la razón*? ¿No estamos seguros de

---

2. Canción del dúo Londoño Calle.

3. Paráfrasis de Simal, 2017.

que Jesús decía (¡y era!) la verdad? ¿Por qué no asegurarnos de que todos *deban* obedecerlo?

Una distopía es un sueño convertido en pesadilla, un mundo "en paz" que requiere violencia, vigilancia o control para poder existir. La distopía es un sueño forjado a la fuerza y convertido en terror. Un aparente paraíso que es, en realidad, un infierno.

Utopía es el verdadero paraíso, el idilio, lo perfecto. ¿Y cómo podríamos llegar a conseguir algo tan imposible como eso? ¡Con fuerza! ¡Con poder! Imponiendo un criterio, obligando a otros. ¿Dónde habré escuchado eso antes? «No es con fuerza ni con poder» (Zac. 4:6), decía un profeta. Por la fuerza, los sueños de paz son imposibles; no se puede obligar a alguien a perdonar o amar a otros, menos aún amar a quienes le han hecho daño. Por la fuerza, el lobo y el cordero no viven juntos ni en paz.

Aunque poner en práctica el reino de Dios parece un reto imposible, convertirlo en utopía es renunciar a él y verlo como un ideal inalcanzable. Sin embargo, las palabras de Jesús aún resuenan: «Les aseguro que el que confía en mí hará lo mismo que yo hago. Y, como yo voy a donde está mi Padre, ustedes harán cosas todavía mayores de las que yo he hecho» (Jn. 14:13; TLA).

Neo: el elegido para traer la utopía al mundo

Matrix[4] es la utopía de las máquinas y la distopía de la humanidad. Millones de humanos son cultivados como baterías de energía para el mantenimiento de las máquinas; están cautivos y viven como reales las ilusiones de un código. Para las maquinas es el paraíso de la energía; para los humanos, la esclavitud. Y ahí aparece Neo, profetizado como el elegido que logrará por fin derrocar a las máquinas y liberar a Zion. «He aquí mi siervo, yo le sostendré; mi escogido… él traerá justicia a las naciones» (Is. 42:1).

No es de extrañar que, a inicios de los 2000, Dante Gebel apareciera vestido con una gabardina negra como la de Neo y nos invitara a luchar contra una Matrix que nos ofrece una vida de lujuria y drogas. Los grupos de jóvenes se llenaron de afiches con la tipografía verde de Matrix: «Toma la pastilla roja»; «Jesús te invita a salir de la Matrix»; «Jesús es Neo»; «somos guerreros contra la Matrix».

---

4. Tetralogía de películas de ciencia ficción estrenadas entre 1999 y 2021.

Hay que reconocer que es una buena metáfora: la Matrix y el sistema del mundo. Morfeo le dice a Neo algo que se usa a menudo en el discurso evangelístico: «Eres el elegido, Neo; tú no has estado buscándome, pero yo me he pasado la vida buscándote a ti». Neo, la oveja perdida, ¡has sido hallado por la gracia irresistible! Y Neo cae rendido.

El asunto es que entre Jesús y Neo hay una diferencia abismal. Aunque la motivación de ambos es el amor —el de Neo por Trinity y el de Jesús por el mundo—, en Neo la motivación no tiene nada que ver con sus métodos de lucha; su violencia solo se altera cuando Trinity corre riesgo. Los métodos de Jesús, por el contrario, están condicionados por el amor: ama a las personas, incluso a los que lo crucifican, y pide perdón a Dios por lo que ellos hacen (Lc. 23:35).

Mientras Neo no teme disparar contra otros humanos —pues, al fin y al cabo, todos pueden convertirse en agentes de la Matrix—, Jesús respeta la vida de todos, incluso la de aquellos que están sirviendo fervientemente al sistema del mundo. Hasta sana la oreja de un criado del sumo sacerdote, enviado junto a un grupo de soldados para llevarlo a la tortura y la muerte (Lc. 22:47-63). Al mirar la Matrix, Neo ve enemigos, posibles agentes, cuerpos en los que puede infiltrarse el agente Smith; Jesús ve a personas amadas y se conmueve cuando ve multitudes solitarias y tristes (Mc. 6:34).

Más que creernos elegidos en guerra contra las personas que sirven al sistema del mundo —viéndolas solo como *instrumentos del enemigo* que van a manifestar el rostro del agente Smith—, Jesús nos enseña que los demás son amados por Dios tanto como nosotros mismos. Incluso Judas comió de su plato y Pedro recibió un desayuno de pescado asado preparado por el Maestro luego de negarlo (Jn. 21).

Por su manera de coquetear con los métodos violentos del sistema del mundo, a veces pareciera que la institución religiosa sigue más a Neo que a Jesús. Para Cristo no existe amor a Dios sin amor al prójimo, sin cuidado del otro (incluso de un otro que daña y hace mal). Cuando dañamos a otros, aunque sea por una "buena causa", invalidamos el proyecto de Jesús. Nuestra lucha no es contra carne ni sangre (Ef. 6:12), y eso quiere decir que ninguna persona es nuestro enemigo. En el Evangelio no hay excusa para el odio.

Lo más asombroso sobre Jesús es que no cree que tomar el poder sea la forma de construir el reino de Dios; Neo y el agente Smith, por el contrario, quieren tomar el control de la Matrix: desbaratarla, reiniciarla, lo que sea necesario. Jesús declina el poder: «Mi reino no es de este mundo» (Jn. 18:36) y «entre ustedes no debe ser así. Antes bien, si alguno quiere ser grande, que se ponga al servicio de los demás; y si alguno quiere ser principal, que se haga servidor de todos» (Mt. 20:26-28; LPH).

Nuestra respuesta es la frustración. Con Neo, al menos, sabemos a qué atenernos: nos infiltramos en la Matrix, luchamos con uñas y dientes para derrocarla, matamos a sus agentes... ¿acaso el mundo no sería mejor si la Iglesia tomara el control de la Matrix? Es más difícil lidiar con el método de Jesús. ¿De verdad su amor es suficiente? ¿No necesitará algo de fuerza, de miedo o de poder sobre los demás?

Desde las entrañas de la Matrix, el amor y la libertad pueden parecer ideales ingenuos, pero despreciarlos es despreciar el fruto del Espíritu y la señal de su presencia. ¿Cómo saber dónde opera el Espíritu de Dios? Donde hay libertad, dice 2 Corintios (3:17), donde las personas no actúan por obligación y pueden disentir. Y ¿cómo se ven los frutos del reino de Dios en una persona o una comunidad? Donde hay «amor, alegría, paz, tolerancia, amabilidad, bondad, lealtad, humildad y dominio de sí mismo» (Gá. 5:22, 23; LPH).

Las organizaciones religiosas no están a menudo muy interesadas en todo eso; por el contrario: queremos conquistar la Matrix, tener influencia sobre los gobiernos. Intentamos imponer los "valores del Evangelio", como si pudiéramos traer el reino de Dios a la tierra con fuerza y poder, como si fuera posible imponer el amor, la alegría o la amabilidad a través de la fuerza.

Para la Matrix, el amor suena como una tontería, una locura, y mientras nuestras mentes sigan cautivas a las ideas de la Matrix, el amor, la libertad, la esperanza, la alegría y el resto del fruto del Espíritu parecerán un asunto lejano y cursi. La invitación de Jesús, a pesar de todo, significa elegir ser perdedores para el sistema de un mundo que busca dinero y poder (Mt. 16:24-26). Nos invita a buscar el reino de Dios y su justicia, y a dedicar nuestra vida a servir a los demás (Mt 6:31, 32; 20:25-28).

La Matrix entre nosotros

Los humanos son la plaga y nosotros la cura.

Agente Smith

El agente Smith —el enemigo de Neo, la encarnación de la Matrix— encuentra una forma de copiar su código en otros; de esa manera se infiltra en Zion, la ciudad de los que huyeron del sistema. Entre nosotros, "Smith" ha logrado infiltrarse de maneras sutiles: nos ha hecho creer que odiar a otros es servir a Dios; ya no podemos reconocer la violencia como algo espantoso; ha motivado todo tipo de sectarismo; nos parece "cristiano" decir que hay personas que no deberían existir o que estamos luchando contra los "enemigos de Dios". Al dedicarse a la guerra, la Iglesia olvida que su misión es amar escandalosa y radicalmente; nuestro amor debería escandalizar al mundo, pero no logramos amarnos ni siquiera entre nosotros mismos. «En esto sabrán que sois mis discípulos, si tuviereis amor los unos por los otros» (Jn. 13:35).

Hemos sido infiltrados a tal punto que no podemos reconocer las palabras de Jesús como nuestro ideal ni los sueños del Evangelio como algo propio; más bien, soñamos los sueños de la Matrix: dinero, poder, lujo, prestigio, multitudes. Aunque revestimos esos anhelos con un lenguaje cristiano con la intención de "santificarlos", solo estamos soñando los sueños del sistema del mundo y renunciando al Evangelio por considerarlo utópico, imposible.

Smith nos enseñó bien. Cuando vemos algo que apunta al reino de Dios, pero no está dentro de los templos, nuestra reacción es atacarlo; nuestro tesoro en vasijas de barro entra en pánico cuando alguien fuera de la Iglesia habla de justicia, de un mundo en paz, o dice que los hombres y las mujeres son iguales (como si fueran cosas ajenas al Evangelio). A menudo no reconocemos el mensaje del reino dentro de la misma Iglesia... mucho menos fuera de ella. Mientras tanto, el reino de Dios se presenta a quienes no preguntan por él. Su clamor desborda las liturgias de los domingos por la mañana y sale a buscar espacios para lo bueno de Dios. Aparece donde hay hambre y sed de justicia, pues toda justicia, todo amor, toda belleza, toda esperanza vienen de Dios.

> Hay tantas personas ahí como yo, un poco obsesionadas con tu vida. Tomaron tu historia, algo que significaba mucho para personas como yo, y lo convirtieron en algo trivial.
>
> *Matrix Resurrections*

Para derrotar al agente Smith y detener la guerra, Neo se fusiona con él y llega a una tregua con las máquinas. Una "paz" a costa de los ideales, como sucedió con Constantino.[5] En *Matrix Resurrections* (2021), la última entrega de la saga, la Matrix logró finalmente absorber a Neo. Convirtió su revolución en un producto vendible; su historia se volvió un videojuego popular.

---

5. Cf. Magnin, 2019.

Es la utopía convertida definitivamente en distopía, la utopía absorbida por el sistema económico.

Las palabras de Jesús también pueden ser un producto vendible; su revolución de amor, comunidad y reino de Dios puede convertirse en una multinacional, en una pirámide de fe, en un eslogan para camisetas, en música y libros. Una versión domesticada de Jesús, apta para todo público, con un nicho de consumidores cautivos.

Convertir a Cristo en un producto es una ironía cruel… el sistema del mundo encuentra formas muy eficientes de comercializar la imagen y las palabras de alguien que dijo que no es posible servir a Dios y al dinero (Mt. 6:24). Dos mil años después, el sentido de esta frase se diluye.

Nos resulta escandaloso pensar a Jesús cuestionando la justicia y la bondad del sistema económico… y, sin embargo, lo hizo. Y no solo Él: sus discípulos iniciaron comunidades que tenían todo en común y usaban su dinero para alimentar a las viudas y los huérfanos. Hay quien dice que las acciones de los primeros cristianos no son un ejemplo a seguir porque "no funcionaron" y, sin embargo, en las cartas encontramos ejemplos de comunidades recogiendo dinero para enviar a sus hermanos empobrecidos en Jerusalén. El esfuerzo económico y el llamado a dar estaban encaminados a cuidar de otros (Ro. 15:26; 1 Co. 16:1-4; 2 Co. 8-9; Gá. 2:7-10). Hoy en día, permeados por la forma de pensar del sistema del mundo, nos parece escandaloso gastar el dinero de la iglesia en cuidar a las personas y preferimos decir: «El que no trabaje, ¡que no coma!». Como si lo único que mereciera inversión de dinero es lo que garantiza más asistentes a nuestras liturgias. Como si la expansión del reino de Dios se tratara de tener en los templos cada vez más personas. Esa forma de pensar no corresponde al reino de Dios, sino al egoísta e interesado sistema del mundo. Alimentar al hambriento y hacerse hermano del necesitado no es un negocio rentable. Cuidarnos entre nosotros al interior de nuestras comunidades no es una inversión ni se puede capitalizar, pero es lo que nos propone Jesús.

Se puede nacer en la Matrix y conocer a Neo solo como un producto de mercado: jugar el videojuego de la libertad y hablar de Zion sin haber salido nunca al mundo real ni haber vivido el riesgo y la radicalidad de abandonar el sistema y creer.

Sí. Es posible crecer en la Iglesia sin ser discípulos de Jesús.

Es posible ser parte del sistema religioso sin seguir el Evangelio.

Somos más populares que Jesucristo.

John Lennon

Al no conocer otra cosa diferente a la esclavitud, el esclavo cree que es libre.[6] ¿Cómo vamos a soñar cosas diferentes a los sueños de la Matrix si vivimos alimentados por ella? En la pequeñez de nuestras iglesias cantamos hasta desgañitarnos: «Yo seré alguien que haga historia en esta ciudad»[7]; mientras tanto, desconocemos las preguntas y necesidades de quienes nos rodean. Soñamos que somos libres, pero lo único que hacemos es reproducir el programa de Smith en nuestras comunidades: peleamos por los lugares de poder, encontramos enemigos contra los que luchar, usamos la fuerza unos contra otros.

La institución religiosa se ha dedicado a soñar sueños inofensivos, que encajan perfectamente con el sistema económico: templos más grandes, más conversos cada año, llenar estadios, trazar estrategias para llegar al poder (y a los poderosos). Los sueños del reino de Dios —ser una alternativa de justicia y amor en un mundo injusto— han sido abandonados. ¿Y acaso somos más alegres, pacíficos, tolerantes, amables, bondadosos, leales, humildes y dueños de nosotros mismos (Gá. 5:22, 23). ¿Nos amamos mejor, sin enemistades, pleitos, celos, explosiones de ira, contiendas, divisiones, sectarismos (Gá. 5:20)? ¿Son nuestros sistemas de gobierno una alternativa más justa y amorosa que los sistemas del mundo o se parecen tanto que son indistinguibles? ¿Practicamos formas de solidaridad entre comunidades que tienen y comunidades necesitadas? ¿Practicamos la justicia con el planeta? A lo mejor no, porque esas no son nuestras metas, pero al menos tenemos templos gigantes y congregamos multitudes. Somos más populares que Jesucristo.

Nos enseñaron que soñar con *hacer historia* era el sueño de Dios para nosotros, pero el criterio de esa grandeza no era el de Jesús, sino el del sistema del mundo: poder, fama, dinero, reconocimiento. «Ustedes harán cosas todavía mayores de las que yo he hecho» (Jn. 14:12), dijo Jesús. Pero cegados por los deseos de fama y poder, soñamos solo con hacer más milagros y congregar a más personas que Él. No soñamos con abrazar a más leprosos, ni con rescatar a más mujeres de aquellos que las quieren apedrear, ni con ir a más casas de personas de dudosa moralidad y comer con ellas. Tampoco soñamos con limpiar el templo de los mercaderes de la fe, ni con dignificar a los niños y prestarles atención, ni con abrazar a las personas heridas o multiplicar más pan.

---

6. Esta idea se desprende del principio "Libertad es esclavitud", que aparece en la distopía *1984*, escrita por George Orwell.

7. Traducción de la canción "History Makers" de la banda británica Delirious?

Y cuando un creyente desilusionado de años de cultos dominicales se atreve a gritar: «¡¿Hay algo más?! ¡¿Esto es el cristianismo?! ¡¿Esto es el reino de Dios?!», aparece en escena Morfeo con una pastilla roja y una verdad dolorosa: el reino de Dios no es la agenda de una institución religiosa, el reino de Dios no está encerrado en la Iglesia. «En las calles, los buscó. En las calles, los sanó. En la calle, les dio pan. Por las calles, sus pisadas van»[8]. El reino de Dios está donde se manifiestan las prácticas de amor radical que escandalizaron al emperador romano Juliano el apóstata que se quejaba de que los cristianos no se contentaban con alimentar a sus pobres y enterrar a sus muertos, sino que cuidaban a los pobres de otros y enterraban a los muertos de otros.[9] Ese es el amor escandaloso del reino de Dios que derrotó al Imperio romano.

> Las comunidades cristianas deben parir esperanza en medio de la historia. […] Y la esperanza se hace visible en la manera que tenemos de relacionarnos, de acompañarnos, de protegernos, de consolarnos, de animarnos y de hacernos cargo de la realidad de nuestros hermanos y hermanas… Ello establecería un radical contraste con el estilo de vida que el presente sistema alimenta y alienta.
>
> *Ignacio Simal*

La pastilla roja

La idea de que la Iglesia tiene problemas no es nueva, y más de uno sueña con ser el elegido, el Neo, el Lutero de esta generación. ¡La gloria de ser quien traiga *lo nuevo* de Dios!

Pero precisamente en esa pretensión de que exista una sola persona guiando el rebaño está la base del problema. No se necesita un nuevo Lutero, sino el compromiso de muchos anónimos con lo pequeño. La semilla de mostaza. Renunciar al sistema del mundo es renunciar a la gloria temporal, al glamour, a ser el mayor.

Mientras estemos obsesionados por conquistar el mundo y alcanzar las naciones, el reino seguirá siendo un asunto secundario. El reino de Dios no se expande de forma industrial. Amar no es algo masivo, es personal. No se trata de llenar estadios, sino de amar escandalosamente a personas

---

8. Cita de "La calle", canción de la banda argentina Rescate.
9. Lohfink, 1986, p. 175.

específicas, con nombre y apellido. No se trata de mover votos para poner gobernantes, sino de aportar soluciones a la pobreza y la violencia desde nuestras experiencias de amor comunitario, con nuestro dinero. No es con fuerza ni poder, sino con el amor del Espíritu de Dios, cuerpo a cuerpo.

Vende todo lo que tienes y dalo a los pobres. Vende tus sueños de grandeza, de fama, de poder y de un ministerio exitoso. Dale tu vida a los pobres. Cuida a otros. Gasta tu vida generosamente cuidando a los leprosos del mundo. Gástala en aquellos que no te pueden devolver el favor. No es una inversión ni un negocio; serás un perdedor a los ojos del mundo. Sin embargo, tendrás siempre la promesa de los lirios y los pajarillos: nada importante les falta a los que caminan por el reino.

Quizá renuncien a buscar fama, fortuna, gloria terrenal y, sobre todo, poder sobre los demás, pero nunca les faltarán el amor, la comunidad y la mesa del Padre.

Bibliografía

Barreda Toscano, J. J. (2018). "Salgan de ahí, pueblo mío": Esperanzas de quienes sufren la corrupción (Ap 18.1–19.10). En Barreda Toscano, J. J. & Panotto, N., *Cuando domina la injusticia. Abordajes bíblicos, teológicos y pastorales al problema de la corrupción*. Puma/Fraternidad Teológica Latinoamericana.

Lohfink, G. (1986). *La Iglesia que Jesús quería*. Desclée de Brouwer.

Lohfink, N. (1992). ¿La utopía de un mundo sin pobres en la Biblia? *Selecciones de Teología*, 31, pp. 147-156.

Magnin, L. (2019). *La traición suprema. Triunfo y vergüenza del cristianismo en el poder*. Ediciones del Altillo.

Padilla, R. (Ed.). (1998) *Bases bíblicas de la misión: Perspectivas latinoamericanas*. Nueva Creación.

Padilla, R. (2006). *¿Qué es la Misión Integral?* Ediciones Kairós.

Simal, I. (2017). *Adviento: parir esperanza en medio de la historia*. Lupa Protestante. https://www.lupaprotestante.com/adviento-parir-esperanza-en-medio-de-la-historia/

LA IMAGEN DE JESÚS EN EL SIGLO XXI
Reflexiones sobre belleza, imperfección y renovación

Sergio Ramírez[1]

En un mundo cada vez más incierto y cambiante, en el que las tradiciones e instituciones religiosas parecen haber perdido gran parte de su influencia, la imagen de Jesús en el arte, en las series y las películas sigue siendo una fuente de inspiración y consuelo para millones de personas en todo el mundo. Pero las representaciones de Cristo —en el arte, pero también en la teología y la vida cotidiana— han evolucionado a lo largo del tiempo de maneras tan fascinantes como extravagantes.

Este capítulo explora algunas de las cuestiones más desafiantes que surgen en torno a la imagen de Jesús en el siglo XXI: a partir del famoso cuadro conocido como *Monkey Jesus*, hablaremos de la belleza en la imperfección y la humanidad en la divinidad, de la relación entre imagen sagrada e intervención humana, del amor por lo extraño en nuestra sociedad desencantada y de la pregunta sobre la restauración (o no) de la imagen de Jesús.

---

1. Sergio Ramírez nació en Bogotá, Colombia, en 1985. Es Doctor en Psicología por la Pontificia Universidad Javeriana (Beca Erasmus + en la Universidad Complutense de Madrid), Magíster en Teología de la Biblia por la Universidad San Buenaventura y Especialista en Pedagogía por la Uniagustiniana. Es, además, docente universitario de Psicología de la religión, Hermenéutica bíblica, Métodos exegéticos e Idiomas bíblicos. Director del semillero de investigación *Septuaginta: la actualidad de la Biblia griega*, presidente de la Fundación Colombiana de Psicología y Director de proyectos de traducción de Sociedad Bíblica Colombiana. Ha publicado artículos sobre psicología, pedagogía, teología y exégesis bíblica. Amante de MxPx, Slick Shoes, Ramones, Sex Pistols, NOFX, Elvis y Johnny Cash. Alguna vez cantó en una banda de pop punk cristiana y tocó el contrabajo en una de rockabilly. Solo toma Coca Cola Zero.

Exploraremos estas cuestiones desde una perspectiva teológica, artística, psicológica y pastoral con el fin de ofrecer una reflexión enriquecedora para quienes buscan una mejor comprensión de la imagen de Jesús en el mundo actual. En última instancia, el propósito de estas líneas es invitar a los/as lectores/as a una reflexión más profunda sobre su propia relación con la imagen de Jesús y sobre cómo esa relación puede inspirar y transformar su vida en pleno siglo XXI.

Una obra de arte entre la creencia y la intervención humana

Antes de entrar en tema debemos dejar algo en claro: las representaciones artísticas de motivos religiosos no son reproducciones neutrales de la imagen de Jesús ni de historias bíblicas. Más bien, son interpretaciones que reflejan los valores y las técnicas de diferentes momentos históricos. Cada época ha *imaginado* su propia *imagen* de Jesús, expresando en esa representación sus propios valores y preocupaciones; el arte, como la teología, es un reflejo de la sociedad y la cultura en la que se crea.

Hablar de las imágenes artísticas que se han hecho de Cristo es una manera muy potente de meditar en nuestras propias imágenes mentales sobre quién y cómo es Dios. Y de reconocer, también, que esas imágenes siempre serán limitadas; como dice Job 11:7-8: «¿Descubrirás tú los secretos de Dios? ¿Llegarás tú a la perfección del Todopoderoso? Es más alta que los cielos; ¿qué harás? Es más profunda que el Seol; ¿cómo la conocerás?».

Para entender la historia del *Monkey Jesus* hay que hacer primero un breve recorrido por la historia del arte sacro. Se conoce como *Ecce Homo* a la representación de Jesús en el momento en que Pilato lo presenta ante la multitud con la frase «He aquí el hombre» (en latín: *Ecce Homo*), tal como se describe en el evangelio de Juan (19:5). Es un tipo de obra que se distingue por su realismo y detalle.

En la Edad Media y el Renacimiento, se representaba a Jesús con un rostro afligido que reflejaba su sufrimiento y dolor. En estas épocas, se enfatizaba la humanidad de Jesús y se lo representaba con una expresión serena y pacífica, como un ejemplo a seguir. En el Barroco y el rococó se acentuó la intensidad de su sufrimiento mediante una expresión dramática; Jesús era representado con la corona de espinas, la cruz y los clavos en las manos y los pies, en actitud de dolor y sacrificio. En el siglo XIX, las representaciones de Cristo en el arte (en particular las de la Pasión y crucifixión) se volvieron aún más emocionales y dramáticas. Se enfatizaban el dolor de Jesús, sus heridas y las marcas de su cuerpo en una actitud de sufrimiento y abandono.

La historia del *Monkey Jesus* empieza en el Santuario de la Misericordia, ubicado en un pequeño pueblo llamado Borja, en España. En esa iglesia había un mural del *Ecce Homo*, pintado al óleo por el español Elías García en 1930. La técnica que usó no era adecuada para un mural; no estaba pensada para durar, así que con el paso del tiempo sufrió un gran deterioro. El *Ecce Homo* de Borja —una población de unos 5000 habitantes— jamás hubiese sido mundialmente conocido si no fuera porque en el año 2012 Cecilia Giménez, una señora de 81 años aficionada a la pintura, quiso restaurar la obra.

Cecilia no tenía el conocimiento técnico para emprender una restauración apropiada de la obra y no pudo reproducir los trazos del rostro de Cristo. Fue así como aquel *Ecce Homo* se convirtió en otra obra. El cambio de la pintura original fue tan grande que las autoridades de Borja creyeron que se trataba de un acto vandálico. Rápidamente las imágenes se viralizaron: todo el mundo se enteró de la existencia de Borja, del *Ecce Homo* y de Cecilia. La restauración fallida se convirtió en un meme, uno de los íconos pop más reconocibles del siglo XXI. Como la pintura de Cecilia se parecía bastante a un mono, el Cristo de Borja comenzó a ser conocido justamente de esa manera: *Monkey Jesus*.

El arte religioso siempre ha intentado acercarse a lo divino a través de la expresión, nos ofrece imágenes con las cuales conectar. El *Ecce Homo* ha ofrecido históricamente la imagen del Cristo sufriente: nos acerca al dolor de la tortura a la que Jesús fue sometido. Diferentes artistas a lo largo de la historia han intentado comunicar esa sensación desde su perspectiva particular.

El *Monkey Jesus* representa un fascinante cruce entre la dimensión sagrada de la creencia religiosa y la intervención humana. Aunque la pintora intentó hacer una restauración, el resultado fue una obra distinta; en ese sentido, una obra nueva. Creo que esa novedad nos permite pensar en nuestra relación con las imágenes de Jesús y lo sagrado y cómo esas imágenes pueden sufrir cambios y nuevas configuraciones a lo largo del tiempo. Como sugiere el teólogo y filósofo de la religión John Caputo, la imagen de Cristo ha sido objeto de diversas interpretaciones en diferentes momentos históricos y contextos.[2] Nuestra relación con la imagen de Cristo se ve afectada por el desgaste y los cambios culturales; el mismo Caputo destaca la

---

2. Cf. Caputo, 2006.

importancia de cuestionar las interpretaciones tradicionales de la imagen de Cristo y abrirse a nuevas interpretaciones que reflejen la realidad y los cambios culturales.[3]

Es interesante pensar desde este marco la labor de la artista Cecilia Giménez, creadora del *Monkey Jesus*: alguien que con sus buenas intenciones y su técnica creó —sin quererlo y sin saberlo— una reinterpretación de Jesús. Es un Jesús que no sufre, que cambia la dirección de su mirada, un Jesús viral, un Jesús meme. Aunque pudo generarnos risas, aquella representación no deja de ser la interpretación genuina de alguien que se atrevió a hacerlo.

Lo que Cecilia Giménez hizo de manera figurada, es lo que hacemos cada uno de nosotros todos los días: de alguna manera, intervenimos para preservar a Jesús, pero, al hacerlo, creamos una nueva interpretación de Él, basada en nuestras comprensiones y posibilidades. El *Monkey Jesus* es una metáfora de la forma en la cual, como cristianos, repensamos nuestras ideas tradicionales de la religión y nos abrimos a nuevas interpretaciones que reflejan la realidad y los cambios culturales de nuestra sociedad. El peligro reside en que, por falta de recursos, podemos terminar convirtiendo a Jesús en un meme.

El desgaste de la imagen sagrada

Paul Tillich sostiene que las imágenes sagradas son un símbolo de la presencia divina en el mundo. Su función es permitir al creyente entrar en contacto con lo divino. Según Tillich, la imagen sagrada es un «símbolo de lo que trasciende el mundo empírico»[4].

El historiador del arte Hans Belting, por su parte, ha argumentado que la representación de Cristo ha evolucionado a lo largo de la historia de la humanidad: desde su imagen divina hasta su imagen humana y, posteriormente, a una imagen que es objeto de consumo de la cultura contemporánea.[5]

El *Monkey Jesus* es un claro ejemplo de la relación ambigua que tenemos con las imágenes sagradas. Por un lado, nos recuerdan lo divino;

---

3. Cf. Caputo, 2007.
4. Tillich, 1957, p. 120.
5. Cf. Belting, 2005.

pero, por otro, las manipulamos y transformamos en objetos de consumo y entretenimiento.

El desgaste de la obra original revela también el desgaste que puede sufrir no solo la simbología, sino también la práctica de nuestra fe y nuestro acercamiento a lo divino. El desgaste nos habla de lo estático, del deterioro, de lo que envejece y no se renueva. Pero lo desgastado tiene también su atractivo en la medida en que habla de la tradición, de lo inamovible, de lo fundacional. El peligro del desgaste está en creer que nuestro Dios, como el Jesús del cuadro, también se desgasta; que nuestra fe se puede agotar como una vieja pintura al óleo en un mural; que el Evangelio tiene ya muchos años y que quizás, como cuando crearon el *Ecce Homo* de Borja, no estaban considerando que duraría tanto tiempo. El peligro del desgaste es abrazar solamente al Jesús que sufre, al que muere, y no al que está vivo y resucitado, el que se renueva todo el tiempo y hace «nuevas todas las cosas» (2 Cor. 5:17).

La teóloga Phyllis Tickle sostiene que la Iglesia debe enfrentar la realidad de que las imágenes sagradas ya no cumplen la misma función que tenían en el pasado. Y sugiere que, en lugar de depender de imágenes sacras, el cristianismo debería centrarse en el diálogo y la reflexión teológica para comprender la presencia divina en el mundo.[6]

Podríamos sugerir que, aunque el *Ecce Homo* de Borja pasaba bastante desapercibido y no generaba mayor interés, representaba de algún modo una tradición muy rica: un tiempo en que la imagen sagrada hablaba de lo divino con una legitimidad bastante sólida. El *Monkey Jesus*, por su parte, representa un Jesús contemporáneo, de consumo y entretenimiento; es verdad que le falta un poco de técnica, pero al mismo tiempo tiene la capacidad de llegar a millones de personas.

Un diálogo con la cultura contemporánea no puede quedarse exclusivamente con ninguna de esas imágenes: debe esforzarse por establecer puentes entre ambas. Porque lo cierto es que nuestra imagen de Cristo no es estática: debe ser renovada constantemente —sin perder su esencia— para poder interactuar con la realidad del mundo en que vivimos. Debemos estar dispuestos a mirar más allá de nuestras desgastadas imágenes mentales y eclesiales de Jesús para encontrar nuevas formas de experimentar y compartir su amor y gracia en un mundo que cambia rápidamente. Somos la sal de la tierra; «pero si la sal pierde su sabor, ¿cómo volverá a ser salada?» (Mt 5:13).

---

6. Cf. Tickle, 2008.

El deseo de novedad en una sociedad desencantada

En nuestra sociedad, caracterizada por el exceso de información y una rápida obsolescencia de las tendencias, resulta difícil destacar, captar la atención del público. En este contexto, la obra de arte conocida como *Monkey Jesus* ha conseguido precisamente eso: atraer la atención mundial y convertirse en un objeto de fascinación colectiva. Pero, ¿qué hay detrás de ese atractivo? ¿Por qué lo diferente nos llama tanto la atención?

Desde una perspectiva psicológica, la atracción por lo diferente es un fenómeno común. Según la teoría de la novedad, el cerebro humano se siente atraído por estímulos novedosos, ya que estos despiertan nuestra curiosidad y activan la dopamina, el neurotransmisor del placer. Además, en una sociedad desencantada y hambrienta de novedades, lo diferente puede representar una oportunidad para escapar de la monotonía y la rutina.

Sin embargo, desde una perspectiva teológica, el atractivo de lo diferente puede ir más allá de la simple curiosidad o la búsqueda de novedades. A lo largo de veinte siglos de cristianismo, la figura de Jesús ha sido reinterpretada y representada de muchas maneras: desde las imágenes que presumen ser las más fieles al modelo bíblico hasta las más abstractas o incluso las polémicas. En todas ellas subyace la necesidad humana de comprender a y relacionarse con Jesús.

En ese sentido, el *Monkey Jesus* puede ser visto como una expresión del deseo de acercarse a lo divino de una forma nueva y diferente. Aunque el resultado parece desconcertante o incluso irreverente para algunos, ha logrado despertar la curiosidad de un público amplio y ha reabierto el debate sobre la relación entre arte y religión, y cómo esa relación puede influir en la sociedad contemporánea.

Una imagen renovada de Jesús puede ser un medio para que muchas personas se acerquen a la fe. No obstante, esa novedad se puede convertir rápidamente en una forma de mercantilismo: un Jesús al servicio del consumo. Desaparece así la capacidad de renovación constante que existe en la imagen potente del Cristo resucitado.

Quizás, la pregunta que debemos hacernos es: ¿Tenemos las herramientas para emprender una "restauración" de la imagen de Jesús? Si solo tenemos buenas intenciones, como fue el caso de Cecilia Giménez, es posible que terminemos creando un meme de Jesús: un Cristo viral, pero irreconocible. Para renovar a Jesús, la tradición es indispensable.

La belleza en la imperfección y la humanidad en la divinidad

¿Por qué será que un mural restaurado en una pequeña iglesia española ha atraído tanta atención? Desde una perspectiva teológica, podríamos argumentar sobre la belleza en la imperfección y la humanidad en la divinidad. Como dijo el teólogo Richard Rohr, «Dios no solamente está presente en lo que es perfecto y bello, sino también en lo que es torpe y feo. Dios está en todo»[7]. La imagen del *Ecce Homo* restaurado nos recuerda que la humanidad es imperfecta, pero aun así es amada por Dios.

En términos psicológicos, el *Monkey Jesus* también puede ser visto como un reflejo de nuestra propia humanidad y nuestras luchas internas por la perfección. La psicóloga y escritora Brené Brown habla de la importancia de aceptar nuestra vulnerabilidad y abrazar las propias imperfecciones como parte integral de nuestra humanidad.[8] La imagen restaurada del *Ecce Homo* exhibe una vulnerabilidad que puede ser difícil de aceptar, pero que es parte esencial de nuestra humanidad.

Asimismo, es interesante ver cómo la fragilidad de la artista también se refleja en la obra restaurada, una metáfora de la imperfección y de cómo Dios obra a través de ella. Después del fenómeno viral que sufrió Cecilia Giménez, lo que comenzó siendo una burla se convirtió en una oportunidad. Por una parte, su pequeño pueblo fue descubierto y visitado por miles de personas; por la otra, Cecilia fue entrevistada por medios nacionales e internacionales, lo que nos permitió conocer la historia detrás de aquella restauración.

Así descubrimos que la obra se viralizó antes de ser terminada; en otras palabras, nunca sabremos cómo hubiera sido el resultado final. Así nos enteramos también de la vida trágica de aquella señora de la tercera edad: uno de sus hijos murió a los 20 años, su esposo también murió y su otro hijo requiere de cuidados especiales. El *Ecce Homo* de Borja no solo es una obra inconclusa, imperfecta, deformada, diferente, sino también el reflejo de una vida llena de dolores, fragilidades y dificultades. Conocer esta historia despertó la empatía de millones; pasamos de burlarnos a sentirnos conmovidos por la vulnerabilidad que se escondía detrás del *Monkey Jesus*. Según Cecilia, la viralización de su obra le trajo un poco de consuelo y recompensa a sus dolores.

---

7. Rohr, 2011, p. 35.

8. Cf. Brown, 2010 y 2012.

Cecilia Giménez y el *Monkey Jesus* son una escena hermosa de la imperfección, la vulnerabilidad y la relación con Dios, una invitación a reflexionar sobre nuestra propia humanidad y nuestra relación con lo divino. El poder de Dios se perfecciona en nuestra debilidad (2 Co. 12:9). ¿Cómo podemos aceptar nuestras imperfecciones y fragilidades, y aun así reconocer la presencia de Dios en nuestras vidas?

¿Restaurar o no restaurar a Jesús?

La imagen de Jesús ha sido representada de diversas formas a lo largo de la historia del cristianismo, pero ¿qué sucede cuando nos enfrentamos personalmente a la posibilidad de restaurar o reconstruir su imagen? Es ciertamente una idea problemática, y quizás un poco perturbadora. ¿Es esto algo que deberíamos hacer? ¿En qué sentido o hasta qué punto? ¿Cómo puede afectar esto a nuestra fe? ¿Y a la de los demás?

Aunque es cierto que hay valor en preservar y proteger las representaciones que tenemos de Jesús, también es importante tener en cuenta que esas representaciones no agotan a Dios; su grandeza es insondable (Sal. 145:3). Más allá de nuestras imágenes se encuentra la inagotable presencia del Jesús siempre resucitado. Nuestra comprensión de la fe cristiana no es estática, debe estar en constante evolución y movimiento. Esto significa estar dispuestos a dejar atrás aquello que ya no es útil o beneficioso para nuestra comprensión de Dios y del mundo.

Jürgen Moltmann dijo que «la verdadera fe cristiana no es una teoría sobre Dios, sino una relación con él»[9]. Esto significa ir más allá de las imágenes, profundizar existencialmente en su mensaje de amor, justicia y compasión. Trascender lo estético para descubrir la encarnación de lo divino en nuestra propia vida.

La restauración de nuestra relación con Jesús no es una tarea fácil, requiere un esfuerzo consciente de nuestra parte, un compromiso con la justicia y la compasión, y una apertura a la multiplicidad y la diferencia. Debemos estar abiertos a que nuestra fe se mueva, a la transformación de nuestra comprensión de lo divino, comprometernos con aquellas cosas con las que Jesús se comprometió y vivir su mensaje en nuestras vidas. En palabras de Howard Thurman: «La tarea más importante de cualquier religión es la de descubrir la realidad suprema de la existencia, y vivir de

---

9. Moltmann, 1974, p. 104.

tal manera que la realidad suprema sea efectiva en la vida de aquel que la busca»[10].

Nuestra fe está asentada en una paradoja: debemos conservar al "Jesús desgastado" y al "Jesús restaurado" al mismo tiempo, abrazarlos y darles un sentido en nuestro contexto y realidad personal. En otras palabras, debemos ser nosotros la imagen viva de Jesús, una representación que se mueve entre lo antiguo y lo nuevo; solo así podremos honrar verdaderamente la imagen de Jesús y lo que representa para nosotros como cristianos en el siglo XXI.

Restaurando la imagen de Jesús: Un equilibrio entre tradición y renovación en nuestra comprensión de la fe

Si optamos por restaurar la imagen de Jesús, debemos considerar cuidadosamente cómo lo haremos. Ninguna representación puede agotar el mensaje y la presencia de Jesús, y por eso jamás se deben confundir las representaciones con el ser real de Cristo. De este dilema teológico y pastoral surgen algunas cuestiones que necesitamos considerar.

En primer lugar, estamos llamados a ser críticos de nuestras propias tradiciones y creencias para poder discernir cómo seguir creciendo en nuestro entendimiento de Dios y su plan para la humanidad. El dilema sobre la "restauración de la imagen" de Jesús debe ser abordado desde una perspectiva teológica que considere no solo la dimensión histórica de nuestra fe, sino también la constante evolución de nuestra comprensión. Debemos encontrar un equilibrio entre la preservación de la historia y la renovación de nuestra fe en el contexto actual. Como dice Volf, «no podemos simplemente aferrarnos a lo viejo sin adaptarlo al mundo que cambia rápidamente. Al mismo tiempo, no podemos abrazar lo nuevo sin un sentido adecuado de nuestra propia historia y tradición»[11].

En segundo lugar, la imagen de Jesús es una representación simbólica de quién es Él. Jesús no es solo una figura histórica, sino también un ser divino que trasciende el tiempo y el espacio. Por eso, la restauración de su imagen no debería ser vista como algo puramente estético o pragmático, sino como una oportunidad para profundizar en nuestro entendimiento

---

10. Thurman, 2019, p. 67.
11. Volf, 1998, p. 85.

de su mensaje y su significado en nuestra vida: un camino de introspección para descubrir a Jesús obrando en nosotros.

En tercer lugar, es importante recordar que, más allá de nuestras imágenes mentales o representaciones teológicas, Jesús está presente en nuestras vidas a través de su Espíritu y de la comunidad cristiana. Más que un fin en sí mismo, la idea de restaurar la imagen de Cristo puede ser una oportunidad para revitalizar nuestra relación con Él y con nuestra comunidad.

La historia del *Monkey Jesus* nos recuerda que incluso las obras de arte más imperfectas y controversiales pueden tener un valor y una belleza únicos. Como lo expresó John Swinton, «la belleza no está en la perfección, sino en la capacidad de tocar el alma y despertar el espíritu»[12]. Como Iglesia del siglo XXI, debemos seguir buscando maneras de abrazar la imperfección y la novedad, mientras preservamos al mismo tiempo nuestra historia y tradición. En última instancia, nuestro objetivo debe ser tocar el alma y despertar el espíritu de aquellos que nos rodean: llevar la belleza y el amor de Dios a un mundo que lo necesita con urgencia.

Bibliografía

Belting, H. (2005). *Imagen y culto: Una historia de la imagen anterior a la era del arte*. Siruela.

Brown, B. (2010). *The gifts of imperfection: Let go of who you think you're supposed to be and embrace who you are*. Hazelden Publishing.

Brown, B. (2012). *Daring greatly: How the courage to be vulnerable transforms the way we live, love, parent, and lead*. Gotham Books.

Caputo, J. D. (2006). *La debilidad de Dios: Una teología del acontecimiento*. Editorial Trotta.

Caputo, J. D. (2007). *El acontecimiento y lo sagrado*. Editorial Trotta.

Jones, S. (2018). *How "Monkey Christ" brought new life to a quiet Spanish town*. The Guardian. https://www.theguardian.com/world/2018/dec/28/how-monkey-christ-brought-new-life-to-a-quiet-spanish-town

Kearney, R. (2016). *En busca del sentido perdido: la filosofía en tiempos de desencanto*. Editorial Herder.

Moltmann, J. (1974). *El Dios crucificado: La cruz de Cristo como base y crítica de la teología cristiana*. Sígueme.

Rohr, R. (2011). *Falling upward: A spirituality for the two halves of life*. Jossey-Bass.

Swinton, J. (2001). *Spirituality and Mental Health: Care of the Whole Person*. Jessica Kingsley Publishers.

---

12. Swinton, 2001, p. 34.

Thurman, H. (2019). *Jesus and the Disinherited*. Beacon Press.

Tickle, P. (2008). *The Great Emergence: How Christianity Is Changing and Why*. Baker Books.

Tillich, P. (1957). *Dynamics of Faith*. Harper & Row.

Volf, M. (1998). *After our likeness: The church as the image of the Trinity*. Wm. B. Eerdmans Publishing.

ENTRE LA PRODUCTIVIDAD Y LA NADA, ELEGÍ LA NADA

Noa Alarcón[1]

En este contexto basado exclusivamente en la necesidad de pesar y medir con arreglo a criterios que privilegian la *quantitas*, la literatura [...] [puede] por el contrario asumir una función fundamental, importantísima: precisamente el hecho de ser inmune a toda inspiración al beneficio podría constituir, por sí mismo, una forma de resistencia a los egoísmos del presente, un antídoto contra la barbarie de lo útil que ha llegado incluso a corromper nuestras relaciones sociales y nuestros afectos más íntimos. Su existencia misma, en efecto, llama hoy la atención sobre la *gratuidad* y el *desinterés*, valores que hoy se consideran contracorriente y pasados de moda.

Nuccio Ordine

Cuando Knipe se presenta frente al señor Bohlen con su propuesta, el primer impulso de su jefe —ejemplo prototípico del empresario occidental moderno— es desechar la idea. «¿Quién demonios va a comprar una máquina que escriba relatos?»[2], le dice. Me estoy refiriendo a la historia que cuenta Roald Dahl en *El Gran gramatizador automático*, un relato que

---

1. Noa Alarcón nació en Madrid, España, en 1983. Estudió Filología Hispánica y Filología Hebrea en la Universidad Complutense de Madrid y en la Universidad de Barcelona. Ha trabajado durante más de una década como editora y traductora especializada en teología y ciencias bíblicas, ha escrito ensayos teológicos para diferentes medios y también ha dirigido varios pódcasts. Actualmente es la librera de El Asterisco, en Granada, donde aparte de llevar la librería hace activismo cultural junto a Daniel Jándula. Es incapaz de elegir referencias culturales, porque lo que le motiva es la curiosidad por descubrir algo nuevo: cualquier cosa puede ser interesante si se entrena la mirada. Salvo el transhumanismo. El transhumanismo le aburre muchísimo.

2. Dalh, R. (2016). *Cuentos completos*. Alfaguara.

publicó por primera vez en 1953 y que narra, como su título indica, el invento de Knipe: una máquina capaz de escribir historias.

Knipe es un tipo oscuro, un genio de la ingeniería que ha creado una de las primeras calculadoras del mundo (de esas que ocupaban casi una habitación entera, pero que a mediados del siglo XX supusieron una tremenda revelación tecnológica). Knipe sabe mucho de tecnología y poco de arte, pero se empeña en conseguir fama y prestigio como escritor a pesar de que la industria del momento no reconoce su supuesto talento. Knipe no tiene ningún problema en pervertir el sentido de la creación artística con tal de conseguir su anhelado prestigio… y, por supuesto, la jugosa recompensa económica asociada. Transforma el caos sutil de la creación en diminutas piezas de producción capaces de ser replicadas, reproducidas y comercializadas. Y Dahl, en esta historia que suele pasar muy desapercibida en su canon, nos presenta una fábula que sigue resonando hoy. Los miedos que se van alimentando a lo largo del relato, según la trama de estos dos hombres va avanzando, son los mismos miedos a los que se enfrenta la sociedad en un día como hoy (abril de 2023), mientras escribo este ensayo y se debate acerca de la idoneidad de darle alas a las nuevas herramientas de inteligencia artificial que se están desarrollando. Mucha gente ha entrado en pánico y no lo ha disimulado. Lo curioso es que el pánico contra la inteligencia artificial es el mismo que refleja Roald Dahl en su relato de 1953: el temor a que la tecnología que desarrollamos nos anule como personas. Y, un poco más allá de eso, que algo externo a nosotros nos arrebate la posibilidad de ser productivos y, por lo tanto, nos arrebate la posibilidad de *ser*.

La base de *El gran gramatizador automático* descansa en una de las realidades culturales más importantes desde finales del siglo XIX debido a las mejoras industriales de las imprentas, y que suele pasar desapercibida en las grandes narrativas sobre la literatura occidental: la proliferación de revistas literarias populares que se imprimían en papel barato y se distribuían en los comercios semanalmente junto con los periódicos del día. Las mejoras en los sistemas de imprenta hicieron posible la comercialización por primera vez de, por ejemplo, Biblias baratas para toda la población y, al mismo tiempo, del surgimiento de la cultura popular del entretenimiento. Cuando uno se sienta a observar Literatura, con mayúsculas, la que se ofrece canónicamente en los libros de texto y los manuales oficiales, solamente se suelen referir las obras mastodónticas que han marcado los grandes cambios de estilo y época. Sin embargo, lo que verdaderamente movía la cultura era esa literatura pequeña, popular, accesible a cualquiera que tuviera la suerte de saber juntar las letras. Hay que tener en cuenta que sin las revistas literarias no hubiera podido surgir la industria del cómic (cuando ya, a mediados del siglo XX, se perfeccionaron las imprentas y se pudo empezar a imprimir de manera barata en color), y sin la todopoderosa industria del cómic, tal cual la conocemos hoy, ni siquiera nos estaríamos planteando escribir este libro sobre teología pop. Todos los grandes escritores y artistas a los que ahora ponemos nombre comenzaron como el Knipe del relato de Dahl: siendo mínimos, considerados menores, y ganándose la vida entreteniendo a las masas que compraban las revistas para leer sus relatos. Aquí encajan ilustres hispanos como Pío Baroja —publicó en revistas como *La vida literaria*, o *España*, que él mismo fundó— o Benito Pérez Galdós —que antes de comenzar a publicar sus *Episodios Nacionales* se ganaba la vida escribiendo relatos para revistas de señoritas como *La Guirnalda*—. Aunque muchas de estas revistas tenían una vida muy corta, otras tuvieron una larga vida y miles de lectores, como *Amazing Stories*, revista estadounidense *pulp* que auspició a grandes figuras como Ray Bradbury o Isaac Asimov. También *Weird Tales*, la revista *underground* que acogió la obra de Lovecraft cuando todavía se le consideraba un tipo extraño y de segunda categoría que escribía sobre monstruos inverosímiles, y que se publicó durante casi ochenta años.

Ya establecido el contexto, volvamos al relato de Dahl. Knipe es un tipo miserable al que no le importa hacer trampa con tal de ganar dinero, pero su jefe, Bohlen, por su parte, también es presentado como un tipo miserable porque no entiende qué utilidad tiene una máquina que fabrica relatos. Ambos se sirven de ella, pero ninguno de los dos entiende el valor que tiene la cultura que se vive y se hace desde abajo, sin grandes figuras casi sacerdotales que la administren y controlen, algo que Dahl deja entrever en la forma de contar la historia. Él era un ejemplo vivo de que no existe ni una baja ni una alta literatura: sus obras infantiles son preciosas y precisas obras de arte; sus relatos "menores", piezas de ingeniería literaria.

El propio Dahl era de los que se ganaban la vida escribiendo en estas revistas, y en este relato que es casi un metarrelato nos presenta una fábula con una moraleja abierta, y por eso sigue siendo un referente para los dilemas actuales, sobre todo para reflejar los miedos a los que más nos cuesta poner nombre. Y uno de los grandes temores de la humanidad que habita el capitalismo tardío es el terror a que, con los avances tecnológicos, los seres humanos dejemos de ser productivos y, por lo tanto, perdamos nuestro derecho a estar vivos. Ya sea un gramatizador automático —que escribe todos los relatos posibles— o una inteligencia artificial —capaz de falsificar obras de arte en apenas unos segundos—, el hecho de que exista algo (y, peor aún, algo fabricado por nosotros mismos) que sea capaz de "reemplazarnos" genera terrores.

Porque, en el fondo de todo esto, lo que hay es una profunda crisis de identidad, otra de las crisis del siglo XXI. Hay en marcha un cambio social y cultural muy profundo y transversal, imparable, al que todavía no podemos poner nombre, pero que nos aterra, igual que nos han aterrado todos los cambios irreversibles a lo largo de la historia. En nuestro caso, ahora mismo, hay cada vez más voces (muchas desde la periferia, pero reclamando cada vez más los estrados) creando núcleos de pensamiento que cuestionan las "grandes verdades" identitarias que nos trajo la industrialización.

Aun así, mucho antes de la industrialización, la historia de la humanidad también está llena de pensadores que desde diferentes momentos y sensibilidades negaron que el sentido vital se encontrara en la productividad: entre ellos, una gran parte de los escritores bíblicos.

La cuestión no es solamente que la productividad como núcleo de nuestra validación e identidad humanas sea algo reciente, sino que, en esencia, muchos, entre los que me encuentro, defendemos que es una afirmación falsa. No ha sido más que una distorsión provocada por la industrialización: cuando se necesitaba mano de obra, se valoraba la fuerza humana que producía bienes y servicios, y se compensaba al trabajador por ese esfuerzo. Ahora que la mano de obra se ha tecnologizado, hemos perdido ese valor, y muchos no habían previsto que había más opciones para sentir validación que el trabajo que eres capaz de realizar o los productos que puedes producir.

Tampoco es que sea un dilema moderno. Desde las primeras civilizaciones se planteó socialmente qué hacer con los enfermos, los tullidos y los "in-válidos" (atención al término). En la mayoría de los casos, ha sido una ganancia aprender a respetar sus peculiaridades y darles dignidad y espacio. En gran parte, ha sido una ganancia de las culturas judeocristianas. Pero ese espacio para la improductividad no se ha conseguido sin tensiones. Incluso en la distancia de más de setenta años desde que se publicó *El gran gramatizador automático*, a lo que nos seguimos enfrentando ahora es a la generalización de la improductividad y, por lo tanto, a la pérdida de una autoimagen totalmente asociada a la producción.

Los momentos de desesperación y las crisis personales resuenan con una expresión muy común: «No sirvo para nada». Y es cierto que hay en el ser humano la necesidad de hacer, y que esa necesidad de hacer se convierte en una parte fundamental del ser. El problema de nuestra civilización moderna es que cuando se industrializó nuestro hacer, nuestro ser quedó irremediablemente asociado a la producción. Y ahora necesitamos plantearnos un escenario nuevo en el que podamos volver a otras formas, quizá previas o antiguas, en las que entendernos desde otras perspectivas.

Pero no sería realmente un problema sociológico real si no hubiera una tensión subyacente. Yo soy de la opinión de que como humanos siempre tendemos a rebelarnos, aunque sea de manera inconsciente, contra aquello que niega nuestra *imago Dei*. Creo que esa es una de las maneras que adopta la gracia común. Da igual que gran parte de la teología que se ha realizado tanto en el mundo protestante como en el católico desde el siglo XIX haya sido a caballo de la industrialización y poniendo la productividad y el utilitarismo como único tótem válido: el centro de todo el pensamiento. La Iglesia debe "valer" para algo; tú debes "valer" para algo en el reino de Dios; tus acciones y tus actividades deben "valer" para llevar a los demás a Cristo. La idea que propone la crisis y el cambio de siglo no es que dejemos de lado el valor: los humanos necesitamos valor. Lo que está pasando es que se cuestiona la idea de que el origen de nuestro valor sean exclusivamente la producción y la utilidad.

Yo creo que la *imago Dei* nos asocia un valor, pero que no fija ese valor en los términos de la industrialización. Esa ha sido una acomodación moderna que ahora tenemos derecho a cuestionar. Si la *imago Dei* nos asociara valor por aquello que producimos, eso abriría la puerta a toda una teología contraria a los enfermos o discapacitados; en última instancia, una distopía bastante apocalíptica, o la realización de la pesadilla de Dahl. El capitalismo más salvaje y agresivo acaba con la vida y la singularidad de los individuos y provoca profundas epidemias de salud mental. Ese no puede ser el camino a seguir.

El epítome de esta tensión interna dentro de nuestro diálogo social descansa en el desprecio que siente Bohlen por lo que Knipe quiere hacer. Por un lado, defiende la idea extendida de que el arte en sí mismo no tiene ningún valor si no se puede monetizar. Por el otro, al monetizarlo de esa manera salvaje el arte pierde totalmente su raíz humana y espiritual.

Lo más interesante de todo es que él es sincero. Y tiene razón. Su mirada representa los valores clásicos de la sociedad industrializada. Empezando por la proliferación de revistas baratas de literatura, siguiendo por el invento de los cómics, llegando hasta la industria actual del *merchandising* friki, de los Funko Pop, el *cosplay* y el coleccionismo popular, nuestra sociedad es heredera de la mentalidad de Bohlen en la que lo que no es productivo industrialmente no es valioso. Los adultos no se pueden permitir perder el tiempo en coleccionar muñecos o en disfrazarse de personajes manga para perder el día en una convención, igual que se despreciaba a los que hace cien años iban a los quioscos todas las semanas para comprar *Weird Tales* y leer las historias de Lovecraft, o en la España de la posguerra ahorraban monedas para comprarse las novelitas del oeste de Zane Grey. La mal llamada baja cultura sostiene al mundo, mientras las élites la miran por encima del hombro y aun insisten en que no se debería perder el tiempo en tales improductividades.

Sin embargo, la improductividad es una bendición.

Uno de los orígenes de la epidemia actual de salud mental es haber renunciado completamente a aspirar a cualquier clase de belleza: todo ha sido arrojado al altar de la productividad. Y no me refiero solo a la belleza estética, sino también a la belleza de las cosas bien feas, pero con un sentido y un valor personal, por ejemplo. Lo que se nos exige como adultos que debemos llevar adelante la sociedad es tener "trabajos reales"; hay de hecho una preocupante tendencia a creer que un "trabajo real" es aquel en el que sufres para llevarlo a cabo. Si te gusta, sospecha, te dicen. La maquinaria nos ha empujado (nosotros mismos nos hemos empujado) a encontrar nuestra dignidad y valor en renunciar a lo que puede hacernos ilusión y acomodarnos a que "lo normal" es no estar bien.

No se nos permite y, por lo tanto, no nos permitimos jamás sentirnos satisfechos por no hacer nada, o por disfrutar de un ocio menor a ojos ajenos. La "nada" es la mayor indulgencia de todas, algo que las personas "normales" no nos podemos permitir. Nuestro valor está en la carrera, la formación, el sueldo y la distancia a la que podemos permitirnos ir de vacaciones en verano. Incluso cuando dedicamos tiempo y ganas a alguna afición, siempre nos queda un dejo de culpabilidad de fondo por dedicar tiempo a algo que en modo alguno podremos monetizar.

La simple felicidad de comprar una figura de un muñeco de Spiderman, ponerla en tu casa, observarla y que te proporcione alegría se convierte en un acto subversivo. Y, en el fondo, en un intento inconsciente —quizá también imperfecto e incompleto, aunque también válido— de reivindicar nuestra *imago Dei*.

En el relato de Génesis se deja bien claro que, aunque Dios encargó una tarea a Adán y Eva, su existencia no estaba supeditada a ella. A diferencia del resto de cosmogonías de las otras civilizaciones del creciente fértil —en las que los dioses creaban la tierra y al ser humano con la intención de que les sirvieran y adoraran—, en ningún momento del relato de la Creación de Génesis se dice que el fin de la Creación es ser de utilidad para nada, ni para nadie. Luego, dentro de su dinámica interna, la naturaleza tiene procesos en los que unas partes son útiles a otras, en que se producen cosas y luego se administran. Pero en un sentido ontológico y final, no es que la Creación fuera de utilidad a Dios. Dios no necesita la Creación: Él la hace y dice que es buena, que es bella, y con eso es suficiente. El valor no está en lo que la Creación produce para Dios: el valor de lo existente está en que existe, sin más. Lo que deleita a Dios es que las cosas existan y que él pueda verlas. De manera similar, en un acto reflejo, la humanidad lleva toda su historia creando y coleccionando cosas aparentemente inútiles y deleitándose en verlas por el simple hecho de hacerlo.

Aunque después hay un relato de Caída, mal y pecado que habría que revisar desde esta perspectiva, también podemos sencillamente quedarnos aquí por unos segundos y disfrutar de este bonito concepto: nuestra *imago Dei* nos otorga valor por *ser*, no por *hacer*. Y, en ese valor por *ser*, cabemos todos. En la redención cristológica hay una puerta abierta, de nuevo, a esa *imago Dei* reprimida por el mal y el pecado a la que llevábamos tanto sin poder acceder.

Al final del camino, el mundo en el que vamos viviendo y sus cambios nos fuerzan a repensar tanto nuestra cotidianeidad como nuestra teología. La ofensa moral del que cree que no se debe perder el tiempo en cosas inútiles proviene de una *imago Dei* deformada, reprimida, sometida al progreso tecnológico antes que a Dios —aunque es muy posible que aquel que cree que debe ser productivo en todas las áreas de su vida (incluida su espiritualidad) sea alguien muy convencido de serlo primeramente para Dios—. Y no hay ningún problema en ser productivos. El problema es que se nos olvida que no somos valiosos por ser productivos. No fuimos creados para ser productivos. La productividad como medio está muy bien, pero como un fin en sí mismo se acaba convirtiendo en un amo demasiado exigente, eternamente insatisfecho y demandante.

Así que, quizá, un buen antídoto a la intoxicación por productividad de nuestros tiempos sea, precisamente, *la nada*: la nada que nos aburre, el tiempo que se pierde, los momentos en los que estamos solos con nosotros mismos, sin nada que ocupe nuestra mente, ni nuestras manos. La nada que nos enfrenta a la realidad más profunda de nuestro ser. Si no somos capaces de estar cómodos con nosotros mismos y con Dios en medio de esa nada, algo va mal. Y algo va aún peor cuando ni siquiera podemos permitirnos esos momentos de nada (porque nos sentimos culpables, o ridículos, o tenemos la sensación de que estamos cometiendo un terrible pecado que acarreará sus consecuencias).

La nada adopta múltiples formas porque, quizá, se puede entender como una manera de experimentar la gracia de Dios (que es multiforme). La nada puede ser videos de gatos y perros, tejer bufandas infinitas mientras se ven telenovelas turcas, coleccionar Funko Pop, Playmobil o carteles publicitarios antiguos. Podemos invertir mucho dinero en esas nadas o no invertir nada en absoluto. Podemos pasar mucho tiempo investigando sobre un personaje histórico, sin ningún motivo más que el de una fascinación relajada o, por la misma razón, querer saberlo todo acerca de las razones que llevaron a la conclusión de la existencia de la materia oscura.

Planetas, minerales, insectos, dedales, imanes de nevera, la composición de un gel de manos, las formas de restaurar una plancha de hierro oxidada, los epígrafes de la declaración de la renta, dibujar en tablas de Excel, leer ciencia ficción o novelas románticas, hacer dados gigantes con piezas recicladas de madera, desmontar todos los relojes que caen en nuestras manos o saberse la historia de los más famosos del mundo. Todas esas son cosas que, a fin de cuentas, equivalen a nada. Por eso son tan valiosas. Porque no se pueden cuantificar ni monetizar, porque no entran en los esquemas de una sociedad que a veces se puede convertir en un monstruo que devora a sus propios miembros. La cura sigue siendo dejarnos caer en una *imago Dei* que nos da un sentido trascendental y absoluto sin exigirnos nada a cambio, como se resume (casi en esos términos exactos) en la promesa misma del Evangelio.

Bibliografía

Ordine, N. (2013). *La inutilidad de lo inútil*. Acantilado.
Dalh, R. (2016). *Cuentos completos*. Alfaguara.

Y TOMANDO SUS REDES, LE SIGUIERON
El desafío de habitar cristianamente el espacio digital

Almendra Fantilli[1]

Para los *millennials*, las conversaciones diarias con nuestros amigos comienzan a menudo con preguntas como: ¿Viste este meme? ¿Viste este video? ¿Leíste la publicación de fulano o mengano? Este ensayo no va a ser la excepción.

Hace unos días, mientras investigaba sobre la presencia digital de los creyentes en las redes sociales, encontré algo que me causó una mezcla de gracia, tristeza y preocupación. Era un video que fue (efímeramente) viral en TikTok, en el que un pastor le decía a su congregación: «Todos ahora se han vuelto tiktokeros. Todos los tiktokeros se van a ir al infierno. No quiero ver también a los ministerios de alabanza subiendo esos tiktokeros. […] ¡Hijo del diablo! ¡Arrepiéntete, tiktokera, tiktokero! ¡Cristo viene pronto!».

---

1. Almendra Fantilli nació en Córdoba, Argentina, en 1992. Es Licenciada en Ciencias de la Comunicación por la Universidad Nacional de Córdoba y Magíster en Dirección estratégica e innovación en comunicación por la Universidad de Málaga, España. Además, es Diplomada en Fotografía documental y también en Diversidad religiosa, espacio público e interculturalidad. Dirigió *El culto. Un retrato de reuniones evangélicas* (2021), largometraje con el que recorrió salas de cine y espacios religiosos y no religiosos hablando del fenómeno evangélico. Actualmente trabaja en las áreas de Marketing y Comunicación de Editorial CLIE. Le encanta la música en español, desde el rock argentino hasta la música urbana contemporánea. Ama la poética de Agnès Varda y la mirada de Adriana Lestido, al igual que el humor de YouTubers como Ter. Ama internet; de niña, colaboraba en el ciber de sus padres y, por sus muchas mudanzas, casi todos sus amigos viven en la compu. Cree que los memes, stickers y emojis son la mejor manera de comunicación; otros lenguajes, afirma, están sobrevalorados.

El video fue objeto de numerosas parodias, comentarios y reacciones por parte de la comunidad de TikTok. Lo evangélico suele ser representado en los medios de una manera bastante despectiva y exótica; es incluso a menudo nombrado incorrectamente (de hecho, el diario digital peruano que recogió la noticia llamó "misa" al culto).[2] Me interesó investigar quién estaba compartiendo esta nota y por qué.

Descubrí que, detrás de la noticia viral, hay un pastor oriundo de Bolivia que canta, crea videos en castellano y en quechua, y denuncia que ciertos aspectos que nos muestran las redes sociales nos hacen mal. Por eso afirma que «TikTok es del diablo». La eficacia simbólica de un video como este depende de la comunidad interpretativa, del alcance que tenga la publicación y también de la preferencia de la audiencia por el consumo irónico.[3] En función de esos elementos, la vehemencia de este hermano podría parecernos extrema, caricaturesca o simplemente una gran performance contra las redes sociales.

Las iglesias, al igual que otras instituciones, han buscado maneras de incorporar medios tecnológicos en sus organizaciones por bastante tiempo. El distanciamiento obligatorio que trajo la pandemia de la COVID-19 potenció estos procesos de digitalización, intensificó desafíos y planteó nuevos interrogantes. ¿Qué sentido tiene que la Iglesia sea el Cuerpo de Cristo cuando estamos separados? ¿De qué manera nos unimos para compartir los símbolos/sacramentos sin estar físicamente presentes? ¿Qué ocurre con la adoración comunitaria? ¿Es igualmente válida la comunión de los creyentes que se realiza de manera virtual o presencial? ¿Qué significa ser una comunidad de fe en el espacio digital? ¿Tienen las redes sociales algún otro uso para los cristianos más allá de evangelizar? ¿Cuán auténticos y válidos son, para la fe de los creyentes, los espacios digitales que están por fuera de la comunidad local? ¿Cómo gestionamos la multiplicidad de voces que cobran visibilidad para hablar de la fe y proponen interpretaciones alternativas a las de las autoridades de la comunidad local? Sería imposible abordar todas estas cuestiones en un ensayo como este, pero lo cierto es que necesitamos prestar atención al *nuevo mundo* que nos ha dejado la *nueva normalidad*.

---

2. Cf. El Popular, 2023.

3. Con "consumo irónico" me refiero a la interacción con algún contenido o producto que, aunque tiene un significado propio, al usarlo irónicamente es resignificado y desvinculado de su mensaje original.

Los argumentos que solo ven lo negativo en el hecho de que los creyentes utilicen las redes sociales asumen diferentes formas y colores en distintos puntos del espectro ideológico y teológico. Influencers, creadores de contenido y líderes advierten sobre la amenaza que representa la virtualidad utilizando los mismos espacios digitales que señalan como peligrosos. Muchos de esos argumentos buscan expresar una genuina preocupación pastoral y una convicción profética; efectivamente, *las ilusiones de la virtualidad* a menudo arrastran serios problemas de salud mental, y muchos hábitos digitales nos convierten en títeres de los algoritmos y usuarios serviles de un capitalismo cognitivo que reduce a las personas al puro consumo.

Sin embargo, también detecto en estos discursos un aire de superioridad moral que no termina de entender los espacios existenciales en los que actualmente vivimos. La brecha generacional y tecnológica es palpable; hay una nostalgia que refuerza el discurso de que todo tiempo pasado fue mejor. Hay también una tendencia a apegarse a imaginarios apocalípticos y persecutorios: la sensación de que, como cristianos, somos el foco principal de los ataques constantes de la opinión pública y los poderes temporales. Creo que estas actitudes a la defensiva son una respuesta natural ante una realidad novedosa en la que, con un solo clic, podemos estar en otro culto, descubrir nuevas (o viejas) interpretaciones del texto sagrado y entrar en contacto con voces que representan una diversidad de perspectivas hasta hace poco inimaginables o restringidas a unas pocas personas.

En este trabajo quiero hacer, en palabras de Antonio Spadaro, un pequeño ejercicio de *ciberteología*. Vamos a revisar los imaginarios que tenemos al respecto del desarrollo tecnológico a la luz de la serie *Black Mirror*. Creo que meditar en los fenómenos de la cultura y la religión digital puede ofrecernos algunas pistas para abordar la misión cristiana y la vocación pastoral en la era de la virtualidad.

Cultura y religión digital

La *cultura digital*, a través de la tecnología, las plataformas y los medios de comunicación, forma parte de nuestra realidad cotidiana. Nuestras identidades, percepciones y relaciones se han visto modificadas por ella. No es algo que ocurre únicamente en el ciberespacio; aunque es allí donde se crean prácticas, códigos y normas, todos estos elementos tienen su contrapartida en el mundo físico.

Y es que, para autores como Pierre Lévy,[4] el *mundo digital* y el *mundo real* no están separados. Lo virtual no se contrapone a lo real, sino a lo actual. El autor sugiere que lo virtual —entendido en su etimología latina: *virtualis* y *virtus*— significa potencia y fuerza, es decir, lo que existe como posibilidad, aunque no en la actualidad. En ese sentido, internet es una potencia, una posibilidad, una fuerza para todas aquellas comunidades y personas que se apropian de esa potencia para ampliar su universo de sentidos, experiencias e interpretaciones de lo sagrado. Lévy sostiene que el proceso de virtualización implica también una desterritorialización, pero la entiende en un sentido positivo: es la construcción de una "cultura nómada", colaborativa, que amplía horizontes y pone en crisis los relatos únicos.

La *religión digital* es un área de investigación antropológica y sociológica que, desde hace unas décadas, se pregunta por la forma en que «las esferas del mundo *online* y *offline* de las religiones se han integrado y mezclado»[5]. Se pregunta cosas como: ¿De qué forma moldea la tecnología a la religión (y viceversa)? ¿Cómo se miden los impactos de la cultura digital en la religión? ¿Y los efectos de la religión en la cultura digital? ¿Qué se dice en internet sobre los líderes religiosos? ¿Qué desafíos y oportunidades plantean los nuevos medios a las instituciones religiosas?

Los investigadores de la religión digital han detectado tres campos que preocupan a los creyentes que intentan articular su fe y la virtualidad: la *identidad*, la *comunidad* y la *autoridad*. En *The Digital Evangelicals*, por ejemplo, Travis Warren Cooper investiga la tensión que existe al respecto de la presencia digital en la tradición evangelical. Utiliza dos conceptos clave: la *sinceridad de los medios* y la *promiscuidad de los medios*.[6]

Con la idea de *sinceridad de los medios* se refiere al valor que la Iglesia evangélica da a la comunicación directa, la interacción en persona y la "transparencia". Es una tradición heredera de los reformadores del siglo XVI —quienes defendían la comunicación franca y rechazaban cualquier tipo de mediación— y que se remonta hasta el modelo de comunidad de Hechos 2. El ideal es compartir la vida con los hermanos/as de manera sencilla, con la confianza de que allí donde hay dos o tres reunidos en el nombre de Jesús, Él se hace presente (Mt. 18:20).

---

4. Cf. Levy, 1999, p. 10.

5. Campbell, 2013, pp. 3-4.

6. Cooper, 2022, p. 30.

No obstante, Cooper afirma que, junto a este valor, convive contemporáneamente un uso promiscuo de los medios digitales. El autor usa la palabra "promiscuidad" para denotar la tendencia a transgredir los límites puestos por las autoridades establecidas de los nuevos medios. En otras palabras: se motiva y justifica un comportamiento frenético que ve como válido cualquier uso de los medios digitales mientras sea con el objetivo de difundir el evangelio y expandir la comunidad evangélica.

Esta contradicción entre *sinceridad* y *promiscuidad* en el uso de los medios es la que explica que algunas personas puedan afirmar que la experiencia de la comunidad cristiana local —cara a cara y en persona— es el estándar máximo de la autenticidad evangélica, al tiempo que utilizan YouTube o Twitter para denunciar a herejes sin conocer nada de su pertenencia eclesial. También explica la situación de otros grupos, que celebran las posibilidades que el mundo digital ofrece para poner en práctica la comunión cristiana mientras desestiman el encuentro presencial y desconfían de cualquier pedido de transparencia o rendición de cuentas.

Antonio Spadaro[7] propone ver a internet y a los medios digitales como un ambiente donde viven los seres humanos del siglo XXI. No es únicamente un medio, ni solo una plataforma, ni una mera herramienta: es un nuevo espacio en el que habitamos. La *ciberteología* se convierte, entonces, en una tarea necesaria para pensar la fe en tiempos de internet.

Cultura visual, imaginarios sociales y *Black Mirror*

Vivimos en la sociedad de la imagen: una *cultura ocularcéntrica*, siguiendo al filósofo Marx Watofsky.[8] Lo visual puebla nuestra mente, nos ayuda a crear esquemas de pensamientos que nos permiten explicar el mundo, ordenarlo y darle sentido. Pero estos imaginarios no surgen de la nada; más bien, los asimilamos de forma intersubjetiva. Lo que vemos a nuestro alrededor —en los medios, el cine, la historia, el arte y también la Iglesia— afecta de manera más o menos inconsciente nuestra mirada, nuestros imaginarios y expectativas.

En sus estudios sobre la visualidad contemporánea, Martin Jay retoma un concepto de Christian Metz, el de *regímenes escópicos*. La mirada no es transparente, sino que está filtrada por variables culturales: las formas

7. Cf. Spadaro, 2014.
8. Cf. Jay, 2003.

en las que una cultura interpreta y comprende el mundo. Los regímenes escópicos condicionan la manera como cada época construye modos de percepción visual.[9]

Black Mirror es una serie que ha contribuido notablemente en la creación de imaginarios sobre la tecnología y su impacto en la sociedad contemporánea: las desigualdades sociales y la brecha digital, el sesgo de los algoritmos, las *fake news*, la cultura de la cancelación, el poder que tienen la violencia mediática y los discursos de odio en la salud mental y espiritual de las personas y en la convivencia social. Al imaginar los escenarios más extraños, cada episodio logra provocar profundas reflexiones sobre el uso y el abuso de la tecnología y el dilema actual de la búsqueda de sentido de la humanidad.

Al día de hoy, *Black Mirror* cuenta con seis temporadas y 27 episodios, además de un especial y una película interactiva. La serie creada por Charlie Brooker explora una diversidad de géneros, desde la distopía, el thriller y la ciencia ficción, hasta el drama psicológico y la comedia romántica. Cada capítulo es autónomo, al estilo de *The Twilight Zone*. Nos presenta a personajes complejos, profundamente humanos, a menudo emocionalmente rotos, que deben enfrentar situaciones extremas en su búsqueda de aceptación, amor, compañía y trascendencia.

A quienes nos encantan las series distópicas, *Black Mirror* nos atrapó. Sus escenarios de desarrollo tecnológico, situados en un futuro peligrosamente cercano, retratan la forma como las relaciones, la identidad y las dinámicas de poder se ven alteradas al vivir en un mundo cada vez más digital. Cada episodio es un microcosmos de dilemas contemporáneos. "The National Anthem", de la primera temporada, es una sátira política, una crítica a la realidad mediatizada, frívola y espectacularizada al punto de naturalizar el morbo. "Be Right Back", de la segunda temporada, se sumerge en la posibilidad de que una inteligencia artificial "resucite" a una persona fallecida; al hacerlo, toca temáticas profundas, como el duelo y la presencia digital *post mortem*. Algo similar se aborda en un capítulo de la tercera temporada, "San Junipero", que examina el deseo humano de trascendencia y la posibilidad de trasladar la conciencia para obtener una vida eterna. "Nosedive" muestra un mundo en el que el estatus de las personas, determinado por un sistema de calificaciones basado en las interacciones sociales, define el acceso a ciertos privilegios y modos de vida, reflejando las presiones y la hipocresía a la que las redes sociales pueden llevarnos.

___
9. Cf. Ibíd., p. 222.

"Hated in the Nation" es una reflexión intensa sobre la forma en que el odio circula en Twitter y cómo la cultura de la cancelación puede tener efectos devastadores en la vida real. "Arkangel", de la cuarta temporada, muestra cómo el cuidado obsesivo de una madre controladora puede llegar a dañar seriamente la vida de su hija. Y "Joan Is Awful", de la sexta temporada, habla de cómo las plataformas de contenido no tienen escrúpulos en invadir la privacidad y usar frívolamente los datos de sus usuarios con el fin de espectacularizar la vida y generar beneficio económico.

Para hacer su crítica social, cada capítulo de *Black Mirror* utiliza la premisa "qué pasaría si". Bajo ese esquema, situaciones cotidianas y conocidas, casi siempre ligadas al uso de la tecnología, son llevadas a escenarios extremos. La metarreflexión de los creadores es que la tecnología no es en sí misma el asunto: el problema central es el ser humano que usa la tecnología. De ahí viene el nombre de la serie: es como una metáfora del "espejo negro" con el que las pantalla de celulares, computadoras y televisores nos devuelven la imagen de nosotros mismos.

Black Mirror crea un imaginario de luces y sombras en relación con la tecnología. Es un abanico de aspectos positivos y peligros inminentes que explora tanto los anhelos más esenciales de la humanidad como los aspectos más oscuros de nuestra psicología. Afirmar que la tecnología, internet y las redes no son un mal en sí mismo, sino que son un reflejo del corazón humano, es algo sorprendentemente cercano a la enseñanza de Jesús: lo que nos contamina no es lo que entra en nosotros, sino lo que sale de nosotros.

Si creemos que el Evangelio nos invita a encarnar la Buena Noticia en nuestro contexto y además entendemos que internet no es el enemigo ni una mera herramienta, sino un espacio en el que vivimos actualmente, ¿cómo podemos ser testigos en este territorio virtual? ¿De qué manera podemos relacionarnos con la tecnología, internet, las redes sociales y la inteligencia artificial de un modo más consciente mientras llevamos la luz del Evangelio a lo alto de la colina digital?

Apuntes para una pastoral digital

Cuando el apóstol Pablo visitó la ciudad de Atenas, utilizó esa oportunidad para presentar a los atenienses a un Dios aún desconocido para ellos. Su astucia espiritual y su capacidad para ser un testigo del Evangelio en un entorno que podría resultarle extraño y hostil nos inspira al acercarnos al nuevo mundo que ha abierto internet en nuestra sociedad.

Nuestro llamado, como cristianos, es el de ser cartas abiertas de Cristo, escritas por el Espíritu del Dios viviente (2 Co. 3:2-3). Ser testigos del Evangelio significa que todas nuestras prácticas —incluidas aquellas relacionadas con la tecnología y las redes sociales— deben poner en evidencia a Cristo. «El testimonio digital se va convirtiendo cada vez más en "dar razón de la esperanza"»[10]. Internet es un ambiente cultural que necesita con urgencia de personas que amen a Dios y a su prójimo, y que aprendan a acoger y escuchar las inquietudes, anhelos, tristezas y esperanzas de sus semejantes.

El Evangelio de Jesús no puede ser un mensaje más entre la marea de opciones y voces. Tampoco puede ser una mercancía de fe que se consume a medida en el mercado de bienes religiosos. La fe cristiana da sentido y plenitud, desafía, confronta y humaniza al ser humano. Más que sumarnos belicosamente a las batallas culturales, el Señor nos anima a escuchar al ser humano en búsqueda y responder desde la humilde, pero poderosa convicción del testimonio cristiano.

Nuestras comunidades de fe necesitan tomarse el tiempo para reflexionar acerca de cómo acompañar las vocaciones, los desafíos y la existencia misma de los creyentes de hoy en el mundo digital. Debemos asumir que el mundo se ha expandido y que cada individuo refleja no solo un fragmento de la pluralidad que existe en nuestras sociedades contemporáneas, sino también un pedazo de la imagen de Dios.

Las redes sociales no pueden ser vistas únicamente como distracciones demoníacas o herramientas para acumular información, realizar propaganda o comercializar una experiencia religiosa. Si afirmamos que tenemos una fe viva, debemos animarnos a trascender esos reduccionismos. La invitación de Jesús a ser sal y luz debe encontrar su cumplimiento también en los confines digitales de nuestro mundo posmoderno.

Las nuevas generaciones —inmersas en narrativas transmedia que conectan los mundos digitales con su experiencia cotidiana— se muestran escépticas ante las teologías que demonizan internet, las redes sociales y la tecnología en general. Los discursos que se centran en la desconfianza y el temor hacia estos medios solo generan disonancia cognitiva, emocional y espiritual en los creyentes. Esta postura es insostenible a largo plazo, ya que fomenta una dualidad irreconciliable entre las experiencias reales que viven los nativos digitales y aquello que se les dice que deberían vivir.

---

10. Spadaro, 2014, p. 55.

Aunque es cierto que existe en el mundo mucha oscuridad canalizada a través de tecnológicos *espejos negros*, nunca debemos olvidar cuál «es el mensaje que oímos de Jesús y que ahora les declaramos a ustedes: Dios es luz y en él no hay nada de oscuridad» (1 Jn. 1:5). Incluso en una sociedad de la transparencia como la que describe Byung-Chul Han, donde se nos impulsa a una conexión/desconexión constante y donde las relaciones pueden ser frívolas y superficiales,[11] es imperativo que resistamos a la tiranía del algoritmo. Ni la virtualidad ni la cotidianidad deberían ser espacios en los que únicamente interactuamos con aquellos que piensan y son como nosotros. Ser seguidores/as de Jesús que habitan el ciberespacio es una invitación a abrazar la profundidad del llamado evangélico: amar incluso a nuestros enemigos. Amar como ama Dios.

Bibliografía

Campbell, H. (2010). *When Religion Meets New Media*. Routledge.

Campbell, H. & Garner, S. (2016). *Networked Theology: Negotiating Faith in Digital Culture*. Baker Academic.

Castells, M. (2008). Creatividad, innovación y cultura digital. Un mapa de sus interacciones. *Revista Telos: Comunicación e Innovación*, 77.

Cooper, T. W. (2022). *The Digital Evangelicals: Contesting Authority and Authenticity After the New Media Turn*. Indiana University Press.

El Popular. (23 de enero de 2023). *Pastor asegura en plena misa que los tiktokeros estarán en el infierno*. https://elpopular.pe/virales/2023/01/22/tiktok-viral-pastor-dice-tiktokeros-arderan-infierno-0

Fuchs, C. (2014). *Social Media: A Critical Introduction*. Sage Publications.

Han, B.-C-. (2013). *La sociedad de la transparencia*. Herder.

Instituto Superior de Pastoral Universidad Pontificia de Salamanca. (2022). *El desafío de la revolución digital a la Iglesia*. Editorial Verbo Divino.

Jay, M. (2003). *Campos de fuerza. Entre la historia intelectual y la crítica cultural*. Editorial Paidós.

Jay, M. (2007). *Ojos abatidos. La denigración de la visión en el pensamiento francés del siglo xx*. Editorial Akal.

Jesús, F. A. de. (2021). *Internet y vida contemplativa: Cómo hacer que tu espiritualidad sobreviva en la era digital*. PPC.

Lévy, P. (1999). *¿Qué es lo virtual?* Editorial Paidós.

---

11. Cf. Han, 2013.

Mitchelstein, E. (19 de diciembre de 2018). Peligros y placeres del consumo irónico. *Revista Anfibia*. https://www.revistaanfibia.com/peligros-y-placeres-del-
consumo-ironicos/

Pérez, G.; Aguilar, A. & Guillermo, M. A. (2014). El meme en internet. Usos
sociales, reinterpretación y significados, a partir de Harlem Shake. *Argumentos*, año 27, número 75, UAM-XOCHIMILCO.

Spadaro, A. (2014). *Ciberteología. Pensar el cristianismo en tiempos de la red*. Editorial Herder.

LEGIÓN
Una respuesta pastoral a la deformación de "persona" en redes sociales

Shealtiel Durán[1]

Legión es una serie de televisión creada por Noah Hawley. Cuenta con tres temporadas y un total de veintisiete episodios (transmitidos entre 2017 y 2019).[2] Legión —cuyo verdadero nombre es David Haller— es un mutante de nivel Omega (los más poderosos en el Universo Marvel). Es, además, hijo de Charles Xavier, el líder de los X-Men.

Legión sufre de trastorno disociativo de la identidad, de allí su alias; esta es, por supuesto, una alusión al texto de los evangelios (Mt. 8:28-34; Mc. 5:1-20; Lc. 8:26-39), donde se narra la acción misericordiosa de Jesús al liberar a un hombre poseído por varios demonios, quien se presenta con el nombre de "Legión".[3]

---

1. Shealtiel Durán —"Shel" para los amigos— nació en la Ciudad de México en 1982. Es licenciado en Teología por el Seminario Teológico Centroamericano de Guatemala y también por la Universidad Madero de Puebla, México. Es docente invitado en diversas instituciones académicas, dirige el programa Clases de Biblia & Teología y sirve como pastor en la Iglesia Sanctorum Communio en Coyoacán, Ciudad de México. Ha publicado varios ensayos y cuatro libros: *Manual para la interpretación bíblica* (2019), *Dogmática para todo cristiano* (2019), *Traduttore, traditore? Nociones de traducción bíblica* (2020) y *Cómo leer y profundizar en el Credo que confesamos* (Editorial CLIE, 2023). Le gustan los clásicos de rock de los 60' y 70', los cómics de Marvel y los de Art Spiegelman, el universo *Star Wars*, series como *Breaking Bad* y *Band of Brothers*, y películas como *Gladiador* y *Joker*. Casi hizo una carrera como jugador profesional de fútbol, pero se lastimó la rodilla. Se divierte grabando videos para su canal de YouTube (Creer, conocer, confesar), dibujando, jugando PlayStation y leyendo con sus pequeños hijos.

2. La serie está basada en los cómics de Marvel. Legión fue creado por Chris Claremont y Bill Sienkiewicz y apareció por primera vez en el número 25 de *The New Mutants* en 1985.

3. Curiosamente, según el evangelio según san Mateo, había dos hombres endemoniados y no uno; esta diferencia se suele explicar afirmando que «si Mc-Lc presentan en escena uno solo, no excluyen la existencia del otro» (De Tuya, 1971, p. 495).

A lo largo de las tres temporadas de *Legión* hay varias cápsulas —como la que analizaremos en estas páginas— que se desarrollan de manera independiente a la trama de la serie y abordan cuestiones filosóficas. El octavo episodio de la segunda temporada presenta una problemática surgida de las redes sociales y el mundo digital en torno a la noción de "persona". En este ensayo examinaremos la escena en cuestión a la luz de la antropología bíblica y la filosofía; al final, propondremos algunas reflexiones sobre la pastoral de la juventud en nuestras comunidades de fe iberoamericanas.

Nuestro episodio nos plantea la pregunta ancestral sobre qué es la realidad y cómo se la puede comprender. David Haller, batallando con su enfermedad, trata de entender quién es él y cuál es la verdadera realidad en la que se encuentra. El narrador introduce la escena con un título sugerente: "El delirio más grande de todos: La idea de que las otras personas no importan".

La escena inicia con la alegoría de la caverna, conservada por Platón (c. 427-347 a. C.) en el libro VII de *La República*.[4] La alegoría —desarrollada en un diálogo entre Sócrates (maestro de Platón) y Glaucón (su hermano mayor)— habla de una caverna donde viven personas encadenadas de cara a una pared. No pueden voltearse ni salir; así han vivido desde su infancia. A sus espaldas hay un camino y, cruzándolo, una fogata. Por el camino pasan personas que llevan diferentes objetos y algunas platican entre sí. La luz del fuego proyecta las sombras en la pared de la caverna, de manera que, quienes se encuentran encadenados, consideran que aquellas sombras emiten las voces y son la realidad misma.[5]

Para la filosofía platónica, esta alegoría es muy valiosa, ya que expone sus puntos clave. Primero, porque es una teoría del conocimiento en la que la idea prima sobre los sentidos. Puesto que estos pueden ser engañosos y no podemos fiarnos de ellos, la razón ha de evaluar lo que se experimenta para poder así discernir la realidad.

Segundo, porque expone el dualismo, que ve el mundo invisible (el de las ideas) como superior al mundo visible, sensible, de la materia. Este último es percibido negativamente, ya que impide la correcta comprensión de las cosas. Incluso el cuerpo es entendido en la filosofía platónica como cárcel del alma. Por medio de la razón y a través del conocimiento, el alma debe liberarse de esa prisión que abona su ignorancia. El mundo sensible, aquel que captamos por los sentidos, es *sombra* (σκιὰ) de la realidad. Este

---

4. Cf. Platón, 2004, pp. 259-296.
5. Cf. Ibíd., pp. 259-260.

concepto aparece con toda claridad en la alegoría: la sombra no es la realidad, sino que apunta hacia ella.[6]

En tercer lugar, porque establece la labor del filósofo. Es aquel que, después de haberse liberado por vía del conocimiento y de haber comprendido la realidad más claramente tras salir con gran esfuerzo de la cueva, debe volver a los suyos para guiarlos afuera y educarlos, a pesar de que muy probablemente lo rechacen y lo tengan como un loco. Esa es la tarea del filósofo en *La República*.

Ahora bien, la novedad que presenta el episodio de *Legión* es que modifica la alegoría para evidenciar una gran problemática de las nuevas generaciones inmersas en el mundo digital. Después de presentar la situación en la que una persona logra salir de la caverna, el narrador dice: «Ahora, ¿qué sucedería si en lugar de estar en una cueva, estuvieras en el mundo, excepto que no pudiste verlo?»; mientras está hablando, aparecen en escena hombres y mujeres que revisan sus teléfonos celulares, específicamente, sus redes sociales. El narrador continúa:

> Pero hay una diferencia. Verás, de manera distinta a la alegoría de la cueva, donde las personas son reales y las sombras son falsas, aquí las otras personas son las sombras, sus rostros, sus vidas. Este es el delirio de los narcisistas, que creen que solo ellos son reales. Sus sentimientos son los únicos que importan, porque todos los demás son sombras y las sombras no sienten. Pero, ¿y si todos vivieran en cuevas? Entonces nadie sería real, ni siquiera tú. A menos que un día te despertaras y salieras de la cueva. ¿Cuán extraño se vería el mundo después de toda una vida de mirar las sombras?

¡Qué manera brutal de plantear el problema! El resto de la breve escena desarrolla el punto mostrando situaciones típicas de las redes sociales:

a. El debate en cuanto a qué es la realidad o cuál es la verdad, representado en el disenso por una imagen; esto también puede suscitarse por la publicación de una opinión personal o por compartir alguna noticia de índole social o política.

---

6. Esta noción es retomada en el Nuevo Testamento al hablar de ciertas prácticas establecidas por la ley de Moisés y el culto sacerdotal como *sombra* de la realidad. Colosenses 2:17 habla en esos términos del Cuerpo de Cristo —es decir, la Iglesia—, mientras que Hebreos 8:5 explica de esa manera la obra salvífica de Jesucristo. Esto demuestra el alcance de esta noción en la interpretación tipológica judeocristiana.

b. El *cyberbullying* o ciberacoso, definido como
   la agresión intencional repetida de un individuo o grupo hacia
una víctima que no puede defenderse, mediante formas electró-
nicas de contacto. Las acciones de ciberacoso pretenden destruir
la dignidad y la moralidad de la víctima, con la participación de
uno o varios cómplices. Quien agrede mediante ciberacoso pretende hacer creer a su víctima que merece el acoso debido a sus
errores.[7]

c. El *trolleo*, o sea, la «acción de intimidar, desafiar, perjudicar, criticar,
insultar y sacar de sus casillas al objetivo de la agresión»[8], general-
mente desde el anonimato.

d. La suplantación de identidad o la invención de una persona totalmente distinta. Es común que los usuarios de las redes sociales se
"reinventen" a sí mismos a partir del contenido que publican o de
los filtros que emplean para modificar su foto de perfil. Esto puede
ser realizado de manera totalmente lúdica, sin malicia, o puede uti-
lizarse con la finalidad de obtener algún beneficio, incluso a costa de
estafar a otros.[9]

A esta lista de problemáticas podríamos agregar otras (algunas con consecuencias legales) como:

- El *scrolling*: la práctica de pasar tiempo considerable, a veces horas y
de manera adictiva, visualizando video tras video.
- El *ghosting*: una persona corta de manera abrupta y sin dar explicaciones todo tipo de contacto con su pareja en redes sociales o aplicaciones de citas en línea (el término también se emplea cuando lo
mismo ocurre con amistades o familiares).
- El envío de autograbaciones audiovisuales pornográficas para seducir o lastimar la consciencia de la víctima.

---

7. Prieto & Carrillo, 2019.

8. Ibíd.

9. Varios casos de este último punto han sido llevados recientemente a la pantalla. El documental *Untold: The Girlfriend Who Didn't Exist* (2022) cuenta la historia del futbolista de la NFL, Manti
Te'o, engañado por Naya Tuiasosopo. *The Tinder Swindler* (2022) relata el caso del estafador Shimon
Heyada Hayut (más conocido como Simon Leviev), que se aprovechó de varias mujeres haciéndose
pasar por un millonario. Anna Sorokin, quien vivió entre las élites neoyorkinas alegando ser una rica
heredera rusa, fue retratada en la miniserie *Inventing Anna* (2022).

- El "porno por venganza", que consiste en hacer públicas grabaciones de relaciones sexuales sin la autorización de todas las personas involucradas.[10]
- La adicción a las redes sociales. El Dr. Gabor Maté habla en estos términos del fenómeno:

  Paradójicamente, Facebook no es exitoso porque funcione tan bien, sino exactamente por la razón opuesta: no funciona. El apego nunca se detiene, la búsqueda de cercanía nunca se sacia. Como astutamente ha dicho el médico e investigador Vincent Felitti, "es difícil obtener lo suficiente de algo que casi funciona". El hambre de apego de nuestra juventud enganchada con el internet es insaciable y, por lo tanto, adictivo. Investigadores han encontrado cambios en la bioquímica y en la materia blanca de los cerebros de adictos al internet, parecidos a los que ocurren en los cerebros de las personas con dependencia de substancias a drogas o alcohol.[11]

En el mismo estudio, el doctor Maté expone algunos datos estadísticos sobre el uso del internet en Estados Unidos.[12]

- Para el 2010, 73% de los adolescentes ya era miembro de alguna red social.
- El 90% de los niños y adolescentes de entre 8 y 16 años han visto pornografía en línea.
- El uso de internet es del 100% entre personas de 12 a 25 años.
- El 25% del tiempo en línea es empleado buscando interacción.
- Usuarios de 8 a 18 años pasan en promedio 10 horas y 45 minutos al día usando dispositivos digitales.
- Los usuarios de Facebook de entre 18 y 34 años están activos en la red minutos después de haberse despertado (la mayoría incluso antes de levantarse de la cama).

---

10. Para tratar este asunto judicialmente, se han desarrollado en México un conjunto de reformas legislativas conocidas como "Ley Olimpia"; el nombre proviene del caso de una joven del Estado de Puebla que sufrió este tipo de ciberviolencia. Cf. Secretaría de las mujeres, 2017.

11. Cf. Neufeld & Maté, 2006, especialmente el capítulo 19 de la sexta parte, titulado "The Digital Revolution Bent Out of Shape", que forma parte de una actualización del libro y puede leerse en línea en el sitio web del Dr. Maté: https://drgabormate.com/wp-content/uploads/2015/04/hold-on-to-your-kids-digital-chapters.pdf. Allí se cita un artículo de Fuchu (2012) donde se muestran imágenes de cerebros de adolescentes con desorden de adicción a internet (IAD, por sus siglas en inglés).

12. Ibíd. Léase todo el capítulo 19 para una perspectiva más amplia.

• Un estudio realizado a 2 200 madres de niños de entre 2 y 5 años en países del primer mundo (Estados Unidos, Canadá, la Unión Europea, Japón, Australia y Nueva Zelanda) muestra que el 58% de los niños sabía jugar un juego básico de computadora, 19% podía jugar con una aplicación en el teléfono celular y 25% podía abrir un buscador.

Las implicaciones de este tipo de problemáticas trascienden el ciberespacio. Aplicar una perspectiva dualista (como la de la filosofía platónica) para distinguir la vida virtual y la vida real es no solo erróneo, sino también una distorsión de la realidad. Ese es el punto que intenta afirmar la escena de *Legión*. El nuevo mundo en el que vivimos —gobernado por el individualismo, el consumismo, lo lúdico y el espectáculo[13]— presenta dificultades nuevas con las que aún debemos aprender a lidiar.

El ámbito cristiano, por supuesto, no está exento de todo esto. Se observa incluso que estos fenómenos pueden agravarse debido a algunas dicotomías esenciales que se han ido arraigando en la cosmovisión evangélica: *espíritu/cuerpo-materia*, *Iglesia/sociedad-mundo*, *tiempo presente/futuro escatológico*. Desde esta perspectiva, el espíritu es visto como más importante que el cuerpo (nótese la estrecha relación de este concepto con la perspectiva platónica). La sociedad o el mundo en general son vistos con desprecio o desinterés; toda la praxis de la fe se restringe al interior de una Iglesia aislada de su contexto sociopolítico. Algunos se conforman con padecer aquí y soportar cualquier injusticia sin intentar impactar en su entorno mediante la práctica de justicia que la fe exige, mientras esperan que "el rapto" o la Parusía sucedan; otros, por el contrario, confunden la Iglesia con el reino de Dios y buscan imponerse a través de legislaciones políticas, lo que fortalece la vinculación Iglesia-Estado que tanto ha dañado a nuestros países latinoamericanos en las últimas décadas.[14]

Todo esto se combina con las dificultades que el ciberespacio trae aparejadas. Por ejemplo: en los últimos años se ha desarrollado un movimiento "apologético digital". Cualquiera crea su propia figura en la red como "apologista"; el fin es refutar todo lo que considere incompatible con su fe en una actitud a menudo recalcitrante, que denosta y se burla de los no creyentes. Habitualmente, los autoproclamados "apologistas" no cuentan con una formación académica seria —ni en teología ni en otras ramas del

---

13. Cf. Berzosa, 2006, pp. 23-25.

14. Al respecto, véase el excelente artículo de Hedilberto Aguilar de la Cruz (2019).

saber—, pero sí conocen y practican muy bien las dicotomías evangélicas recién mencionadas.

Por todo ello, es urgente una pastoral que pueda abordar estas cuestiones sin dicotomías, comprendiendo que la vida cristiana es una sola. En palabras de Berzosa, «la Iglesia, lejos de sucumbir ante el vértigo de no poder controlar experiencias y contenidos, ha de considerarse como un artista creativo de la fe en la esfera mediática»[15].

La antropología bíblica puede ofrecer aportes fundamentales para comprender estas problemáticas. A continuación, compartimos una guía esencial sobre el tema que puede ser un punto de partida para despertar la creatividad:

1) El ser humano es un ser integral. Génesis 2:7 retrata la creación del ser humano a partir del polvo de la tierra y el aliento de vida. Esa vinculación es la que lo constituye en un ser viviente: el hombre formado del polvo, a través del תמשׁנ םייח [aliento de vida], se convirtió en un שׁפנ היח [ser viviente].[16] La acción presentada aquí es simultánea, como explica Delitzsch: no se puede decir que fue una serie de pasos —como si primero existiera la figura humana moldeada y luego viniera el soplo—, sino que sucede al mismo tiempo.

2) No encontramos aquí una noción dualista en la que un aspecto tiene mayor importancia o valor que el otro. La corporalidad, lo anímico, lo intelectual y lo volitivo son vistos de manera positiva, como algo enteramente bueno.

3) Además, como expresa von Balthazar, «nótese que no distingue aquí entre *cuerpo* y *alma*, sino de modo más realista entre *cuerpo* y *vida*. El divino aliento de vida que se une a lo material hace del hombre un "ser vivo", tanto en el aspecto físico como en el psíquico. Esta vida procede directamente de Dios»[17]. La idea del cuerpo como cárcel del alma, típica de la antropología platónica, es superada desde la antropología bíblica.

4) La creación del ser humano en el relato bíblico expone también que somos seres sociales. El hecho de que Adán se encontrara solo es la primera cosa "no buena" del relato (Gn. 2:18). Dios, que conoce

---

15. Berzosa, 2006, p. 48.

16. Keil & Delitzch, 2008, p. 51.

17. Citado en Von Rad, 2008, p. 90.

mejor que el mismo Adán su necesidad, forma de su costado a la mujer (vv. 21-22), lo que implica la comunión entre dos seres distintos. Adán se alegra al conocer a Eva, «hueso de mis huesos y carne de mi carne» (v. 23). Se encuentra aquí plasmada la necesidad de "conectar" unos con otros, esencial para la vida en comunidad y la existencia misma del núcleo social.

5) Con la desobediencia del ser humano a la Palabra de Dios (cap. 3), esa existencia se fractura; la comunión con Dios se rompe (vv. 9-10), al igual que la relación entre varón y mujer (la comunión social; v. 12) y el vínculo con el resto de la Creación (v. 13). El pecado es la ruptura de la comunión, una fragmentación del ser.

6) Cristo es, por supuesto, un elemento crucial de la antropología cristiana. Por su obra salvífica, Jesucristo lleva nuestra humanidad con Dios; en palabras de Barth, «Cristo, como portador de la humanidad, como representante nuestro, está ahora allí donde está Dios. Nuestra carne, nuestra naturaleza humana, está con él exaltada hasta Dios. Éste es el fin de su obra: ¡nosotros con Él allá arriba!, ¡nosotros con él junto a Dios!»[18]. Y no solo hablamos de su obra redentora, sino también del hecho de que se hizo carne, de su ministerio (registrado a lo largo de los Evangelios) en el contexto sociocultural del siglo I y de su resurrección de entre los muertos.

7) La nueva vida en Cristo se expresa de múltiples maneras, y de forma especial en la vinculación estrecha como miembros los unos de los otros en el Cuerpo de Cristo (1 Co. 12): una unión indisoluble, fruto del Espíritu Santo.

Estas breves consideraciones ofrecen herramientas para abordar la pastoral y el cuidado pleno del ser humano. Ya la Misión Integral notó esta realidad en América Latina en la década de los sesenta,[19] pero es necesario actualizar sus implicaciones a la coyuntura digital en la que nos encontramos. Afirmar, por ejemplo, no solo que no existe una vida cristiana y otra secular, sino que tampoco hay una vida real y otra virtual. La existencia de los creyentes ha de ser congruente en todo ámbito.

Tenemos una sola vida (que ahora se proyecta también en espacios digitales). Las problemáticas de las redes sociales no son meramente virtuales, sino que tienen repercusiones tangibles, reales; son también el resultado de problemas más profundos del ser. La comprensión de nuestra existencia

---

18. Barth, 2000, p. 146.

19. Cf. Padilla, 2006.

como seres integrales debe exhortarnos a tomar muy en cuenta los aportes de otras ciencias que nos permiten abordar holísticamente estos asuntos —incluida la psicología y, especialmente, las neurociencias del comportamiento—. La pastoral requiere actualizarse en estos temas.

Ser conscientes de las problemáticas subyacentes no significa satanizar el uso de las redes sociales ni de internet. El espacio digital es el ágora contemporáneo, un lugar donde el creyente puede y debe mostrar su fe y su praxis de manera coherente.

Cierro estas ideas con algunas reflexiones prácticas:

- No permitas que las redes sociales fragmenten tu vida en una carrera por los *likes* o el número de seguidores. Eso es solo un síntoma de una problemática más profunda. Si consideras que hay algo que es necesario tratar, acércate a un buen psicólogo que pueda orientarte. Las ciencias de la salud pueden proveer una ayuda fundamental para nuestro bienestar.
- Si eres padre o madre de niños, adolescentes o jóvenes, considera el tiempo que pasan en internet y en redes sociales. Como su tutor/a, tienes la responsabilidad de tomar medidas para su cuidado: restringir el tiempo en línea, supervisar con controles parentales las aplicaciones y los dispositivos utilizados, etc. Sobre todo, debes *estar* allí para ellos. Lo que buscan en redes sociales es conectar con otros; el tiempo invertido allí es proporcional a aquello de lo que carecen, es decir: lo que no encuentran en sus relaciones —ya sea familiares, en la escuela o con vecinos e iglesia— es lo que buscan en TikTok o Instagram. Tristemente, no lo encontrarán allí tampoco. Esfuérzate en pasar tiempo de calidad con ellos, platica sobre su día, lee libros con ellos, salgan a dar un paseo por el parque, practiquen algún deporte, jueguen un juego de mesa juntos.
- Líderes eclesiales: acérquense a sus niños, adolescentes y jóvenes. Fomenten y desarrollen la confianza, tanto de padres como de hijos, para que sepan que pueden contar con su apoyo. Se pueden organizar conferencias para toda la iglesia al respecto, y si no se domina la temática, se puede invitar a especialistas.
- Es menester crear oportunidades para que los niños, adolescentes y jóvenes estrechen vínculos saludables en un ambiente seguro. ¡La Iglesia puede ser precisamente ese espacio de comunión! Es en la Iglesia del Señor Jesucristo donde podemos realmente *ser*, con nuestras virtudes, carencias y pecados, un espacio de acogida gracias a la obra de Cristo a nuestro favor en la cruz.

No dejes que la vida se escurra frente a la pantalla, que se fragmente en pedazos incompatibles, como *Legión*, ni sea prisionera de una caverna de algoritmos. Hemos sido llamados de las tinieblas a su luz admirable para anunciar, incluso en el ámbito digital, sus virtudes: lo que Él es y lo que ha hecho (1 P. 2:9).

En Cristo estamos completos (Col. 2:9 ss.). Vivamos esa vida de manera plena.

Bibliografía

Aguilar de la Cruz, H. (2019). Dominionismo: La corriente evangélica que compite por el poder político y económico en América Latina. *Religiones Latinoamericanas Nueva época*. No. 3: *La perspectiva del creyente*. Enero-junio. Pp. 39-64.

Barth, Karl. (2000). *Esbozo de Dogmática*. Sal Terrae.

Berzosa, R. (2006). *Transmitir la fe en un nuevo siglo. Retos y propuestas*. Desclée De Brouwer.

De Tuya, M. (1971). *Biblia comentada. V. Evangelios*. Biblioteca de Autores Cristianos.

Fuchu, L. et. al. (2012). *Abnormal White Matter Integrity in Adolescents with Internet Addiction Disorder: A Tract-Based Spatial Statistics Study*. PloS ONE. www.plosone.org/article/info%3Adoi%2F10.1371%2Fjournal.pone.0030253

Keil, C. F. & Delitzch, F. (2008). *Comentario al texto hebreo del Antiguo Testamento. Pentateuco e Históricos*. Tomo I. Editorial CLIE.

Neufeld, G. & Maté, G. (2006). *Hold On to Your Kids*. Ballantine Books.

Padilla, R. (2006). *¿Qué es la misión integral?* Ediciones Kairós.

Platón. (2004). *La República*. Grupo Tomo.

Prieto, M. T. & Carrillo, J. C. (2019). *Cyberbullying en las redes sociales. Metamorfosis de la violencia tradicional*. Ciencia y Desarrollo. https://www.cyd.conacyt.gob.mx/?p=articulo&id=322

Secretaría de las mujeres. (2017). *Manual de contenidos. Laboratorio de análisis multidisciplinario sobre Ley Olimpia*. Gobierno de la Ciudad de México. https://semujeres.cdmx.gob.mx/storage/app/media/ViolenciaDigital/Manual_Contenidos_Lab_Ley_Olimpia.pdf

Von Rad, G. (2008). *El libro del Génesis*. Ediciones Sígueme.

BELLEZA QUE ILUMINA
Selfis, cine y vocación cristiana

Jonathan Hanegan[1]

> Los hombres que adaptan su verdadero deseo a las formas existentes
> de la sociedad se parecen a un ser que ha recibido alas para volar y
> las usa para caminar mejor.
>
> *Andréi Bély*

Los seres humanos fuimos creados para vivir en íntima comunión con la
Trinidad. Dios nos invita a través de su Hijo y por el poder del Espíritu
Santo a experimentar su naturaleza divina a diario. Con todo, vivimos en
un mundo que exige nuestra atención; si la vocación humana tiene que
ver con reflejar la belleza divina, tendremos que discernir cuáles imágenes nos remiten a la realidad del reino y cuáles colaboran con nuestra deshumanización.

Desde hace miles de años, los seres humanos buscan maneras artísticas
para plasmar su propia imagen en paredes, piedras, lienzos y, más recientemente, fotografías. En la Antigua Roma, los ricos hacían decorar sus
villas con retratos que demostraban lo que hacían en su tiempo de ocio. En
Europa, solían retratar a los ricos con sus joyas y hasta con sus esclavos para

---

1. Jonathan Hanegan nació en Denver, Colorado, Estados Unidos, en 1984. Tiene una Licenciatura en Español y Teología por la Oklahoma Christian University, una Maestría en Teología por la
Abilene Christian University y una Certificación en Estudios cristianos ortodoxos por el Institute for
Orthodox Christian Studies de Cambridge (Reino Unido). Es pastor de la Iglesia de Cristo Redentor,
fundador del Taller Teológico Latinoamericano y profesor de la Escuela Digital de Teología. Ama
la música clásica de Tchaikovsky, Vivaldi y Mahler, y la música coral de Arvo Pärt y Voces8, entre
otros. Es amante de la poesía moderna de Eliot y Auden y de la literatura rusa. Cuando era niño
fingía leer el Nuevo Testamento en griego y dirigir orquestas sinfónicas desde su cama con una
batuta imaginaria.

que el público supiera cuánto dinero tenían. Hoy la representación visual ya no es una prerrogativa de los ricos y poderosos; con la fotografía digital, la imagen se ha democratizado.

Fotografiarse es una manera de resistir lo efímero de la vida, una forma de detener el tiempo y conservar un momento pasajero para la posteridad. Las imágenes pueden evocar recuerdos y celebrar momentos, traer a la memoria grandes tristezas y dolores o anécdotas que alegran el alma. Hace treinta o cuarenta años, la cantidad de fotografías de las que alguien podía disponer dependía de su economía; las fotos se tomaban y revelaban con mucho cuidado. Hoy pareciera que las posibilidades son infinitas. De hecho, la mayoría tenemos la costumbre de aprovechar la generosidad de la tecnología para hacer cinco o seis tomas cada vez que posamos. En el caso de los padres, esto suele ser una forma de asegurar que todos sus hijos tengan los ojos abiertos en el momento de la captura. Pero para muchos jóvenes (y no tan jóvenes también), la cantidad de disparos refleja algo más profundo: la ansiedad por lograr una imagen idealizada.

¿Qué onda con las selfis?

La mayoría de los retratos actuales son esos autorretratos a los que llamamos *selfis*. Las selfis, según Juan Martín Prada, sirven para socializar. Muy pocas personas se sacan una selfi para guardarla en el baúl de los recuerdos; más bien, son imágenes que socializan relaciones, ideas e intenciones. Las fotos que compartimos con los demás dicen mucho sobre la imagen personal que queremos proyectar.[2]

Cuando construimos un perfil en las redes sociales, diseñamos un espacio que nos representa —o, al menos, representa la persona que quisiéramos ser para los demás—. En la era de la imagen, mostrar la mejor cara es fundamental. Por eso, muchos sentimos ansiedad al elegir las fotos que nos van a representar; nuestra imagen es nuestra tarjeta de presentación.

Si los retratos de antaño eran laboriosos, costosos y diseñados para perdurar en el tiempo, ahora las selfis están destinadas a agotarse en poco tiempo. Byung-Chul Han dice que la fotografía analógica, precursora de la fotografía digital, estaba enamorada de la realidad y servía en sí misma

---

2. Prada, 2018, p. 83.

como un acto de presencia. En cambio, la fotografía digital que hace posible innumerable cantidad de selfis es, según el filósofo, «mera apariencia»[3]:

> El rostro humano vuelve a conquistar la fotografía en forma de selfis. La selfi hace de él una *face*. Las plataformas digitales como Facebook lo demuestran. A diferencia del retrato analógico, la selfi se carga hasta reventar de valor de exposición. El valor de culto desaparece por completo. La selfi es la cara exhibida sin aura. Le falta esa belleza "melancólica". Se caracteriza por una *alegría digital*.[4]

No creo que las selfis vayan a acabar con los retratos tradicionales ni con el arte, pero sí me preocupa que su fugacidad y vanidad nos pasen desapercibidas. Nadamos en un mar de imágenes superficiales: sonrisas forzadas, situaciones fingidas, publicidades baratas y citas mal escritas con imágenes sacadas de contexto.

Si los retratos del pasado procuraban proyectar algo más allá de la mera información, la selfi es, según Byung-Chul Han, pura información: una *no-cosa* porque carece de historia, contexto y posibilidad de perpetuarse en el tiempo.

Una teoría de la imagen

La mayoría de las imágenes que transitan hoy en las redes sociales carecen de esa aura que podría despertar nuestros deseos más profundos. Por eso suelen convocar, con poca potencia, pero bastante eficiencia, nuestros deseos más bajos. En otras palabras, la mayoría de estas imágenes sirven para vender, convencer, crear empatía, criticar, sacarnos una risita o despertar nuestro deseo sexual. De las incontables imágenes que se deslizan por nuestras pantallas, muy pocas son capaces de hacernos reflexionar sobre las cuestiones últimas de la vida: el origen de todas las cosas, qué es el bien y qué es el mal, qué es lo verdaderamente bello y qué clase de ser humano quisiéramos ser.

Según el filósofo ruso Vladimir Soloviev, el ser humano puede vivir según la naturaleza animal o según la naturaleza espiritual. La naturaleza animal lleva al ser humano a procurar su propia nutrición (comida) y

---

3. Han, 2021, p. 47.

4. Ibíd., p. 49.

reproducción (sexo); la naturaleza espiritual lo lleva a procurar la inmortalidad (la unión con Dios o *theosis*) y la justicia (la vida virtuosa).[5]

Pareciera a veces que las imágenes en las redes sociales intentan señalarnos cuál es *la buena vida*, pero sin ir nunca más allá de esa naturaleza animal. Nos mantienen apáticos a lo que no sea comida y sexo. Hamburguesas, cerveza, tecnología, ropa y viajes son cosas que se pueden comprar y vender; pero la fugacidad del mundo digital, las redes y las selfis tiene serios inconvenientes para remitirnos a ese reino que escapa de toda exigencia de consumo.

Los iconos en el arte cristiano

El arte en el mundo grecorromano era ubicuo: había pinturas, esculturas y mosaicos en todas partes. No solo decoraban los lugares públicos, sino que también adornaban los espacios de la intimidad familiar. Muchos de los motivos del arte venían de la mitología pagana. Los judíos ganaron fama por negarse a representar con imágenes a Yahvé, su Dios, en sus sinagogas y casas. En los primeros tiempos parecía que el cristianismo, continuando la costumbre judía, replicaría esa tradición estética; no obstante, poco a poco fueron apareciendo obras de arte cristiano —en el principio con el fin de infundir esperanza y consuelo ante la muerte de los hermanos y hermanas que partían con el Señor—.[6]

Las obras cristianas más antiguas conservadas hasta hoy son pinturas que adornaban las catacumbas, el lugar donde los cristianos enterraban a sus muertos, en las afueras de Roma. Las catacumbas llegaron a ser lugares de culto durante el tiempo de la persecución imperial. En la catacumba de Calixto, por ejemplo, se puede ver a Jesús retratado como el Buen Pastor, mientras que en la catacumba de Marcelino y Pedro se puede ver una imagen de Jesús resucitando a Lázaro y otra de la curación de la mujer que padecía de flujo de sangre.[7] Los primeros cristianos, que tenían sus raíces en la tradición bíblica, no se imaginaban jamás adorando a estas imágenes de las catacumbas, sino hallando en ellas ánimo e inspiración para la vida cristiana en la superficie.

---

5. Soloviev, 2017, p. 9.

6. Cf. Plazaola, 2010, pp.11-39; Spier, 2007, pp. 1-8; Williamson, 2004, pp. 3-6.

7. Cf. Grabar, 1967, pp. 25-58.

Aunque el arte cristiano tuvo comienzos humildes en lugares de sepulturas, luego sería expuesto en iglesias y otros lugares públicos alrededor del mundo conocido. A pesar de que se fue incluyendo de a poco en lugares de culto, nunca perdió su carácter didáctico; muchos cristianos no sabían leer y el arte en las paredes de las iglesias o en las Biblias ilustradas los vinculaba de una manera creativa con la narrativa bíblica y la tradición de la Iglesia. Las personas que desconozcan la tradición iconográfica de la Iglesia ortodoxa de Oriente probablemente percibirán sus iconos como imágenes extrañas o desfiguradas; sin embargo, una vez descifrados sus códigos, se abre un mundo de belleza y contemplación.

El Edicto de Milán del 313 d. C. declaró la tolerancia religiosa del cristianismo por parte del Imperio romano; el Edicto de Tesalónica del 380 d. C. consagró al cristianismo como la religión oficial del Imperio. Luego de la paz y la legalización del culto cristiano, los seguidores de Jesús se dedicaron a construir iglesias y renovar espacios ya existentes para su uso litúrgico. No hubo mayor controversia sobre el auge del arte cristiano hasta que el emperador León III (717-741) mandó a derribar una estatua de Cristo en Constantinopla; esto dio lugar a un movimiento iconoclasta[8] dentro de la Iglesia.

No es nuestra tarea aquí reavivar la gran controversia iconoclasta, sino notar que, desde la aparición del arte cristiano en las catacumbas hasta ese momento, no hubo grandes presiones dentro de la Iglesia para censurar el arte cristiano.[9] Juan de Damasco (675-749) escribiría una defensa del arte cristiano, *Sobre las imágenes sagradas*, justamente para tratar el tema de manera teológica.[10]

Cuando se reunieron autoridades eclesiásticas y teólogos para tratar el tema del arte cristiano, volvieron al asunto principal de las grandes controversias de la Iglesia: la naturaleza de Cristo Jesús y su papel en la salvación de la humanidad. Uno de los argumentos a favor del uso de los iconos en la liturgia cristiana tenía que ver con la encarnación de Jesús. Todos estaban de acuerdo en que no se debe retratar a Dios Padre porque, además de la prohibición rotunda del decálogo (Éx. 20:4-5), nadie lo ha visto jamás; sin embargo, ojos humanos han visto a Jesús (Jn. 1:14). La encarnación de

---

8. Un iconoclasta es alguien que se opone a las imágenes y a su uso en el culto cristiano.

9. El incipiente islam sí ejerció bastante presión e hizo que la Iglesia revisara su teología estética. Cf. Pelikan, 1974, pp. 91-93; González, 2009, pp. 304-306; Binns, 2009, pp. 115-124.

10. Cf. Juan de Damasco, 2013.

Cristo nos ha abierto los ojos para contemplar la imagen visible del Dios invisible (Col. 1:15).[11] Jesús es el icono de Dios —εἰκὼν τοῦ θεοῦ—.

En la Iglesia ortodoxa de Oriente, los iconos no son objetos de adoración. Son, más bien, imágenes que nos invitan a la comunión con Dios, una ayuda para la contemplación y la oración. Los iconos ortodoxos siguen una estricta tradición canónica que rige su creación y uso dentro del rito oriental. Los creadores de los iconos son en su mayoría monjes que oran mientras pintan con gran devoción; no los firman porque no son considerados obras de arte en el sentido tradicional.

Los iconos son, en palabras de Michael Quenot, «ventanas al reino»[12], señales que apuntan más allá de sí mismos. No son imágenes para ser adoradas, sino recursos que nos invitan a la visión espiritual. Los relatos bíblicos, la vida de los santos y los mártires, y la vida del mismo Cristo han sido retratados no con fines artísticos, sino con un objetivo espiritual: la contemplación de la realidad divina, la unión de la tierra con el cielo.

Las selfis y los iconos

¿Qué diferencia fundamental existe entre una selfi y un icono? Las selfis tienden a ser imágenes fugaces, sin historia, incapaces de señalar a algo más allá de su propia superficialidad. El icono —un retrato bien pensado y logrado, una imagen con una rica historia y tradición— nos remite a la realidad omnipresente del reinado de Dios entre nosotros.

Todos los seres humanos hemos sido creados a imagen de Dios, lo que significa que podemos prestar nuestra imagen (en cuanto realidad teológica) para señalar al carácter divino de la vida o prestar nuestra imagen (el rostro o la sonrisa) en un esfuerzo por conmover a los demás y estrechar vínculos mediados por la fugacidad. Me parece a mí que el hecho de reconocer que fuimos creados para reflejar la belleza, la bondad y la verdad de Dios debería cambiar la forma en la que nos percibimos y proyectamos a nosotros mismos.

¿Qué ve la gente cuando nos ve? ¿Hay algo detrás de la experiencia digital o solo prestamos nuestra imagen para que se convierta (en la fórmula del algoritmo) en otra *no-cosa*? Creo que el deseo —hoy exacerbado— de ver nuestra imagen reflejada en fotos nace en realidad de un

---

11. Para una teología del icono más elaborada, cf. Evdokimov, 1991; Uspenski, 2013.

12. Quenot, 2001, pp. 52-60.

anhelo profundo: el de ser conocidos y amados por nuestro Creador. La imagen quiere volver a conectar con su fuente.

El testimonio de Tarkovski

El cineasta ruso Andréi Tarkovski (1932-1986) es uno de los directores más importantes de la historia. Desarrolló su carrera bajo el paradigma marxista-leninista de la Unión Soviética, un régimen que cerró iglesias y monasterios, y persiguió a muchos cristianos —algunos fieles terminaron sus días en los *gulag*—.

A pesar de vivir bajo un régimen ateo, Tarkovski fue un artista con una fe profunda.[13] En un documental acerca de su obra como cineasta, le preguntaron: «Andréi, ¿qué es el arte?»; Tarkovski respondió: «Creo que, para formar cualquier concepto del arte, primero se debe enfrentar otra pregunta, una más importante: ¿Por qué existe el hombre? Tenemos que usar nuestro tiempo aquí en la tierra para perfeccionarnos espiritualmente. Esto significa que el arte debería servir a este propósito»[14].

En 1966, Tarkovski estrenó en el extranjero una película sobre un monje y escritor ruso de iconos del siglo XV, Andréi Rubliov. La Unión Soviética no permitió la difusión de la película en su territorio, entre otras cosas debido a que es la historia de un monje cristiano que elabora obras de arte bajo un régimen opresor. La manera en que Tarkovski cuenta la historia y dirige el rodaje apunta al hecho de que la belleza divina es lo que ilumina y da sentido a la vida.[15]

En 1979, Tarkovski estrenó una de sus películas más conocidas, *Stalker* o *La zona*. La cinta habla de un mundo distópico y empobrecido; allí existe una zona, restringida por las autoridades, donde hay una habitación que concede el deseo más profundo del ser humano que entra en ella.[16] Lo que resulta realmente interesante de la habitación es que puede conceder a sus visitantes deseos de los cuales no tienen plena conciencia. Aunque el sentido de la película deja bastante margen de interpretación, una posible lectura nos recuerda que sin fe en algo trascendental y sin reverencia por la vida, seguiremos sometidos a nuestros pobres y vanos deseos en una especie de mundo distópico.

---

13. Para conocerlo de cerca, recomiendo sus libros *Escritos de juventud* y *Esculpir en el tiempo*.

14. Leszczylowski, 1988.

15. Cf. Tarkovski, 2014.

16. Cf. Mengs, 2016.

Detrás de estas películas había un hombre que tenía muy poco interés en entretener meramente al público, y mucho menos en ser un portavoz de la propaganda soviética. Tarkovski entendía que, al igual que la poesía, el cine es una forma de arte —una mucho más cara y difícil de producir—. Con cada una de sus películas, quería invitar al espectador a hallarse a sí mismo en la búsqueda del sentido, la belleza y la fe, dimensiones que trascienden infinitamente los barrotes de los regímenes que niegan la realidad espiritual.

El desafío Tarkovski

No podemos escapar del mundo en que vivimos, un mundo de redes, de propagandas políticas y publicidades. Pero sí hay algo importante que podemos hacer: distinguir entre las imágenes chatas y estériles del mercado, y aquellos destellos que, en el arte cristiano, nos invitan a la oración y la contemplación de Dios. Una vez que seamos capaces de discernir entre lo efímero y lo trascendente podremos emprender el camino hacia la vida espiritual sin tanta demora.

Soloviev sugiere que los seres humanos que no superan los instintos de su naturaleza animal no viven con la dignidad de la inmortalidad y la justicia.[17] Todos los seres humanos hemos sido creados para descubrir a nuestro Creador y encontrar el amor en Él. Somos dignos de lástima cuando nos limitamos a una vida que busca sencillamente sobrevivir. Parafraseando a Byung-Chul Han, cuando el imperio de la selfi se convierte en estilo de vida, la historia y el significado de quiénes somos van desdibujando la *imago Dei* en nosotros. La revelación divina nos hace conscientes de que somos hechos a imagen y semejanza de Dios. Somos sus iconos. Hemos sido creados para reflejar la bondad, la verdad y la belleza del Dios Creador.

La cita de Andréi Bély que abre este ensayo está incluida en los diarios de Tarkovski. Creo que encierra perfectamente el motor de este escrito. ¿Por qué conformarnos con imágenes estériles y vanas si nuestra vocación es la de ser reflejos andantes de la belleza divina? Cuando nos conformamos, somos como ese ser del que hablaba Bély, uno «que ha recibido alas para volar y las usa para caminar mejor»[18].

---

17. Soloviev, 2017, pp. 9-13.
18. Citado en Tarkovski, 2019c, p. 582.

El desafío Tarkovski es tener hambre de belleza: hambre del Dios viviente. Es vivir reflejando la belleza de la santidad de Dios para quienes viven en un mundo distópico y empobrecido. Es vivir bellamente para quienes necesitan hallar la luz que ilumina y da sentido a la existencia. Esa es nuestra vocación.

Bibliografía

Binns, J. (2009). *Las iglesias cristianas ortodoxas*. Akal.

Evdokimov, P. (1991). *El arte del icono. Teología de la belleza*. Publicaciones Claretianas.

González, J. (2009). *Historia del cristianismo*. Editorial Unilit.

Grabar, A. (1967). *El primer arte cristiano (200-395)*. Aguilar.

Han, B.-C. (2021). *No-cosas. Quiebres del mundo de hoy*. Penguin Random House.

Juan de Damasco. (2013). *Sobre las imágenes sagradas*. Eunsa.

Leszczylowski, M. (Director). (1988). *Regi Andrej Tarkovskij* [Película]. Lisbet Gabrielsson.

Mengs, A. (2016). *Stalker, de Andrei Tarkovski. La metáfora del camino*. 2da ed. Ediciones Rialp.

Pelikan, J. (1974). *The Christian Tradition: A History of the Development of Doctrine*. Tomo II: *The Spirit of Eastern Christendom (600-1700)*. The University of Chicago Press.

Plazaola, J. (2010). *Historia y sentido del arte cristiano*. Biblioteca de Autores Cristianos.

Prada, J. M. (2018). *El ver y las imágenes en el tiempo de Internet*. Ediciones Akal.

Quenot, M. (2001). *L'Icône. Fenêtre sur le Royaume*. Les Éditions du Cerf.

Soloviev, V. (2017). *Los fundamentos espirituales de la vida*. Biblioteca de Autores Cristianos.

Uspenski, L. (2013). *Teología del icono*. Ediciones Sígueme.

Spier, J. (2007). *Picturing the Bible: The Earliest Christian Art*. Yale University Press.

Tarkovski, A. (Director). (1966). *Andrei Rublev* [Película]. Tamara Ogorodnikova.

Tarkovski, A. (Director). (1979). *Stalker* [Película]. Aleksandra Demidova.

Tarkovsky, A. (2014). *Andréi Rubliov*. 2da ed. Ediciones Sígueme.

Tarkovski, A. (2019a). Escritos de juventud. Abada Editores.

Tarkovski, A. (2019b). Esculpir en el tiempo. 17ma ed. Ediciones Rialp.

Tarkovski, A. (2019c). *Martirologio: Diarios*. Ediciones Sígueme.

Williamson, B. (2004). *Christian Art: A Very Short Introduction*. Oxford University Press.

EL DIOS OCULTO Y EL DIOS REVELADO
Rompiendo el sello divino de lo cotidiano

Jesús Rodríguez[1]

En verdad, Tú eres un Dios que te ocultas,
¡oh Dios de Israel, Salvador!

Isaías 45:45 (NBLA)

Todos nos hemos sentido perdidos alguna vez en la vida. Creo que es algo muy válido y hasta necesario para cada uno de nosotros. Es una sensación de vacío; buscamos al Creador y sentimos que no podemos destapar las respuestas de la existencia (una existencia a la que fuimos arrojados sin haber sido consultados).

Pensando en esta sensación vino a mi mente una película llamada *El séptimo sello* (1957), del director sueco Ingmar Bergman. Es un largometraje donde el personaje principal, un caballero llamado Antonius Block, regresa de las cruentas Cruzadas y, después de ver la brutalidad de la realidad, se da cuenta de que no tiene una fe por la cual vivir. Es alguien que se siente perdido, tal como hemos estado muchas veces nosotros mismos.

Antonius es alguien que no ha experimentado al Dios oculto que está detrás de las cosas cotidianas. Me recuerda a Lutero (quien me dio la inspiración para el título de este ensayo), que en sus estudios hablaba de ese Dios oculto entre las cosas: «El profeta le llama el "Dios oculto": bajo la

---

1. Jesús Rodríguez González nació en Gómez Palacio, México, en 1986. Es Licenciado en Diseño y Comunicación por la Universidad Autónoma de la Laguna, Licenciado en Teología por el Seminario Bíblico de Pueblo y Diplomado en Creación Literaria por el CESLI (Torreón, Coahuila). Ha publicado artículos en revistas literarias y teológicas, y ha impartido diversos cursos y pláticas de filosofía y teología por medio de cafés literarios. Le encanta la música de Slayer, Megadeth, Paco de Lucía y Vicente Amigo. Fan del cine de autor y de series como *House* y *La ley y el orden*. Tiene el récord de haber comido 245 alitas con un amigo en un restaurant (y de haber sido expulsado de ese mismo lugar).

maldición está escondida la bendición; bajo la sensación de pecado, [está escondida] la justicia; bajo la muerte, la vida; bajo la aflicción, el consuelo»[2].

Lutero hablaba a menudo del Dios oculto porque sabía lo que es implorar por el amor divino y, sin embargo, sentirse abandonado y sin fe. Al principio de su vida teológica, el reformador no hallaba la paz de sentirse amado por Dios y por eso pidió una señal divina que le marcara el camino. La encontró en unas palabras llenas de gracia que hablan acerca de una fe que hace justicia; después de leerlas, podía declarar con toda confianza y poder: «Por tanto, es en Cristo crucificado donde está la verdadera teología y el conocimiento verdadero de Dios»[3]. Pero el camino de Lutero, al igual que el del caballero de la película, no fue sencillo ni rápido.

Ingmar Bergman, hijo de un ministro luterano, sabía reconocer la tensión que existe entre dos visiones divinas opuestas: el Dios que declara que debemos creer en Él, al mismo tiempo se oculta constantemente de nosotros (*Deus absconditus*). Es al meditar en esta contradicción a lo largo de la película que el director revela un poco su alma; en la trama podemos reconocer las dudas que aquejan a muchos cristianos en su vida diaria: una vida en la que parece que el Creador está escondido y se ha vuelto solo un eco que resuena, de vez en cuando, en el corazón de los creyentes.

El caballero ha volcado su espíritu en esa búsqueda de Dios, pero no logra encontrarlo. Su vida después de la guerra se ha vuelto un sinsentido, un camino sin rumbo. Se encuentra sin saber hacia dónde mirar: hacia arriba o hacia abajo, hacia la añoranza del pasado o la esperanza del futuro. Ha gastado su existencia en lujos banales, derramando su vida en el río de los placeres.

En esa encrucijada, el caballero se encuentra cara a cara con la Muerte. Se niega a morir, y al tomar conciencia de cómo ha perdido el tiempo, intenta encontrarle algún sentido a su vida. Aunque sabe que no puede vencer, decide jugar una partida de ajedrez con la Muerte con el fin de ganar el mayor tiempo posible para encontrar alguna respuesta o motivo para morir.

Hay una escena impresionante, en la que Block se encuentra delante de una figura de Cristo. La iluminación, el encuadre y la paleta de grises muestran al crucificado de una forma lejana, fría, inmóvil, sin piedad. El caballero le reclama a Dios: «La fe es un grave sufrimiento», dice, «es

---

2. Citado en Von Loewenich, 1954, p. 39.

3. Lutero, 1974, Tesis 21.

como amar a alguien que está afuera en las tinieblas y que no se presenta por mucho que se le llame».

Antonius Block fue a las Cruzadas creyendo obedecer la voluntad de Dios. Lo hizo tras escuchar a otros que decían que eso era lo que el Señor quería. Pero al volver del encargo se encontró aún más vacío. Quizás (y esto es solo una hipótesis) desde niño le inculcaron la fe, aprendió que debía obedecer, pero nunca tuvo una experiencia verdadera. A pesar de que su búsqueda y fatiga supuestamente nacían de esa fe, al volver de su viaje el caballero comprendió que nunca se había enfrentado a Dios. Había luchado —e incluso matado— por algo que no conocía.

Este hombre, en cierta manera, representa a muchos de nosotros. Vivimos vidas y creemos cosas basadas en aquello que nos han enseñado. Escuchamos sermones o expresiones a favor o en contra de Dios, pero eso no necesariamente se traduce en un encuentro cotidiano con Él. La fe camina entre lo ordinario y lo extraordinario, entre algunos oasis y muchos desiertos.

Algunos hablan del camino cristiano como un paraíso, exento de toda piedra de tropiezo, pero esto ni siquiera es lo que relata la Escritura. Dios se parece, en algunos relatos de la Biblia, a un maestro que espera en silencio hasta que sus alumnos logren pasar el examen.

El caballero que pide respuestas a Dios trae a mi memoria al David de los Salmos, que clama por alguien que pareciera sordo a sus gemidos: «Oh Señor, oye mi oración, escucha mis ruegos; Respóndeme por tu verdad, por tu justicia» (Sal. 143:1; RVR1960). «Y mi espíritu se angustió dentro de mí; Está desolado mi corazón» (Sal. 143:4; RVR1960). Las Escrituras nos ofrecen el testimonio de hombres que buscaban a Dios en todas las direcciones, pero que nunca recibieron respuestas directas del Señor a sus preguntas. Tenemos el ejemplo de Job, que preguntó al Señor acerca de su desdicha y lo único que recibió fue una revelación; eso fue suficiente para sentirse pequeño ante la majestuosidad del Creador. Muchas veces la revelación de Dios no trae las respuestas que nuestra mente espera, pero su mismo silencio es una revelación para el corazón humano.

Antonius Block juega con la Muerte, pero no solo al ajedrez, sino también con las ideas. En una escena, la Muerte se viste de sacerdote; el caballero, pensando que habla con un religioso, le dice:

Llámalo como quieras. ¿Por qué la cruel imposibilidad de alcanzar a Dios con nuestros sentidos? ¿Por qué se nos esconde en una oscura nebulosa de promesas que no hemos oído y milagros que no hemos visto? Si desconfiamos una y otra vez de nosotros mismos, ¿cómo vamos a fiarnos de los creyentes? ¡Qué va a ser de nosotros los que queremos creer y no podemos! ¿Por qué no logro matar a Dios en mí? ¿Por qué sigue habitando en mí ser? ¿Por qué me acompaña humilde y sufrido a pesar de mis maldiciones que pretenden eliminarlo de mi corazón? ¿Por qué sigue siendo una realidad que se burla de mí y de la cual no me puedo liberar?

Antonius Block es un hombre desesperado, que ha buscado a Dios por todos los medios a su disposición, al igual que muchos de nosotros que hemos querido encontrarlo por medio de los sentidos o la razón. Pero Dios es algo más que una simple razón o un asentimiento del corazón: es la razón de las sin razones, o la mejor de ellas. Y es que es una locura querer atrapar con las manos algo tan grande; es como querer atrapar el aire con los dedos. Dios es el Dios de los misterios; creer en este Dios que se ha dejado crucificar y que se hizo hombre excede toda lógica y racionalidad.

Este Dios que se oculta y se revela al mismo tiempo muestra la obra de sus manos en el firmamento: la Tierra es el estrado de sus pies y toda la Creación grita su existencia. Pero seamos sinceros: aunque la Biblia afirma todo esto, yo he visto atardeceres, pero no vi ahí lo divino. ¿Cuál es la diferencia entonces entre aquellos que alcanzan a ver lo divino y aquellos que no? ¿Por qué solo algunos pueden ver esa revelación?

A algunos les basta un solo momento para ver la luz de Dios. Moisés estuvo más de 80 años caminando de un lado a otro, sin saber quién era, hasta que escuchó una voz que provenía de una zarza; en ese momento, cambió todo. «Entonces dijo Moisés a Dios: He aquí, si voy a los hijos de Israel, y les digo: "El Dios de vuestros padres me ha enviado a vosotros", tal vez me digan: "¿Cuál es su nombre?", ¿qué les responderé? Y dijo Dios a Moisés: "Yo soy el que soy". Y añadió: "Así dirás a los hijos de Israel: *Yo soy me ha enviado a vosotros*"» (Éx. 3:13-14; NBLA). Desde ese momento y por muchos años, Dios caminó con él; sin embargo, Moisés seguía esperando poder verlo completamente. «Te aclaro que no podrás ver mi rostro, porque ningún hombre podrá verme y seguir viviendo» (Éx. 33:20; DHH), le respondió el Señor.

En el primer versículo de Éxodo expuesto aquí, Moisés quiere saber quién es Dios, pero Él simplemente le comenta su esencia y deja que el silencio del desierto avance. YHWH no puede ser atrapado por una expresión: Dios es un enigma en sí mismo y no podría explicarnos a nosotros el misterio de su existencia. El pedido de Moisés (conocer el nombre de Dios) es un signo del deseo de querer atrapar a Dios en sus palabras, lo cual me recuerda algo que decía Heidegger: que podemos terminar de rebajar a Dios a una simple causa eficiente para nosotros.[4]

En el segundo versículo, Moisés quería encontrar a Dios por medio de sus sentidos, pero el Señor se negó a revelarse así y solo le permitió ver una parte de Él. Muchas veces nosotros nos encontramos en la misma situación: queremos saber quién es Dios y poder encontrarlo por medio de los sentidos y de nuestros métodos. Pero Dios se nos oculta, solo nos permite ver lo que Él mismo nos ha revelado. Parece como si el Señor realmente nos quisiera enseñar a encontrarlo en medio de su abandono, de su silencio y de la penumbra. Es como cuando cerramos los ojos y, en medio de aquella oscuridad, podemos encontrar la paz. A Dios no se lo puede atrapar, solo se lo puede encontrar.

Moisés, el caballero y nosotros caemos en el mismo error: queremos un Dios que quepa en nuestro bolsillo, un Dios domable por nuestros sentidos y nuestra lógica. Bien lo decía el filósofo Benedetto Croce: «La existencia de Dios es cierta, pero no es científicamente demostrable, y todo intento de demostración debe ser considerado no tanto un testimonio de piedad cuanto de impiedad, porque, para demostrar a Dios, tendríamos que hacerlo así: el hombre debería convertirse en creador de Dios»[5].

Antonius Block quiere encontrar significado a una vida vacía, a una religión sin fe y a un goce sin finalidad. Por ello, aun sabiendo que ha sido engañado por la Muerte, le sigue su juego intentando encontrar ese algo que le permita un buen morir. Tal vez nosotros, al igual que el caballero, estamos aprendiendo a lidiar con una fe real, fuera de las explicaciones y los esquemas heredados. Quizás en el pasado nos dijeron qué creer y qué pensar y fue suficiente; ahora estamos en una etapa en la que debemos encontrar un verdadero significado a las cosas.

Pensar la fe no debería ser una tarea solo para algunas personas con una posición o con ciertas responsabilidades en la Iglesia; cada creyente debe vivir como si tuviera a la Muerte enfrente. Debemos aprender a convivir con la fe y la duda al mismo tiempo; y, en medio de esa incertidumbre, animarnos a intentar jugar la mejor partida. Contamos con una ventaja: la convicción de que la Muerte ha sido vencida por Dios mismo; no es para nosotros un final agónico, sino el próximo pasó hacia algo mejor.

---

4. «Dios puede rebajarse, en la luz de la causalidad, hasta una causa, la causa eficiente» (Heidegger, 1967, Vol. I, p. 26).

5. Croce, 1947, p. 7.

Y así como nosotros, el caballero Block va jugando contra la Muerte a cada paso que da. A medida que va adentrándose en ese baile, Antonius va observando la psicosis producida por la peste negra, que es vista por sus contemporáneos como un castigo divino. Las imágenes del largometraje producen en nosotros una desesperanza similar a la que experimentan los mismos personajes de la película. Pareciera que Dios los ha abandonado y que se ha ido toda la luz para el caballero.

Pero en medio de esta nebulosa de problemas, hay una pareja que aparece de la nada, una pequeña lumbrera en medio de la penumbra. Nunca, en toda la película, se nos dice de dónde viene el matrimonio o hacia dónde va; simplemente emergen, como algunas cosas de la vida. Bergman pareciera querer decirnos algo con esta irrupción: que aun en el camino de la muerte, la luz todavía puede observarse. La fe puede brotar en las cosas más sencillas de la vida, como el abrazo de la familia o la risa de los seres queridos. Esta pareja, sobre todo el marido, aprende a ver lo divino en lo cotidiano. Es la luz que necesitaba la trama (y nosotros mismos) para poder dar balance a la película.

Conforme va desarrollándose, la cinta nos muestra cómo la providencia hace que el caballero y la pareja se encuentren; hacia el final, los personajes comparten una tarde frente al sol, simplemente comen y disfrutan el tiempo juntos. Esta escena me encanta; podría parecer que no tiene un propósito narrativo o que no tiene profundidad, pero es en medio de ese encuentro silencioso frente al atardecer que el caballero parece encontrar por fin la paz y la respuesta que tanto anhelaba. Bien lo decía Hegel: «De lo que se trata, entonces, es de reconocer en la apariencia de lo temporal y lo pasajero la sustancia, que es inmanente, y lo eterno, que es presente»[6]. Al final de cuentas, mucho de la vida se trata de eso: de aprender a reconocer lo eterno en lo efímero, lo infinito en lo finito, lo sagrado en la vida y lo santo aun en la peor oscuridad.

Lo fascinante de esta escena es que no nos presenta esta verdad a través de un gran discurso, sino simplemente con una sonrisa frente al sol del atardecer. Esa sensación que parece experimentar el caballero me recuerda las palabras del filósofo Luis Villoro:

La experiencia religiosa originaria nace del estupor ante la existencia misma del mundo y de mi estar arrojado en él. Por un lado, el conocimiento personal de nuestra pequeñez y desamparo; por el

---

6. Hegel, 1988, p. 51.

otro, su correlato: la experiencia de la grandeza del cosmos, de su fuerza y belleza terribles e incomprensibles. El objeto de la religión es ese misterio, ante el cual solo podemos callar y reverenciarlo.[7]

El ejemplo de Antonius Block nos ayuda a entender que la fe no es un castillo ni un monumento a la razón. Es, más bien, una apuesta por el sentido del mundo: una jugada arriesgada, pero que vale la pena jugar. Como reconoce el caballero al ver su vida desperdiciada en excesos, las cosas en sí mismas no pueden llenarnos; la falta de comprensión de esa idea explica el fracaso de tantos sistemas políticos, económicos e ideológicos. El ser humano tiene eternidad en su corazón; las cosas fútiles nunca pueden llenar un corazón sediento de infinito. Realmente, como decía Heidegger, «solo un Dios aún puede salvarnos»[8] (incluso de nosotros mismos).

Casi en la conclusión de la historia, y después de este encuentro con lo divino, el caballero parece encontrar un propósito en su vida y decide jugar al ajedrez mortal. Al ver que la pareja quiere escapar de todo lo que les rodea, decide distraer a la Muerte durante el juego. Por supuesto, la Muerte sabe lo que el caballero intenta hacer (porque, al final, la muerte nos conoce a todos), pero eso parece no importarle: ella está jugando un juego que desea terminar.

Al final del largometraje, el caballero se encuentra con su esposa. Aunque es evidente que ella lo ha esperado por un largo tiempo, no lo recibe con una gran bienvenida, al contrario, se la ve bastante inexpresiva. El caballero llega a su casa con algunos acompañantes y su esposa invita a todos a quedarse y cenar esa noche con ellos. En medio de la cena, la Muerte toca a la puerta. La esposa la recibe gratamente, como si hubiera sabido que vendría a esa hora. Frente a la Muerte, los personajes muestran su última voluntad y lo que realmente les importa. Algunos, como el ayudante del caballero, tienen una mirada nihilista acerca de la vida y no le dan ninguna importancia a morir. Otros se inclinan ante ella, otros simplemente le dicen lo que aman. Pero Antonius Block se pone a rezar con fuerza y a mirar al cielo, buscando nuevamente a ese Dios, como si buscara el perdón. Su escudero, fiel a su nihilismo, le dice que no lo haga, que ya nada importa, que solo vea a la Muerte cara a cara. Después de esto, termina la escena.

---

7. Villoro, 2017, p. 136.

8. Heidegger, 1976.

Al amanecer, después de una tormenta, la pareja ve al caballero y su grupo danzando a contraluz, mientras la Muerte los dirige hacia al vacío. La danza de la muerte fue una imagen muy común durante la Edad Media y Bergman la aprovecha muy bien como cierre de su película. Nos recuerda que, más que morir, el desafío es aprender a morir bien. *Memento mori*. Y, para morir bien, primero hay que aprender a vivir bien; aprendemos a morir cuando vivimos para alguien más, para un fin mayor. Como dice Pablo: «Si vivimos, para el Señor vivimos; y si morimos, para el Señor morimos. Así pues, sea que vivamos, o que muramos, del Señor somos» (Ro. 14:8; RVR1960).

Esta película es de esas que se prestan a múltiples lecturas y otras tantas interpretaciones, pero una de las que podemos pensar es que nos habla acerca de la necesidad de un fin mayor. El ser humano no puede vivir en la duda constante sobre todos y todo, necesita al final de cuentas un fin mayor que ordene su existencia. Incluso Nietzsche, un gran crítico del orden y la tradición judeocristiana, reconoció la necesidad de un fin mayor o un mito que le diera sentido a la existencia; este fue el motivo por el cual el filósofo alemán abrazó la narrativa del eterno retorno.

Siguiendo con las lecturas que nos puede dar la película, podemos reconocer también que nos habla de la búsqueda errónea de Dios, o de las maneras incorrectas de buscarlo. La búsqueda de lo divino no debe ser una que nos agote; más bien, debe ser un encuentro con la realidad misma de la vida. El caballero quiere encontrar a Dios para poder encerrarlo en una caja, en vez de solo disfrutarlo. Tenemos un Dios que no puede ser plenamente comprendido, pero sí puede ser nuestro gozo.

Más que proponer una fórmula de Dios, tal vez se trate sencillamente de conocerlo, recordando las palabras de nuestro Señor: «Y esta es la vida eterna: que te conozcan a ti, el único Dios verdadero, y a Jesucristo, a quien has enviado» (Jn. 17:3; RVR1960). Tanto el padrenuestro como todas las parábolas de Jesús nos ayudan a ver que a Dios lo podemos encontrar en lo cotidiano, allí donde vivimos, tal como decía John Wesley: «Yo miro a todo el mundo como mi parroquia»[9]. No existe un lugar donde lo sagrado se concentre, sino que todo lo que Dios ha hecho ha sido para que podamos verlo y escucharlo; esto significa, por supuesto, que tenemos que aprender a entender la voz del Señor.

En muchas denominaciones se ha hecho demasiado hincapié en forzar los momentos místicos, esas situaciones que nos llevan a un momento de

---

9. John Wesley, Diario del 11 de junio de 1739.

crisis con la esperanza de encontrar allí a Dios. Pero, como bien dice el salmista, Dios está en todo lugar: «Si subo a los cielos, he aquí, allí estás tú; si en el Seol preparo mi lecho, allí estás tú» (Sal. 139:8; NLBA). No necesitamos buscar a Dios en otra parte: si abrimos nuestros oídos y un poco más nuestros ojos, Él podrá revelarse. Como Elías, que en medio de un silbido apacible, encontró la presencia del Dios eterno e infinito.

¿Existe o no existe? Estos puntos están fuera del alcance de la inteligencia humana, que solo tiene la noción de las tres dimensiones. Por eso yo admito sin razonar no solo la existencia de Dios, sino también su sabiduría y su finalidad para nosotros incomprensible. Creo en el orden y el sentido de la vida, en la armonía eterna, donde nos dicen que nos fundiremos algún día. Creo en el Verbo hacia el que tiende el universo que está en Dios, que es el mismo Dios; creo en el infinito.

Fiodor Dostoievski

Bibliografía

Croce, B. (1947). *La filosofía di Giambattista Vico*. Laterza.

Hegel, G. W. F. (1988). *Principios de la filosofía del derecho o Derecho natural y ciencia política*. Edhasa.

Heidegger, M. (1967). *Vorträge und Aufsätze*. Neske, 1967.

Heidegger, M. (31 de mayo de 1976). Entrevista a Martin Heidegger. *Der Spiegel*. https://www.lacan.com/heidespie.html

Lutero, M. (1974). Disputa de Heidelberg. En *Obras*, Vol. XI. Editorial Paidós.

Villoro, L. (2017). *La significación del silencio y otros ensayos*. Fondo de Cultura Económica.

Von Loewenich, W. (1954). *Luthers Theologia Crucis*. 4ta Ed. Chr. Kaiser.

¿ES POSIBLE QUE NO HAYA COINCIDENCIAS?
La fe, las señales y la interpretación de la realidad

Abrahan Salazar[1]

La gente se divide en dos grupos. Cuando experimentan algo afortunado, el grupo número uno lo ve como algo más que suerte, más que una coincidencia. Lo ven como una señal, la evidencia de que hay alguien allí arriba velando por ellos. El segundo grupo cree que no es más que suerte. Un feliz giro del destino. [...] Lo que tienes que preguntarte es qué tipo de persona eres. ¿Eres de las que ve señales, milagros? ¿O crees que la gente simplemente tiene suerte? O, míralo desde este punto de vista: ¿Es posible que no haya coincidencias?

Graham Hess

Señales, la película de 2002 dirigida por M. Night Shyamalan, cuenta la historia de Graham Hess, un sacerdote episcopal cuya fe ha sido doblegada ante la pérdida de su esposa en un accidente. Es padre de dos niños. El primero es Morgan, quien sufre de asma, y la segunda se llama Bo, y tiene la extraña costumbre de dejar vasos de agua sin terminar por toda la casa. El

---

1. Abrahan Salazar nació en Lima, Perú, en 1989. Bachiller en Teología del Seminario Bautista Horeb de Lima, Perú. Licenciado profesional en Teología por la Universidad Evangélica Nicaragüense. Diplomado en Literatura hebrea y Hebreo clásico por la Universidad de Murcia, España. Magíster en Investigación y docencia universitaria por la Universidad César Vallejo de Lima, Perú. Profesor de Exégesis y Antiguo Testamento en la Facultad Teológica Bautista de Perú. Autor de la serie *Comentarios al Antiguo Testamento* (Editorial CLIE) y editor asociado de la *Biblia de Estudio Cultural: geografía, historia y sociedad* (Editorial CLIE). Disfruta de ver películas bélicas, sobre todo las basadas en la Segunda Guerra Mundial.

reverendo Hess tiene un hermano menor, Merrill, un exjugador de béisbol de las ligas menores. Conforme inicia la trama, extraños círculos gigantes aparecen grabados en su campo de maíz. Como incrédulo ante todo tipo de circunstancia que parezca tener un sentido espiritual o suprahumano, Graham no da respuesta sobre aquellos círculos gigantes aparecidos en su campo, aunque es evidente que en primera instancia nadie podría dar una respuesta satisfactoria. Merrill, en cambio, cree que tales grabados son algo más que una mera casualidad o coincidencia; él tiende a pensar que existe una fuerza superior que está detrás de todo eso, controlando lo que sucede.

En una conversación que sostiene Graham con su hermano, él trata de explicarle cómo el mundo se divide en dos grupos de personas, cuya manera de ver la realidad cambia la forma de considerar el mismo evento o circunstancia. Según Graham, un evento o suceso extraordinario lleva a un grupo de personas a considerar que tales circunstancias no son coincidencias del destino, sino que todo ello se debe a la mano providencial de alguien que está velando por ellos. Sin embargo, otro grupo que ve el mismo evento podría tan solo tomarlo como un afortunado golpe de suerte y nada más. Graham invita a Merrill a tomar una decisión: en qué grupo se encuentra él ante todo lo que está aconteciendo a su alrededor —aunque, posteriormente, Graham mismo rehúye a dar una respuesta concreta sobre su posición personal—. En este sentido, la película muestra cómo, en algunas ocasiones, los eventos trágicos que pasan en nuestra vida pueden hacernos cambiar de parecer sobre nuestra perspectiva de Dios o del destino.

La encuesta *Global Religion 2023: Creencias religiosas alrededor del mundo*[2] concluyó que, aunque un 44% de las personas afirma creer en Dios o en una fuerza superior, solo un 23% cree en Dios tal y como es descrito en las Sagradas Escrituras. Por su parte, un 32% dice no creer en nada. Asimismo, lo más significativo del estudio es el hecho de que, del 44% de personas religiosas, solo un 67% cree que tener fe en Dios o en un poder superior le permite sortear mejor las crisis de la vida, mientras que un 56% de los ciudadanos piensa que la religión hace «más mal que bien al mundo»[3]. La encuesta es significativa. Da cuenta del descenso de personas creyentes en el mundo y el aumento del escepticismo y la duda.

¿Cómo podemos responder a un mundo que está perdiendo su fe mientras considera que todo lo que sucede alrededor son simples giros del

---

2. Estudio conducido por Ipsos en 26 países a través de su plataforma Global Advisor (del 20 de enero al 3 de febrero de 2023).

3. Religión Digital, 2023.

destino? ¿Acaso es posible mantener la fe cuando es amenazada por múltiples tragedias?

Otra historia de una fe probada

Un argumento paralelo al de la película *Señales* —es decir, el de una fe probada por las dificultades— se puede percibir en la literatura bíblica a través de la historia de una persona cuya fe también fue probada por Dios, pero que, a diferencia del reverendo Graham, supo responder favorablemente a ese trato. Su nombre era José. Él también tuvo que enfrentarse a múltiples circunstancias hostiles antes de encontrar el propósito de Dios para su vida. Las narraciones que giran en torno a él nos hacen reflexionar acerca de temas como la providencia de Dios, el cuidado del Señor con su pueblo y el propósito divino detrás de cada circunstancia a la que tenemos que enfrentarnos.

La historia comienza de plano con los informes que José daba a su padre acerca de las cosas malas que sus hermanos hacían en el trabajo de campo (Gn. 37:2). Tal actitud soplona inevitablemente generó un clima de conflictos en la familia de Jacob. Pero, sumado a ello, se nota escandalosamente la absoluta preferencia que José recibe de su padre frente a sus hermanos. En una ocasión, cuenta el relato, el padre de familia le regala al muchacho una prenda, que en el texto hebreo se lee como *ketonet pasim*. Esta frase ha sido traducida tradicionalmente como "túnica de muchos colores"; sin embargo, si el término se relaciona con el vocablo arameo *pas* —palma de la mano o del pie—, entonces la traducción de la frase sería "túnica con mangas largas". Una túnica de tales características sería innecesaria para el trabajo de campo, a menos que Jacob estuviera posicionando a José como supervisor del trabajo que realizaban sus hermanos mayores. Una túnica de mangas largas no era una prenda para un obrero ordinario, sino para un líder y jefe en la familia; los hijos de Jacob lo entendieron claramente. Esto, evidentemente, despertó los celos y las envidias de los hermanos de José.

En otra ocasión, José cuenta dos sueños en los que se ve como el centro de la reverencia y todos sus hermanos, inclusive sus padres, se inclinan hacia él en señal de liderazgo (Gn 37:5-11). Si José tenía muchas virtudes, es claro que la prudencia no era una de ellas. Tal expresión de inmadurez solo acrecentó el rechazo de sus hermanos y ocasionó que su padre lo reprendiera duramente. Sin embargo, si los sueños eran considerados en el contexto del Antiguo Testamento como un medio de revelación divina,

Jacob no podía pasar por alto tales mensajes divinos. Éstas no eran entonces meras casualidades en la vida del joven hebreo, sino señales de un propósito divino para él.

Cuando Jacob envía a José para cumplir sus funciones de supervisar a sus hermanos, esto causó la ira de ellos, al punto que lo capturaron y lo metieron en un pozo pensando cómo deshacerse de él. El valle de Dotán, el lugar donde estaban José y sus hermanos en ese momento (Gn. 37:17), está ubicado en la ruta normal donde pasaban muchas caravanas que partían de Galaad a Egipto. Por lo tanto, no hubiera sido sorprendente que una caravana de mercaderes pasara por allí en cualquier momento, pero el hecho de que este grupo atravesara ese lugar en el preciso momento en que los hermanos de José ideaban asesinarlo cruelmente fue una verdadera obra divina. Aunque ni José ni sus hermanos lo supieran, allí estaba sucediendo otra señal. No era una mera eventualidad del destino, sino un verdadero milagro que lograría preservar la vida del joven hebreo. Y es que, como dice C. S. Lewis, los milagros son inevitables cuando está en actividad la providencia de Dios.[4]

Cuando José llega a Egipto es vendido a un oficial llamado Potifar. Éste ve que José era una persona muy productiva y que todo lo que realizaba, prosperaba; entonces decide ponerlo a cargo de toda la administración de su hogar. No obstante, la extraordinaria capacidad de José no solo fue admirada por su patrón, sino también por su señora, quien buscó en numerosas ocasiones acostarse con el joven hebreo —aunque a causa de la integridad de José, no tuvo éxito—.

En una ocasión, cuenta el relato, ella espera a que no haya nadie en la casa para seducir a José nuevamente. Él se niega otra vez y huye dejando sus prendas en manos de la egipcia. La acusación que luego ella hace sobre José es impresionante. En primera instancia, habla con los siervos de su casa para dar a entender que José solo trató de sobrepasarse con ella (Gn 39:13-15); sin embargo, cuando llega su esposo, emplea dos frases que no dejan lugar a la especulación: «Entró en mí el esclavo hebreo» (*ba'-'elay ha'ebed ha'ibri*) y «jugó sexualmente en mí» (*letzajeq bi*). Para Potifar, el acto ya había sido consumado y la suerte estaba echada. José bien pudo haber muerto ante la acusación de violación por la esposa del oficial egipcio; sin embargo, solo fue llevado a la cárcel como castigo. Vemos aquí nuevamente cómo se suscita la providencia divina, llevando a cabo el propósito dispuesto por Dios para el joven hebreo. Nuevamente se siguen

---

4. Lewis, 2006, p. 168.

mostrando señales en la vida de José que le ayudan a comprender que nada es casualidad.[5]

Tal vez, ya en la cárcel, José pensó que ser íntegro no le sirvió de nada; sin embargo, es allí que Dios le permite conocer a dos oficiales del Faraón, un panadero y un copero, que jugarán un papel importante en su historia. ¿Por qué causa llegaron estos oficiales allí? No lo sabemos; la Biblia no especifica en qué consistió el pecado de estos hombres contra el rey de Egipto. No obstante, si consideramos que el vocablo hebreo empleado para describir la falta de ellos es *jata'* —cuyo significado primario es "perder el objetivo" o "fallar al dar en el blanco"—, es posible que aquella falta tenga que ver con algo propio de su oficio. Una antigua tradición contenida en los tárgumes dice que tanto el copero como el panadero permitieron que la comida del Faraón fuera envenenada. Otra tradición rabínica dice que el Faraón encontró una mosca en su copa y una pequeña piedra en el pan que comía. Cualquiera sea el caso, estos dos oficiales llegaron por obra divina a la cárcel donde estaba José.

Una noche, cada uno de ellos tiene un sueño que los lleva a estar muy preocupados por su significado. Recordemos que en la cultura del antiguo Medio Oriente los sueños eran vehículos que transmitían mensajes divinos. Por ello, su estado era enfermizo, al punto que José se ofrece a dar el significado a cada uno. Luego de escuchar sus sueños, José interpreta que el panadero moriría, pero el copero volvería a su trabajo. Pero lo más destacable aquí es la petición que le hace José al copero: «Te pido que te acuerdes de mí y me hagas un favor cuando las cosas te vayan bien. Háblale de mí al faraón, para que me saque de este lugar» (Gn. 40:14; NTV). En otras palabras, él esperó que cuando el copero saliera le hablara al Faraón para alcanzar también él una amnistía real; sin embargo, una vez salió de la cárcel, el copero «se olvidó de José por completo y nunca más volvió a pensar en él» (Gn. 40:23; NTV). Ahora bien, no es que este "olvido" del copero haya sido fortuito, sino que esta es otra señal de la providencia divina tomando el control de las circunstancias para llevar a cabo su voluntad.[6]

Tuvieron que pasar dos años más (Gn. 41:1) hasta que, una noche, Dios envió al Faraón dos sueños que le causaron gran afán. Nadie podía interpretarlos hasta que el copero, como por milagro, como una señal en el relato, recuerda precisamente a José y se lo refiere al Faraón. El rey de

---

5. Erickson, 2008, p. 408-410.

6. Garret, 2003, p. 357-358.

Egipto manda llamar a José, quien llega a la corte e interpreta los sueños. Pero no solo eso, sino que brinda además diversos consejos administrativos para que Egipto tenga abundancia de alimentos durante el tiempo de hambre. En tal caso, ¿quién más que José podría ser el hombre indicado para gestionar los asuntos de la gran sequía que se avecinaba? Entonces el rey nombra al joven hebreo como gobernador de Egipto. Tal posición lo llevó a ser respetado por los egipcios y reverenciado por muchos pueblos de alrededor que venían a José para comprarle comida y así poder sobrevivir a la gran hambruna que había acontecido en toda la región (Gn 41:57). De esta forma, y sin saberlo, José estaba cumpliendo una promesa que Dios le había hecho muchos años antes a su bisabuelo Abraham: «Mediante tu descendencia, todas las naciones de la tierra serán bendecidas» (Gn. 22:18; NTV).

Entre esos diversos pueblos que venían a Egipto estaban también los hermanos de José. Sí, aquellos hombres que varios años atrás lo habían vendido como esclavo a los ismaelitas. El hecho de que ellos se postraran delante de José al momento de comprar alimentos fue para el gobernador hebreo una señal de que Dios había cumplido los sueños que había tenido de joven. De aquí en adelante, la trama se desarrolla en un espacio de pruebas que José pone frente a sus hermanos para conocer si ya se habían arrepentido de lo que le habían hecho años antes y saber si su actitud envidiosa y colérica había cambiado. Pero la trama también se desarrolla en un contexto de perdón que permite que el pueblo escogido se mantenga unido en el pacto que Dios había hecho con Abraham. ¡Tan solo imagínese que José se hubiera vengado de sus hermanos! No habría doce tribus de Israel y las promesas hechas a Abraham hubieran quedado sin realizarse. Pero es justamente ese perdón que José ofrece a sus hermanos la señal más grande de todas, pues garantizó que la nación escogida siguiera existiendo según lo prometido por Dios. Y es que el perdón es un verdadero milagro realizado por Dios en el corazón de una persona, pues cambia totalmente la actitud tanto del ofensor como del perjudicado.

Pero los hermanos de José no conocían esta verdad; por ello, ante la muerte de su padre Jacob, solicitan nuevamente a su hermano que no cobre venganza contra ellos. Las palabras de José retumban en el salón del palacio como el tema central de toda la historia: «Ustedes se propusieron hacerme mal, pero Dios dispuso todo para bien. Él me puso en este cargo para que yo pudiera salvar la vida de muchas personas» (Gn. 50:20; NTV). José había entendido que no eran las acciones humanas de sus hermanos las que lo habían llevado hasta Egipto, sino un acto soberano de la voluntad divina. Y es que en la Escritura, la soberanía de Dios y la voluntad humana se entrelazan maravillosamente para revelar una complementariedad sin igual entre el accionar de los hombres y la obra de Dios. Como decía Emil Brunner, «la providencia de Dios era una relación maravillosa entre el Señor y la naturaleza, entre la actividad divina y el curso de la historia, entre la acción divina y la humana, entre los eventos que se determinan por las intenciones humanas y aquellos que son controlados por un propósito divino»[7].

Reconciliándose con el pasado

José comprendió que todas las circunstancias por las que tuvo que atravesar fueron señales divinas para su vida. Pero solo pudo entender esto cuando aprendió a perdonar y aceptar la voluntad de Dios para él.

Al final de *Señales*, el personaje de Mel Gibson descubre que el asma que padece su hijo, el extraño comportamiento de su hija (que dejaba vasos a medio llenar por toda la casa), el béisbol que practicaba su hermano y las últimas palabras de su esposa antes de morir, todas eran circunstancias providenciales. Más que meras coincidencias del destino, eran señales que le permitirían derrotar la amenaza extraterrestre que estaba por venir. Graham logró convertir cada una de esas circunstancias en sus propias señales divinas, pero antes tuvo que enfrentarse a la necesidad de perdonar y reconciliarse con su pasado. Ese fue el momento en que tuvo que decidir a qué grupo pertenecía. Reconciliarse con su pasado significaba dar un paso de fe. Graham aprendió, al igual que José, que bajo el manto del odio, el rencor o el resentimiento no se pueden ver las señales divinas a nuestro alrededor.

Reconciliarse con el pasado y mantener la fe en Dios a pesar de las dificultades puede ser un proceso desafiante, pero es posible. El pasado no se puede cambiar; nos toca aceptar las experiencias buenas y malas por las que hemos tenido que atravesar mientras elegimos cómo vamos a responder a los nuevos desafíos del presente. El arrepentimiento sincero y el perdón pueden allanar el camino hacia la reconciliación y la restauración con Dios y las demás personas. Nos toca reflexionar sobre las lecciones aprendidas de los desafíos del pasado. Incluso en medio de las dificultades, Dios puede obrar para bien y usar esas situaciones para moldear nuestro

---

7. Brunner, 1952, p. 148.

carácter y fortalecer nuestra fe. A medida que nos acercamos más a Dios, encontramos consuelo, fortaleza y dirección para seguir creyendo y confiando en Él a pesar de las dificultades.

¿A qué grupo perteneces?

En el mundo, diría Graham Hess y podemos repetir nosotros, solo existen dos tipos de personas: aquellas que, por distintas razones, han optado por dejar de confiar en Dios y sostienen que todo se debe a un simple azar del destino; y aquellas que, aunque no comprenden completamente el plan de Dios, lo aceptan y siguen firmes en su fe. Las primeras viven cuestionando cómo encaja la providencia de Dios en un mundo donde las guerras, el holocausto, la destrucción nuclear y la injusticia corroen todo a su paso. Las segundas consideran que todo lo que sucede en el mundo está dirigido y controlado por el Señor; es por eso que no guardan rencor ni se dejan afectar por las cosas malas que les puedan sobrevenir. Las primeras se alimentan de desesperanza, de pesimismo y de un nihilismo fatal que abona una humanidad cada vez más desorientada y desilusionada. Las segundas tienen una vida de esperanza y certeza, y gracias a la ayuda del Espíritu Santo pueden aceptar todo lo que pasa a su alrededor bajo la mirada de la fe.

Tanto *Señales* como la historia de José nos muestran cómo la fe de una persona puede ser puesta a prueba en momentos difíciles; pero también nos recuerdan la importancia de mantener firme esa fe cuando enfrentamos las pruebas y desafíos que Dios pone en nuestra vida. Debemos aprender a confiar en que Dios está presente en el mundo y es soberano sobre todas las circunstancias.

Quizás, hoy en día haya muchas personas que actúan igual que Graham, escépticas a la providencia divina y a sus señales, pero solo necesitan mirar a su alrededor para darse cuenta de que las cosas nunca pasan por casualidad. El primer paso para ver las señales divinas es reconciliarnos con nuestro pasado y restaurar la comunión con Dios; solo así, nuestra percepción espiritual estará plenamente facultada para escuchar sus señales en nuestra vida.

Lo que tienes que preguntarte es qué tipo de persona eres. ¿Eres de las que ve señales, milagros? ¿O crees que la gente simplemente tiene suerte?

Bibliografía

Brunner, E. (1952). *The Christian Doctrine of Creation and Redemption*: *Dogmatics* (Vol. II). James Clarke Lutterworth Press.

Erickson, M. J. (2008). *Teología sistemática*. Editorial CLIE.

Garret, J. L. (2003). *Teología sistemática: Bíblica, histórica y evangélica*. Vol I. Casa Bautista de Publicaciones.

Lewis, C. S. (2006). *Los milagros*. Ediciones Rayo.

Religión Digital. (13 de mayo 2023). *España, junto a Alemania, el país europeo con mayor número de personas que se declaran "no creyentes"*. https://www.religion digital.org/espana/Espana-Alemania-europeos-personas-creyentes-ipsos-ateos-cristianos-catolicos_0_2559644014.html

AMAR, TEMER Y PARTIR
Conversaciones entre Mafalda, Eclesiastés y Laura

David Nacho[1]

¿Qué es lo que en verdad gana la gente a cambio de tanto trabajo? He visto la carga que Dios puso sobre nuestros hombros. Sin embargo, Dios lo hizo todo hermoso para el momento apropiado. Él sembró la eternidad en el corazón humano, pero aun así el ser humano no puede comprender todo el alcance de lo que Dios ha hecho desde el principio hasta el fin. Así que llegué a la conclusión de que no hay nada mejor que alegrarse y disfrutar de la vida mientras podamos. Además, la gente debería comer, beber y aprovechar el fruto de su trabajo, porque son regalos de Dios.

Eclesiastés 3:9-13

¿Cuál es el sentido de la vida?

Cuando la búsqueda del sentido de la vida se hace en un contexto marcado por la injusticia, la violencia o la amenaza de una catástrofe global, esta búsqueda no es una preocupación meramente filosófica. Más bien, brota

---

1. David Nacho nació en La Paz, Bolivia, en 1977. Es Licenciado en Comunicación y Magíster en Divinidades (MDiv) y en Antiguo Testamento (ThM) por el Regent College. Sirvió por diez años como Decano Académico de CETI (Comunidad de Estudios Teológicos Interdisciplinarios); actualmente es pastor de ministerios con personas en situación de calle en la Primera Iglesia Bautista de Vancouver, Canadá. Ha publicado ensayos y artículos sobre Iglesia y misión en antologías y revistas especializadas. Por siempre cautivo de la música de los Beatles y de la música folklórica boliviana. Agradecido por la obra de Quino y amante de la estética cinematográfica de Wes Anderson. Le encanta correr y se ha propuesto participar de una maratón cada año (se está preparando para la tercera).

del deseo de vivir con dignidad frente a los desafíos del contexto. En otras palabras, esta búsqueda de sentido tiene que ver con la vivencia de la esperanza. Dicha vivencia, según la biblista mexicana Elsa Tamez, es una práctica que se teje en «la materialidad de lo íntimo cotidiano»[2].

Valorar lo íntimo cotidiano siempre ha sido un desafío. Entonces, ¿cómo podemos animarnos a practicar la esperanza en la materialidad de lo íntimo cotidiano? Todos los tiempos han tenido sus desafíos propios para practicar la esperanza. En el nuestro, el desafío es que nuestra mirada y vivencia de lo cotidiano están acechadas por la polarización de posturas y la abundancia abrumadora de contenido creado y distribuido según los comandos de los algoritmos de nuestras redes sociales.

Como antídoto a la desesperación, la polarización y la trivialización imperante, propongo que nutramos nuestra reflexión teológica sobre la esperanza con la literatura sapiencial bíblica. Esta tradición puede ayudarnos a nombrar la naturaleza absurda e injusta de la realidad y a no encerrarnos en nuestros propios puntos de vista. El libro de Eclesiastés o *Qohélet*[3] pregona que ni la teología ni la esperanza pueden ignorar las contradicciones de la vida. Antes de apurarse a resolver estas contradicciones, Qohélet deja que ellas sean parte e incluso den impulso a su reflexión. Por ejemplo, consideremos este fragmento:

> El pecador puede hacer lo malo cien veces, y vivir muchos años; pero sé también que le irá mejor a quien teme a Dios y le guarda reverencia. En cambio, a los malvados no les irá bien ni vivirán mucho tiempo. Serán como una sombra, porque no temen a Dios.
> En la tierra suceden cosas absurdas, pues hay hombres justos a quienes les va como si fueran malvados, y hay malvados a quienes les va como si fueran justos. ¡Y yo digo que también esto es absurdo! (Ecl. 8:12-14)

Al final, ¿a quién le va mejor? ¿Al pecador o al justo?

Este tipo de contradicciones no son plenamente resueltas en Eclesiastés y son tan notorias que, en el judaísmo de la época de Jesús y de la Iglesia primitiva, el estatus canónico del libro estaba en disputa. Es más, incluso cuando Qohélet fue aceptado dentro del canon hebreo, permaneció el

---

2. Tamez, 1998, p. 108.

3. Tradicionalmente, se llamaba Qohélet tanto al libro como al personaje que se menciona en 1:2 y se presenta a sí mismo en 1:12.

deseo de armonizar las contradicciones que se veían en el libro. La lógica era que la revelación divina tenía que ser coherente; es decir, no podía tener contradicciones.

Hoy en día, habiendo aceptado y afirmado el estatus canónico de Qohélet, nos haría bien teologizar y practicar la esperanza aprendiendo de su vulnerabilidad ante las contradicciones. Por supuesto que hay certezas en nuestro caminar con Dios, pero si la teología está hecha solo de certezas, acabaremos reduciéndola a una ecuación, y si la esperanza no le da espacio al misterio y la contradicción, acabaremos reduciéndola a un optimismo ilusorio.

La teología como respuesta humana

> Él sembró la eternidad en el corazón humano, pero aun así el ser humano no puede comprender todo el alcance de lo que Dios ha hecho desde el principio hasta el fin.
>
> *Eclesiastés 3:11*

La teología existe porque Dios quiere revelarse y nos extiende incesantemente una invitación a conocerlo. Según Qohélet, esta invitación tiene dos aspectos: 1) viene de Dios (valga la redundancia para recalcar que la teología es una respuesta y no una iniciativa humana); y 2) es, ella misma, contradictoria, porque el deseo que Dios pone en el corazón humano viene acompañado de nuestra incapacidad de comprender aquello que anhelamos.

Entonces, la teología se manifiesta como esperanza que se plasma en lo cotidiano, pero que también anhela lo trascendental: conocer los propósitos de Dios y, por muy loco que suene, conocerlo a Él mismo.

Abordar todas las complejidades de la vida sería demasiado largo para este capítulo e incluso para este libro. Entonces, propongo conjugar esta reflexión teológica sobre la esperanza alrededor de tres verbos: *amar, temer* y *partir*. Además, quisiera presentar a Qohélet no como un libro, sino como un personaje.[4] Para darle vida, lo pondré a conversar sobre amar, temer y partir con otros dos personajes: Mafalda (la nena más conocida de Latinoamérica) y Laura (una niña aymara que representará a mis ancestros).

---

4. El libro mismo nos invita a leerlo de esta manera: «Me dediqué a buscar el entendimiento y a investigar con sabiduría todo lo que se hacía debajo del cielo» (1:13a).

Temer

El temor se manifiesta de distintas maneras en la vida de Mafalda y sus amigos. Un ejemplo recurrente es el temor al fin del mundo, que podría darse por las guerras y, especialmente, por la amenaza de la bomba atómica. Este temor a gran escala es similar al temor que despierta en muchos de nosotros la amenaza del cambio climático.

Algunos de los temores son más personales, pero también se sienten de gran escala porque abarcan toda la trayectoria de la vida. Nos da miedo que las cosas no nos salgan como las planificamos. Mafalda, por ejemplo, teme repetir la historia de vida de su mamá y Susanita tiene miedo de perder el control de la vida familiar perfecta que sueña.

Estos temores tan grandes pueden ser vistos desde varios ángulos. ¿Será que el problema es el sueño en sí, el temor a que se estropee el sueño o la reacción de Susanita al temor? Este tipo de temor a gran escala se manifiesta de otras maneras. Mafalda y su amigo Miguelito temen que la generación precedente les estropee el camino que querrán seguir, aunque ellos mismos no tengan una idea muy clara sobre la trayectoria de ese camino.

Otros temores son más cotidianos. No abarcan el destino de la humanidad ni la trayectoria de vida de uno, pero los sentimos paralizantes. ¿Tendrá Felipe algún día el valor de empezar a hablarle a esa niña que lo tiene fascinado?

Laura también tiene temores a gran escala. Le han dicho que ya no se puede cultivar papa tan fácilmente porque el clima ahora es impredecible. Según le explicaron, años atrás la nieve en las montañas que rodean el lago donde vive duraba más tiempo, pero ahora se derrite más rápidamente. La siembra y la cosecha son las mejores épocas del año para Laura porque toda la comunidad une esfuerzos para trabajar la tierra. Hay mucha comida y música en esos días. ¿Será que todo eso se va a terminar?

En la ciudad no se vive el temor porque se acaben estas fiestas comunitarias. Ante la escasez, se puede importar papa de otras partes muy fácilmente. Esa facilidad con la que se puede importar alimentos de lugares lejanos puede ser percibida como una bendición sin saber que esconde lo mal que están las cosas en casa.

«¡Eso también es *hebel*!», diría Qohélet. ¿Y qué es *hebel*? "Vanidad" o "absurdo" pueden ser buenas traducciones, pero a veces acepciones menos abstractas —como "engaño", "cochinada" o "porquería"— describen mejor la reacción de Qohélet ante la realidad.[5]

«Nuestros temores no les afectan a ellos», se da cuenta Laura, y eso le da más miedo. Irónicamente, aunque en la ciudad no se preocupan por lo que pasa en el campo, el temor hace de las suyas porque a menudo cada persona enfrenta sus miedos en completa soledad. ¿Cómo puede alguien enfrentar sus miedos y como puede salir adelante a pesar de las barreras o los problemas que enfrente?

La respuesta más inmediata sería: «Con mucho esfuerzo personal». No es mala respuesta. Sin embargo, para Qohélet el esfuerzo puede resultar absurdo: «¿Qué gana la gente con tanto esfuerzo?», se pregunta una y otra vez (1:3; 2:22; 3:9).

Qohélet no le teme al trabajo en sí, sino a lo absurdo de pensar que la gente sale adelante de su situación solo con esfuerzo. Quizás también

---

5. Cf., Tamez, 1998, p. 20.

le teme a la posibilidad de que el objetivo del esfuerzo sea nada más que
ponerse a uno mismo por encima de otros.

> Un joven así podría salir de la pobreza y triunfar. Hasta podría
> llegar a ser rey, aunque hubiera estado en la cárcel. Sin embargo,
> luego todo el mundo corre a aliarse con otro joven que lo reemplaza.
> Lo rodean innumerables multitudes, pero luego surge otra genera-
> ción y lo rechaza a él también. Así que nada tiene sentido, es como
> perseguir el viento. (Ecl. 4:14-16)

El contexto de Mafalda valida las observaciones de Qohélet. El triunfa-
lismo seduce a las personas y a las sociedades. En un contexto como el
de Mafalda, los polarizantes triunfalismos de la derecha y de la izquierda
son *hebel*.

Si a Qohélet lo irónico de la realidad le resulta absurdo (*hebel*), la injusticia
le parece una porquería (también *hebel*): «También noté que, bajo el sol, la
maldad está presente en el juzgado. Sí, ¡hasta en los tribunales de justicia
hay corrupción!» (3:16).

Para Qohélet, siempre es mejor buscar la sabiduría que el dinero y que
la fuerza; sin embargo, sabe también que ésta tiene sus límites. Entonces se
autocritica en tanto sabio porque sabe que los esquemas interpretativos de
la tradición que ha recibido, incluso si esa tradición es buena, no encajan
con la realidad. El temer no es injustificado cuando las cosas que deberían
ser buenas o justas en realidad no lo son.

Partir

La percepción de la realidad y sus complejidades en la cultura aymara de
Laura tiene una variante significativa respecto a otras culturas. Para Laura,

se habla del futuro y se camina hacia él como si este quedara a nuestras espaldas, no delante de nosotros. «No podemos ver el futuro, ¿no?» —le diría Laura a Qohélet y a Mafalda—, «lo que sí podemos ver es el pasado; por lo tanto, el pasado queda delante de nosotros y al futuro caminamos de espaldas».

¿Cómo podría beneficiar esta sabiduría de Laura a Qohélet y a Mafalda? Quizás les ayude a ubicarse en el presente con más apertura a la gracia. A Qohélet le podría ayudar a repensar su postura ácida ante lo efímero de la vida. A Mafalda y sus amigos, tan ansiosos de vivir en el futuro, podría ayudarles a recordar lo mucho que disfrutan el presente.

Esto también es *hebel*, diría Qohélet. Sin embargo, paradójicamente este *hebel* de no poder dimensionar lo significativo del presente es una bendición. Como padre de tres niños, quisiera que mis hijos cultiven la gratitud, pero no pongo mi esperanza en que mis hijos pequeños hallen el sentido y la belleza de estos años ahora. Me da más esperanza que lo hagan de adultos, a través del recuerdo que tendrán de estos años. La esperanza no demanda comprensión, o quizás no demanda comprensión simultánea a la vivencia. A veces comprendemos la realidad, a nuestros amigos y a nosotros mismos cuando podemos mirar todo a la distancia.

Partir, ya sea de un lugar o de una etapa, casi siempre es confuso. La experiencia familiar de Mafalda lo corrobora. Quizás hay sabiduría en la forma de entender el mundo de Laura: avanzamos hacia el futuro de espaldas.

De todas maneras, Qohélet nos recuerda que no somos eternos. Sin importar nuestra postura o posición, la muerte le sucede a ricos y pobres, a sabios y necios por igual.

> A la larga, a todos les espera el mismo destino, sean justos o malvados, buenos o malos, religiosos o no religiosos, estén o no ceremonialmente puros. Las personas buenas reciben el mismo trato que los pecadores, y las personas que hacen promesas a Dios reciben el mismo trato que los que no las hacen.
>
> ¡Parece tan mal que todo el mundo bajo el sol tenga el mismo destino! Ya torcida por el mal, la gente elige su propio camino de locura, porque nadie tiene esperanza. Sea como fuere, lo único que hay por delante es la muerte. Hay esperanza solo para los que están vivos. Como se suele decir: "¡Más vale perro vivo que león muerto!". (Ecl. 9:2-4)

Si el verbo "partir" es nuestra penúltima acción, ¿qué viene después de partir?

Amar

Podríamos haber empezado esta reflexión con el verbo "amar", pero Qohélet no empieza la suya así. Él empieza afirmando que nada tiene sentido (1:2). Entonces, vale la pena preguntarnos: ¿Cómo pueden verdaderamente amar personas que también temen y parten?

En lugar de inspirarnos a amar, Qohélet parece advertirnos sobre todas las maneras en las que somos capaces de distorsionar el amor. Por ejemplo, Qohélet critica el amor al dinero. El que lo ama nunca se podrá saciar de él (5:10). ¡Qué porquería! Además, el amor al dinero atrae a uno a otras personas que también aman el dinero (5:11). Para colmo, la abundancia no le deja a esa persona dormir en paz; descansa mejor el trabajador sencillo (5:12). ¡Qué absurdo!

No obstante lo absurdo, Mafalda ama a sus amigos y también ama a su familia.

Mafalda los ama y es amada imperfectamente. ¡Así se entreteje la esperanza! Podemos amar incluso si tememos.

Qohélet es suficientemente sabio y reconoce: «Es mejor ser dos que uno, porque ambos pueden ayudarse mutuamente a lograr el éxito. Si uno cae, el otro puede darle la mano y ayudarle; pero el que cae y está solo, ese sí que está en problemas» (Ecl. 4:9, 10).

Laura ama a sus ovejitas, ama los cerros y ama cuando su abuelo toca la quena, ama a su comunidad, a la tierra y al lago que sostienen la vida de esa comunidad. Laura nos recuerda que el amor incluye a la comunidad y a la Creación.

Después de escuchar a Qohélet, Laura se da cuenta de que no podemos evitar el anhelo de eternidad que Dios ha plantado en el corazón, pero tampoco podemos aislarlo de la queja por la injusticia. Entonces, Laura le dice: «Sé que también amas; amas al que te ayuda y te da la mano, pero también amas la vocación que Tata Dios ha puesto en tu corazón. Es decir, amas escribir, amas reflexionar».

La última palabra es *amar* porque en este verbo se conjugan la vida, la esperanza y la teología. Sin embargo, el hecho de que sea la última palabra no significa que todas las otras palabras se cancelen. Tiene sentido que sea la última solo después de haber recorrido las otras palabras.

Para terminar, Laura no ofrece un pensamiento más. Simplemente les dice en aymara: *Jutam, mankasiñani!* (¡Vengan, comamos juntos!).[6]

Bibliografía

Fee, G. y Stuart, D. (2006). *Cómo leer la Biblia libro por libro*. 2da Ed. Mundo Hispano.

Fox, M. (1989). *Qohelet and his Contradictions*. Journal for the Study of the Old Testament, Supplement Series 71. Almond Press.

Tamez, E. (1998). *Cuando los horizontes se cierran: relectura del libro de Eclesiastés o Qohélet*. DEI: San José, Costa Rica.

---

6. No he querido decir todo lo que se deba decir acerca de la esperanza. Sin embargo, he querido terminar aquí, en la mesa compartida, porque incluso la esperanza de la resurrección es, al final de cuentas, una invitación a la mesa eterna del Dios Trino.

AVATAR, LOS ÁRBOLES Y EL PUEBLO GUNADULE

Jocabed R. Solano Miselis[1]

Mi nombre es Jocabed R. Solano Miselis. Soy de la nación gunadule de Panamá. Crecí en un hogar cristiano de una comunidad indígena guna y estudié en diferentes escuelas y universidades de la ciudad de Panamá. Mis padres son seguidores de Jesús desde su juventud; desde niña conocí a muchos misioneros de diferentes partes del mundo.

Como es evidente, la historia de mi vida es híbrida, como la de muchas otras personas en nuestros días. Una biografía como esa quizás podría sonar ficticia o imposible a los oídos de alguien del pasado. Y me pregunto: ¿Será que también nosotros consideramos ficticio aquello que desconocemos de la vida de otros pueblos? ¿Es posible compartir nuestra experiencia y comprensión de Dios a otras personas sin conocer ni respetar sus modos de vida?

Quiero meditar en estas preguntas a partir de *Avatar*[2], de algunos árboles de la Biblia y de la cosmovisión de mi pueblo, con un fuerte énfasis en mi realidad de mujer gunadule. Creo que estas películas, vistas desde la

---

1. Jocabed Reina Solano Miselis nació en el tiempo del Bardudnii, que en el calendario occidental es el mes de diciembre, en Panamá. Es Licenciada en Administración de empresas (con énfasis en turismo histórico cultural) y Magíster en Teología interdisciplinaria; actualmente estudia un Doctorado en Filosofía en Estudios teológicos en NAIITS. Es Directora de Memoria Indígena. Ha publicado numerosos artículos y ensayos sobre teología indígena, ecología, Iglesia y misión en revistas, antologías y publicaciones especializadas. Ha viajado el mismo día en caballo, barco, carro y avión. Le gusta el deporte y ha caminado incontables horas por la selva de Gunayala.

2. Hasta la fecha, la franquicia del director James Cameron ha estrenado dos películas. La primera, *Avatar*, es de 2009. La segunda, *Avatar: The Way of Water* —traducida como *Avatar: El camino del agua* en Hispanoamérica y *Avatar: El sentido del agua* en España—, se estrenó en 2022. Ya se han anunciado otras tres secuelas.

perspectiva indígena cristiana, ofrecen valiosos aportes para reflexionar en nuestro quehacer teológico y la vida de la Iglesia.

Para los pueblos indígenas, los árboles (como toda la biodiversidad) son muy importantes. En los cantos ancestrales del pueblo gunadule —transmitidos de generación en generación en la comunidad—, la relación con los árboles es fundamental para entender la vida. Baste un ejemplo para explicar el asunto.

Una de las primeras ceremonias que realizamos los gunas se llama *ceremonia de mi primer árbol*. Cuando nace un/a bebé, se recogen la placenta y el cordón umbilical; luego, se sahúman con semillas de cacao. Al anochecer, se llevan a la casa de los padres, quienes los entierran junto con la semilla de un árbol frutal —plátano, guineo, palmera de coco o cualquier otro—. Cuando el árbol da su primer fruto, los padres preparan un jugo, invitan a las parteras y a los niños y niñas de la comunidad, y relatan con voz fuerte y firme la historia de este lazo de unidad:

> Nosotros somos parte de la tierra. En el jugo que tomamos hoy, nos unimos recordando nuestro origen. Nosotros estamos unidos a la Madre Tierra, a nuestra/o hermanita/o que nació, a los frutos de la tierra, a nuestros abuelos y abuelas. Estamos unidos a Nana y Baba [el Creador]. Cuando pasen y vean el árbol, todos lo cuidarán, hablarán con la semilla, con la tierra y el agua. Cuando finalmente el árbol dé su primer fruto, se hará un refresco y se invitará a los niños y niñas para que puedan beberlo. Ese día una vez más, mientras beben el jugo, los padres del bebé les recordarán a los niños de la comunidad que todos estamos conectados con Dios, con la tierra, con los ancestros, con la familia, con la niña o el niño. Les recordarán que somos una comunidad cósmica.[3]

La ceremonia nos recuerda la importancia de todas las relaciones: todos somos parte de una familia que va más allá de mi familia humana. Somos parte de la comunidad de plantas, árboles, animales, de la tierra, el cielo, las aves, el mar. Nos recuerda también que el mismo día en que nacimos también nació un árbol; la familia lo cuidará hasta que el/la bebé pueda cuidarlo. Los gunas somos cuidadores y cultivadores de árboles, pero esta relación es recíproca; los árboles nos dan alimento y nos cuidan a través

---

3. Esta es una paráfrasis mía de la ceremonia.

de los frutos que producen. Además, tienen una memoria de la vida y del territorio, y muchos tienen propiedades curativas.

Génesis 2:9 afirma que antes de que nosotros existiéramos, ya existían los árboles. Al recorrer la Biblia descubrimos constantes alusiones a los árboles. El Salmo 1 compara a los justos con árboles. Varios pasajes del libro de Génesis (18:1; 21:33; 23:17) nos hablan de la relación de Abraham con los árboles; de hecho, el capítulo 21 explica que Abraham plantó un árbol para adorar al Dios eterno —una práctica común a muchos pueblos indígenas del mundo, como expliqué más arriba en relación con la ceremonia del pueblo guna—.

Nuestros orígenes como seguidores/as de Jesús están conectados con relatos que empiezan, precisamente, en unos árboles. El segundo capítulo de Génesis incorpora dos a su narrativa: el *árbol de la vida* —que estaba en el centro del Huerto— y el *árbol del bien y del mal*. Este último desempeña un papel importante en el relato. La frase «del bien y del mal» (2:16) se refiere a la totalidad; es, en este sentido, paralela a una frase como «los cielos y la tierra» (2:4).[4] Este valor de complementariedad que aparece en los relatos creacionales de la Biblia —luz/oscuridad, bien/mal, cielo/tierra— es algo que los pueblos indígenas entienden muy bien.

Traer a la conciencia el árbol de Génesis 2 es destapar, en palabras de Johann Baptist Metz, unas *memorias peligrosas*. Es el recuerdo de la expulsión del Edén y de un peregrinaje que nos ha traído crisis de identidad, miedo, falta de pertenencia y de comunidad, y la pregunta acerca de dónde está Dios en esta tragedia. Pero también es hablar de memorias hermosas, de la provisión divina a través de su Creación y la conexión espiritual que hace que todo nuestro ser se ilumine y pueda discernir el bien del mal.

La historia de *Avatar* sucede en Pandora, planeta donde viven los Na'vi. En el núcleo de la trama de esta historia también encontramos un árbol: el colorido y luminoso *árbol de las almas*, lleno de vida y productor de bienestar. Los Na'vi se conectan con el árbol de las almas y a través de él se vinculan con Eywa (su deidad), que interactúa con el mundo de manera directa a través de las semillas del árbol.

Génesis y *Avatar* nos presentan narrativas comparables; en el centro de estas historias hay unos árboles que esconden un sentido profundo, sagrado, organizador del destino de los pueblos. Árboles que no solo son fuente de bienestar, sino que apuntan a la trascendencia: la búsqueda de Dios mismo. De manera similar al relato del Génesis, la narrativa de *Avatar*

---

4. Cf. Padilla, 2019, p. 37.

también va *in crescendo*. Cuando la belleza y el poder del árbol son codiciados, esa codicia abre la puerta a la violencia, que a su vez impone el caos y la confusión. Y como hemos perdido la plenitud y la prosperidad de aquel árbol, nos pasamos la existencia ansiosos e insatisfechos, buscando la utopía de una nueva forma de vida que, paradójicamente, termina a menudo llevándonos a la muerte.

En Pandora existe un mineral muy precioso, el *unobtanium*, que motiva a los seres humanos a una desesperada carrera científica, empresarial y militar. El extractivismo del planeta se maquilla con un discurso políticamente correcto de "bienestar de la otredad", pero es en realidad una obsesiva persecución de la codicia y el egoísmo. Lejos del individualismo de los poderosos de *Avatar* y de nuestras prácticas —menos poderosas, pero a menudo igualmente individualistas—, la sabiduría de los pueblos indígenas nos invita a un *buen vivir*[5], uno que apunta a la colectividad y que está mucho más cerca de ese *shalom* que encontramos en el relato del Génesis.

Así como el árbol de las almas se conecta con el sistema nervioso de los Na'vi y estos, a su vez, pueden conectarse entre sí para lograr la unidad, muchas narrativas indígenas también apuntan hacia la plenitud de una comunidad cósmica. En los relatos gunas, por ejemplo, encontramos la historia del Balu Wala: un conflicto entre gunadules causado por algunas personas que deseaban los frutos de los árboles para ellos, sin pensar en el bien de todos.

En un sistema de producción consumista, lo que vale es el producto. Pero la Biblia contrasta esta productividad con la fecundidad espiritual, que, como en el caso de los árboles, da frutos de vida y nos invita a participar de su fertilidad y plenitud. «Yo soy la vid y ustedes son las ramas», dijo Jesús en Juan 15. «El que permanece en mí, como yo en él, dará mucho fruto; separados de mí no pueden ustedes hacer nada» (Jn. 15:5). Según Gálatas 5, las obras de la carne son justamente lo opuesto al fruto del Espíritu, ese Espíritu que se movía sobre la faz de las aguas en el principio y hoy se sigue moviendo en todo el universo.

Estas narrativas —bíblicas, indígenas, cinematográficas— despiertan una serie de preguntas: ¿Qué es la justicia? ¿Qué significa el bienestar para todas/os? ¿Cómo rompemos con la codicia y las ansias de poder de

---

5. *Buen vivir* es una traducción de las palabras *Sumak Kawsay* (del quechua de Ecuador) y *Suma Qamaña* (del aymara de Bolivia). Aunque el significado de estos idiomas ancestrales es rico, no alcanza a expresar el sentido de vida plena o plenitud de vida: un modo de existencia comunitaria en armonía con la naturaleza y en equilibrio en las relaciones individuales y colectivas. Por eso también se habla de *buen convivir*.

unos cuantos? Preguntas como estas atraviesan los relatos de la humanidad, desde la antigüedad hasta nuestros días.

En el territorio de Abya Yala[6] han existido por miles de años pueblos indígenas con identidades y formas de vida auténticas y propias. Su historia y memorias han estado marcadas por una violencia que ha traído y sigue trayendo muerte, además de la imposición de formas de organización, conocimientos, maneras de vestir, de hablar y de vivir.

Lamentablemente, la Iglesia no está exenta de esta historia; ha sido cómplice de la invasión y colonización de muchos territorios, incluyendo Abya Yala. En nuestros días, la misión ya no se practica con esa virulencia, pero siguen existiendo programas misionales en territorios indígenas anclados en una filosofía expansionista, mercantilista y consumista. Estos pueblos se ven solo como objetos de misión. Los prejuicios negativos y la idea de que todo lo que sucede en las comunidades indígenas no procede de Dios llevan a que la obra del Espíritu Santo en estas comunidades no se reconozca ni valore. Por eso me parece pertinente que hagamos el recorrido por las películas de *Avatar* y nos tomemos el tiempo para evaluar nuestras prácticas misionológicas y teológicas.

¿Cómo ha sido la historia de la misión en las comunidades indígenas? Reconociendo que existe una gran pluralidad de iglesias y de maneras de hacer misiones, me gustaría compartir brevemente mi propia experiencia y lo que he oído de mis hermanos y hermanas indígenas.

Hay historias que hablan de misiones que violentaron las identidades de las comunidades indígenas al negar quiénes eran precisamente por ser indígenas. También misiones que respetaron a los pueblos indígenas y trabajaron con ellos sin violentar sus identidades. Algunas misiones no transmitieron las buenas nuevas del evangelio *per se*; más bien, compartieron los constructos culturales de los misioneros y sus formas de vivir. Lo único que les interesaba a otras misiones era seguir su plan de expansionismo y "civilización" bajo un proyecto de supuesto desarrollo.

Estos y otros ejemplos similares han sido parte de la historia de las misiones en Abya Yala. Mi crítica se dirige particularmente a un tipo de misión sustentada por teologías coloniales, de expansionismo y supremacía blanca. Al igual que en el pasado, estas misiones —que parecen buena noticia, pero no lo son— siguen siendo una amenaza para el Evangelio. Desenmascarar estas teologías coloniales debería ser parte del rol profético

---

6. *Abya Yala* es el nombre en el idioma del pueblo gunadule (llamado *duleyaga*) para el continente americano; significa *tierra madura*, *tierra vital*, *tierra de sangre*.

de la Iglesia. Es urgente ser conscientes de prácticas que no representan el Evangelio, repensar nuestros imaginarios del otro, reconocer dónde debemos arrepentirnos y cambiar formas de relacionarnos con aquellos que no conocemos.

Abandonar los prejuicios negativos hacia las comunidades indígenas es un camino de conversión; debemos pedir discernimiento a Dios para poder reconocer en ellas la obra de la *Ruah*. ¿Dé qué maneras está actuando Dios en las comunidades indígenas? ¿Cómo identificamos el relato de Jesús en sus valores, prácticas, vivencias, ceremonias y formas de vida?

No basta con saber el idioma o conocer las maneras de vivir y de ser indígena. Antes de pretender enseñar, es fundamental tener la humildad para preguntarnos: ¿Qué aprendemos nosotros de las comunidades indígenas? La humildad y la escucha activa nos permiten tener los ojos y los oídos de Jesús para ver y oír como lo hacía Jesús.

Avatar nos deja una advertencia para nuestra tarea misionera. El protagonista de la historia, Jake, se convierte en uno de los Na'vi. Aunque al comienzo de la trama prácticamente no los conoce, Jake ya "se parece a ellos", y cuanto más va conociéndolos, más va olvidando su propia identidad.

Es fácil confundir *esencialismo* y *encarnación*, pero hay una gran diferencia. El esencialismo no reconoce el valor de la diversidad; usurpa la identidad del otro y crea extractivismo cultural y apropiación. Ese no es el camino de la encarnación. Jesús se hizo humano, pero no perdió su identidad de hijo de Dios. La encarnación valora al otro desde su identidad. Se acerca a ella con sacralidad y reconoce a Dios en el otro a pesar de ser diferente. Ver la diferencia también nos permite reconocernos a nosotros mismos. Desde estos reconocimientos podemos caminar en misión hacia los que son diferentes y comunicarles el profundo amor del Padre respetando tanto la propia identidad como la del otro.

En este camino es importante tomar conciencia de la hibridez que existe cuando nos encontramos con otros. La potencia del encuentro está precisamente en reconocer tanto la identidad y particularidad del otro, como la autenticidad de nuestra propia cultura. Los seres humanos somos híbridos, y el encuentro con lo diferente nos permite reconocer que Dios nos ha creado a su imagen y semejanza, diversos y amados. El otro no debe ser como yo para llegar a ser un seguidor de Jesús.

La vereda opuesta, la de la falsa inclusión, es también problemática. Vivimos en una era donde el consumo de lo éxotico es *cool* y está de moda. La homogeneización y la apropiación cultural —que la globalización ha extendido por el mundo y la Iglesia a menudo asume como una realidad natural— son falsas formas de poner en práctica el amor en la misión.

Tenemos por delante una enorme tarea de discernimiento: conocer y reconocer "el árbol" y su significado para las diferentes culturas del mundo. En el caso de los Na'vi, el árbol de las almas representa la conexión más cercana con Eywa. Nuestro llamado no es "quitarles el árbol", sino precisamente conectarlo con el Dios de la vida. Si no practicamos este discernimiento, fácilmente podemos parecernos a esos empresarios, científicos y militares que, en su afán de lograr "el bien común", olvidaron trabajar por la vida plena de los Na'vi.

Es necesario trabajar por una cultura de colaboración y autonomía: dejar de ver a los pueblos indígenas como objeto de misión y reconocer que ellos mismos están trabajando en su reivindicación como actores por obra del Espíritu y mediante la reconciliación alcanzada por Cristo. Reconocer en ellos la acción del Espíritu también significa denunciar el extractivismo de la tierra, luchar contra el exterminio de sus conocimientos, idiomas, formas de organización y sistemas de vida. Es resistir al mal llamado "desarrollo" que, en su búsqueda mercantil, explota los recursos naturales y desplaza a los indígenas de sus propias tierras.

Podemos sentir el lamento de Dios ante el dolor de nuestras hermanas y hermanos. Como Iglesia, debemos reaprender lo que algunos hemos aprendido mal —incluso con muy buenas intenciones y un deseo genuino de compartir a Jesús—.

Tenemos el desafío de construir otro modelo de desarrollo; no solo un paradigma diferente, sino precisamente una Buena Nueva. Una invitación a una relación saludable, justa y plena con toda la Creación. Una ética definida por el *shalom* para toda la humanidad, donde los pueblos indígenas puedan seguir comiendo de los frutos bondadosos que Dios ha cultivado para ellos y podamos, en comunión, alabar al Creador por todas sus bondades. Esta es nuestra oración.

Árbol
(Poesía orada)

Semilla, tan pequeña
Pareces insignificante
Pero llevas la potencia del Creador
Creces, misteriosamente,
En las montañas de Abya Yala

El agua te alimenta, rodeada de una comunidad que te sostiene
Las raíces de los otros árboles te dan vida.

Llevas en ti las memorias de la vida de tantos seres que han caminado en esta
tierra
Nos recuerdas nuestra conexión con Dios, árbol de vida
Nuestras faltas al alejarnos del camino del bien, árbol del bien y del mal
Nuestra adoración a Dios, cuando Abraham plantó el tamarisco
Nos traes a la memoria el consejo de permanecer en la ley de Jehová
Y el contraste al no permanecer en ella, somos llevados como paja.

Jesús, eres la vid, quien permanece en ti da frutos, muchos frutos
Frutos de Justicia en esta nega (casa)
Frutos que denuncian el mal
Frutos de lamento al indignarse con quienes sufren
Frutos de misericordia con los que lloran la muerte
Frutos de esperanza para las dolidas
Para quienes esperan en ti día a día.

Tú eres el árbol del Salmo 1
Plantado junto a corrientes de agua
Que da su fruto a su tiempo y su hoja no cae
Y todo lo que hace prospera
Eres la vid en Isaías 65, donde los afligidos y oprimidos pueden comer
Eres el árbol de vida en Apocalipsis, que cura a las naciones.

Una semilla de mostaza que se regó en una buena tierra y dio fruto al 100 x 1
Semilla que creció y las aves pusieron sus nidos en ella
Y los animales descansaron bajo su sombra.

Balu Wala árbol sagrado del pueblo gunadule
Donde la justicia es fruto del amor
La paz manifestada por una convivencia plena
Entre el Creador, los seres humanos, los seres vivientes
Tú, Dios, eres el árbol de vida
Y al comer de tus frutos
Nos hacemos parte de tu obra redentora
Árbol que nos alimenta
Y con su savia nos purifica

Para ser pequeños árboles junto a ti
El gran árbol de vida
Fruto que permanece por la eternidad.
Degii, Amén.

Bibliografía

Aiban, W. (2022). *Baluwar-Orgaryawar*. Congreso General de la Cultura Guna, Panamá, Gunayala.

Bernárdez Rodal, A. (2018). *Soft Power: Heroínas y muñecas en la cultura mediática*. Editorial Fundamentos.

Guerrero Arias, P. (2018). *La chakana del corazonar*. Editorial Abya Yala.

Horst, W.; Mueller-Eckhardt, U. & Paul, F. (2011). *Misión sin conquista*. Ediciones Kairós.

Méndez, H. (1975). *Baluwala*. Comentario cantado al relato tradicional. Usdub.

Metz, J. B. (2007). *Memoria passionis*. Editorial Sal Terrae.

Padilla, R. (Ed. Gral.). (2019). *Comentario Bíblico Contemporáneo*. Certeza Unida/ Ediciones Kairós.

Padilla DeBorst, R. (2018). Palabra de Dios, escatología y política en América Latina. En *Jardín planetario: Memoria Indígena y Escatología Subversiva*. Inédito.

Panotto, N. (2020). Sujetos en exilio: implicancias éticas y teológicas sobre la identidad de los refugiados desde una perspectiva poscolonial. En *Imperialismos, colonialismos y Biblia: Pistas para lecturas decoloniales*, RIBLA, n.° 82.

Solano, J. (2018a). Las narrativas como resistencia política. La experiencia de la nación guna. En Barredo Pantí, P. & Panotto, N. (Ed.), *Juventudes: Otras voces, nuevos espacios. Confrontando la teología y la misión*. Ediciones FTL.

Solano, J. (2018b). *Voces indígenas: Fortaleza espiritual de los pueblos de Abya Yala. Dulamar gagga: anmar burba gangued Abya Yalagi*. The Global Church Project. https://theglobalchurchproject.com/jocabed-spanish/

Ventocilla, J.; Herrera, H. & Núñez, V. (1999). *El Espíritu de la tierra: Plantas y animales en la vida del pueblo Kuna*. Editorial Abya Yala.

Memoria Indígena. (2015). *Conclusiones del encuentro Lima 2015*. Memoria Indígena. https://memoriaindigena.org/conclusiones-del-encuentro-lima-2015/

MODO MUFASA, MODO SCAR
¿Y si *El rey león* tenía razón?

Miguel Ángel Pulido Moreno[1]

Comienzo con una aclaración: debo la idea de este artículo a mi esposa. Mi proyecto era escribir acerca del cuidado del medio ambiente a partir de alguna película reconocida: *Avatar*, *Sammy* (la favorita de mi hijo mayor) o incluso algo más cataclísmico, al estilo de *2012* o *The Day After Tomorrow*. Cuando le conté de la idea, ella, con su suspicacia característica, me dijo: «A mí me parece que una mejor opción es *El rey león*; mira cómo quedó desolada la sabana cuando empezó Scar su reinado. Es como si su modo de reinado llevara a la muerte de la tierra». No necesitaba pensarlo mucho más. La idea me pareció contundente, una revelación que me permitió darle sentido a lo que encontrarás en este artículo.

Recordar *El rey león* (1994) significa, para muchos de nosotros, revivir el trauma causado por la cruel muerte de Mufasa. Es quizás la escena más dolorosa de nuestros primeros contactos con el séptimo arte. Sin embargo, no todo es tan sórdido; también recordamos el *Hakuna Matata* y el desenlace de la historia romántica entre Simba y Nala —la cual, seamos honestos, sospechábamos desde un principio—.

---

1. Miguel Pulido nació en Bogotá, Colombia, en 1986. Es Teólogo por la Fundación Universitaria Seminario Bíblico de Colombia, Especialista en Pedagogía por la Universidad Pedagógica Nacional y Magíster en Ministerio por el Seminario Teológico Centroamericano. Trabaja como pastor en la Iglesia Cristiana Confraternidad de la Colina (Bogotá) y como director de comunicaciones en la Fundación Doulos. Autor de *Qué gracia tiene la gracia* (2017) y *Hemos pecado: la iglesia necesita arrepentirse* (2022), y conferencista, orador y tallerista invitado a distintos eventos. Su película favorita es *La vida es bella* y le encanta escribir reflexiones sobre películas de muñequitos (las llama #disneysermon o #pixarpredica). Le encanta la música de Bruno Mars y Ed Sheeran, y series de ciencia ficción como *Black Mirror* (aunque también lo divierten cosas más románticas, como *The Good Doctor*). Tiene una profunda fobia a los ratones y nunca toma agua de un vaso cuando está en público porque las manos le tiemblan.

Cuando Mufasa todavía estaba vivo, Simba le hizo una pregunta sobre qué significa ser rey y cómo se puede mantener el equilibrio en todo el reino. Con voz grave y solemne, Mufasa le responde que para que haya un equilibrio tiene que haber límites. El círculo de la vida contiene una cadena alimenticia que consta tanto de depredadores como de presas, pero todos están, en determinados momentos, en alguno de esos roles. Los límites son esenciales para que haya armonía; solo se debe tomar lo necesario, lo justo, lo correcto. Simba aprende entonces que no debe arrebatar todo lo que está a su alcance solo por ser el animal más poderoso.

Las imágenes y sonidos que respaldan la declaración de Mufasa inundan la primera parte de la historia: animales regocijados porque había nacido el sucesor del rey; colores vivos, impactantes, cálidos; música festiva; diversidad de la fauna y la flora en un escenario exuberante y fértil. El anhelo de todas estas criaturas es que este ciclo de la vida siga girando incesantemente.

Hasta que muere Mufasa.
Simba, el heredero legítimo, huye.
Scar, el asesino usurpador, ahora es rey.

Entonces las imágenes cambian drásticamente. La viva llanura africana comienza a asemejarse más a un desierto cargado de infertilidad, muerte y oscuridad. La noche se siente eterna. Ya no hay cánticos de alegría; la armonía de la sabana es el absoluto silencio. La desolación se convierte en protagonista.

La razón es obvia: Scar se alió con las hienas para orquestar la muerte de su hermano y, en retribución, les permitió devorar todo lo que su apetito les permitiera. Sin restricciones. Sin límites. El "equilibrio" empieza a depender de la voracidad de sus instintos (los cuales parecen nunca saciarse). No les importa arrasar con todo a su paso; están tan ciegas que no pueden ver más allá de ellas mismas. En consecuencia, lo que en otra época fue el floreciente reino de Mufasa, se parece ahora al estéril cementerio de elefantes en el que antes habitaban las hienas.

Es como si siempre tuviéramos ante nosotros dos opciones, dos modos de administrar lo que se nos ha dado: el *modo Mufasa* o el *modo Scar*. Los recursos son los mismos; los resultados, opuestos. Cada uno tenía una forma de entender su papel frente a la responsabilidad asignada. Mufasa se veía a sí mismo como administrador y supervisor de un equilibrio necesario para el sustento de todas las criaturas; Scar pensaba solamente en su propio ego y en cómo alimentarlo, aun si eso implicaba la destrucción de la preciosa tierra a su cargo.

Cada vez es más común oír teologías sumamente egocéntricas. Los pronombres más importantes son los de la primera persona del singular: "Yo", "mi", "mío". Pensamos que el universo gira en torno a nosotros. El Evangelio se vuelve algo radicalmente individualista que desemboca en un narcisismo tal que hasta Dios se convierte en nuestro súbdito y nos resentimos cuando Él no hace las cosas según nuestra voluntad. Si así nos ocurre con el Creador, ¿por qué deberíamos esperar un trato más digno con la Creación? ¿Acaso no está ahí para satisfacer necesidades?

Todas las ideas tienen consecuencias prácticas... la teología no es una excepción. Algunas personas tienen una visión bastante pobre de la Creación; esperan que la muerte los alcance para poder ir a disfrutar de las mieles de una eternidad sin dolor. El anhelo de escapar de este mundo lleva tarde o temprano a la consecuencia lógica de verlo con desprecio. ¿Para qué cuidarlo si de todos modos se va a acabar, si es solamente una nota al pie de página de lo verdaderamente importante?

Por supuesto, no estamos negando aquí que haya vida eterna ni que la relación con el Señor sea personal. Lo que sí estamos planteando es que estos dos *modos* de ver la Creación arrastran una serie de consecuencias prácticas.

Aunque creemos que la vida que ofrece Jesús supera los dinteles de la muerte, también creemos que la eternidad es una realidad presente (sino, no sería eterna); el reino de los cielos ya está entre nosotros y esta Creación es buena en gran manera. Aunque creemos que la relación con el Señor es personal, también creemos que esa relación tiene dimensiones que se conectan con los demás y con nuestro entorno; la experiencia de la fe no se trata solamente de un *yo*, sino de un *nosotros*, y de cómo ese *nosotros* representa un agente de transformación, cuidado y preservación del entorno. Por algo, Jesús le dijo a sus seguidores que eran la sal de la tierra.

Nuestra lectura de un libro como Apocalipsis, por ejemplo, dice bastante al respecto de nuestra manera de entender la historia, nuestro papel en ella y nuestra relación con este mundo. Para un alto porcentaje de lectores, escuchar la palabra "apocalipsis" es pensar en un futuro caótico, cataclismos de todo tipo, fuego cayendo de los cielos y, en el intermedio o al final (todavía está en discusión), un grupo de escogidos siendo arrebatados para no sufrir más. De hecho, cuando llegamos al final del libro y nos encontramos con el concepto de *cielo nuevo y tierra nueva*, se tiende a verlo como un motivo suficiente para no preocuparse por lo que pasa aquí y ahora. Total, todo esto se va a acabar.

Por lo general, los cristianos parecen pensar que lo que la Biblia dice acerca del fin de la historia es que la tierra dejará de existir y los redimidos entrarán entonces a un cielo como el que existe ya. Pero esta realidad se basa en una visión del valor de la tierra que no es bíblica. Lo que aquí se nos dice difiere de eso en dos maneras. En primer lugar, el cielo mismo es nuevo. En segundo lugar, hay también una nueva tierra, que será habitación de los redimidos. [...] Parte de la esperanza escatológica de Israel, es decir, de lo que se esperaba al fin de la historia, era precisamente una nueva tierra. [...] En todos estos casos, la esperanza futura tiene una dimensión terrena.[2]

Albergar en nosotros un desprecio por la tierra y su cuidado, excusándonos en una idea del tipo "da igual, de aquí nos vamos a ir" o algo por el estilo, no solamente es incorrecto, sino algo absolutamente distante de la piedad. La esperanza del Evangelio está enraizada en el sueño de una Creación restaurada plenamente, no en la invención de un mundo supuesto, distante, que elimina a este de la ecuación. No es coincidencia que el grito de esperanza en el cierre del Apocalipsis esté vinculado con la realidad de este mundo: «¡Aquí, entre los seres humanos, está la morada de Dios!» (Ap. 21:3).

¡Qué palabra! ¿No te parece? *Aquí.* No "allá", no "lejos", no "en otro lugar"... *aquí.* Dios habitando en medio de los seres humanos en esta Creación, no en otra. Este mundo no es desechable, por el contrario: se proyecta como la morada del Dios Santo. Lejos de presentarlo como algo despreciable o que simplemente deberíamos apuntar a superar, la imagen es que se está preparando constantemente para el recibimiento del protagonista de *la* historia. Así que el cuestionamiento de fondo termina por ser muy concreto: ¿Por qué los seguidores de Cristo anhelan escapar de este mundo cuando el anhelo de Cristo es venir a morar en él?

Existen teologías que propagan el *modo Scar* en el trato de la Creación, pero el Evangelio se parece más al *modo Mufasa.* Desde el principio de la narrativa bíblica, se presenta la Creación como un acto que nace de la voluntad de Dios, quien le pone el rótulo de *buena en gran manera.* Posteriormente, en los tiempos de construcción de Israel como nación, tras el éxodo de Egipto, la tierra y su manejo pasan a ser una parte fundamental de las bases sociales, económicas e incluso legales de coexistencia. La tierra tiene sus ritmos; no se la puede explotar a voluntad y sin ningún tipo

2. González & Gonsalus González, 2021, p. 216.

de descanso. Normas como las estipuladas en Levítico 25:3-4 —donde se habla precisamente de respetar las etapas, ritmos y tiempos del suelo— nos dejan ver con claridad que el deseo de Dios para su pueblo es que administre con sabiduría el ambiente en el que los ha colocado.

No obstante, Israel parece empecinado en desobedecer sistemáticamente la ley que Dios les había dado. Ocurrió en todos los ámbitos de su vida: a nivel ritual, moral, individual, social, y también en la administración de la tierra. Reflexionando sobre las razones por las cuales sucedió el exilio babilónico —cuando el pueblo fue forzado a salir de la tierra para vivir en un lugar extraño—, un notable aparte del segundo libro de Crónicas atribuye parte de la explicación a la necesidad de la tierra de un período de descanso: «La tierra disfrutó de su descanso sabático todo el tiempo que estuvo desolada, hasta que se cumplieron setenta años» (2 Cr. 36:21).

No solemos detenernos a pensar en que las responsabilidades del pueblo de Dios con la tierra exceden a lo administrativo o funcional: son también éticas, morales, y están directamente relacionadas con un ejercicio de santidad. «La desobediencia humana no solamente alienó a las personas de Dios, sino, como consecuencia, alienó a toda la creación»[3]. Seamos aún más claros: no cuidar la tierra es un pecado. El exilio del pueblo de Israel fue causado por un entramado de pecados, *dentro de los cuales* se incluye no haberle dado a la tierra sus tiempos de descanso ni haber respetado el ritmo de trabajo y explotación responsable que el pueblo debía tener desde un principio. Dios aborrece el *modo Scar* y no se queda en silencio ante él.

Todo esto también levanta profundas implicaciones en cuanto a nuestra comprensión, por ejemplo, de la adoración. Tristemente, en ámbitos religiosos se asocia esa palabra casi exclusivamente con un tipo de música que se canta durante unos minutos en las reuniones semanales. Sentimos que adoramos cuando cantamos. Pero esa es, en el mejor de los casos, una expresión *mínima* de la adoración. Adorar no tiene que ver con entonación, sino con la vida; la forma en la que enfrentamos nuestra cotidianidad es una especie de altar en el que constantemente podemos dar honra a Dios. En un sentido muy práctico, la forma como tratas lo creado refleja lo que piensas sobre aquel que lo creó. La manera como se trata la Creación está inequívocamente ligada con la adoración a Dios.

Cuidar la Creación es una forma de adorar a su Creador. La razón es sencilla: en sus mandatos esenciales se presenta un esbozo bastante claro de cómo se pueden respetar los ciclos en lugar de eliminarlos; cómo

---

3. Morillo Horne, 2019, p. 124.

administrar los frutos en lugar de sobreexplotarlos; cómo mantener el equilibrio en lugar de alterarlo. Dicho de otra forma: hay un *modo Mufasa* de asumir lo que significa ser mayordomos de la Creación... y las estipulaciones ya están dadas. Así que, más que lavarnos las manos con teologías conspirativas que le echan la culpa a un apocalipsis hipotético en un futuro cercano —lo cual nos quita responsabilidad porque, al final, el devenir de la historia es incontrolable—, somos convocados a evaluar nuestra responsabilidad activa o pasiva en el maltrato de la Creación.

Así, probablemente, dejaremos de vivir en *modo Scar*, un estilo basado principalmente en la codicia y en nuestro hambre de poder. Vivir de esa forma no es un problema de otro ni responsabilidad de unos pocos que están en ciertas esferas sociales; cada uno de nosotros puede ser Scar si seguimos justificando nuestros anhelos desmedidos que tienen que cumplirse a como dé lugar. Si persistimos en hablar el lenguaje de la codicia, lastimaremos la Creación de Dios en mayor o menor forma, cada quien de acuerdo a la medida de sus posibilidades. Si lo que nos sigue dirigiendo es esa obsesión ciega por cumplir cada una de las demandas de nuestro ego, no nos daremos cuenta —o, peor aún, no nos interesará ser conscientes— de que estamos lastimando a otros o a nuestro entorno. "Alguien tiene que pagar para satisfacer mis reclamos" es la lógica indolente del codicioso. Y eso tiene profundas repercusiones cuando reflexionamos sobre un fenómeno como el calentamiento global.

Uno de los elementos que más alimenta la emisión artificial de gases es la quema de combustibles fósiles, ya que los mismos generan grandes cantidades de CO_2. Es un problema político, económico y social.[4] Cuando hablamos de esto pensamos inmediatamente en gigantescas chimeneas industriales que no dejan nunca de lanzar humo venenoso hacia el cielo, o en automóviles viejos de grandes ciudades, entre otras cosas. A esta problemática se dirige la afirmación del doctor William Nordhaus —Premio Nobel de Economía en 2018 por su trabajo relacionado con el cambio climático— al respecto de que el impuesto al carbono es esencial como medida económica para mitigar los daños ya hechos.[5]

---

4. Para una discusión desde esta perspectiva, vale la pena leer el esfuerzo de Bjorn Lomborg (2018) por poner en contexto las implicaciones de las políticas para enfrentar el cambio climático y cómo podemos asumirlas de forma realista.

5. Nordhaus, 2018.

Sin embargo, es una situación que no tiene que ver exclusiva y únicamente con las grandes industrias. Cuando miramos las muertes humanas anuales producidas por la contaminación del medio ambiente, encontramos que la *World Health Organization*, en su estudio del año 2016, señaló que un 23% del total eran producidas por la contaminación (es decir, un poco más de 12 millones de personas mueren al año por esta razón). Dicho estudio mostró también que casi un tercio de esas muertes (3,8 millones) eran causadas por combustibles utilizados en casas (madera, carbón, estiércol, entre otros).[6] Cerca del 40% de la población mundial utiliza estos materiales para cocinar y quemar.[7] ¿Por qué? Porque son pobres. No tienen otra manera de preparar alimentos ni de calentarse durante el invierno.

Si preguntáramos a esas personas cuáles son sus mayores preocupaciones, es probable que el calentamiento global no sea una de las más importantes. Sus inquietudes seguramente serán tener comida, que sus hijos no mueran por causa del frío o del hambre, o tener un techo de cualquier material para resguardarse de las inclemencias del clima. El cambio climático, evidentemente, es un problema de causas muy complejas; requiere un compromiso a una escala mucho mayor que saber el color adecuado de cada traste de basura para cada residuo, por ejemplo. La desigualdad también es una causa del daño que le hacemos al medio ambiente. Alguien que esté muriendo de frío utilizará lo que tenga a mano para tratar de subsistir, aunque deba quemar plástico. Su necesidad, combinada con su instinto de supervivencia, hará que se enfoque en lo primario. Una necesidad no resuelta lleva a tomar medidas desesperadas. La pobreza lastima a los seres humanos y al planeta.

Así que nos damos cuenta de que la codicia está íntimamente conectada con el calentamiento global. Nuestro egoísmo ciego nos permite vivir tranquilamente mientras hay seres humanos que tienen que consumir basura para poder subsistir. ¿Debería acaso sorprendernos la indolencia generalizada frente a los animales que mueren por las temperaturas extremas causadas por el cambio climático? Estamos tan deslumbrados por el dinero que no nos importan las consecuencias que dejamos a nuestro paso, desde ignorar a los necesitados hasta deforestar el Amazonas para tener campos de ganado más amplios, secar ríos completos para extraer oro o explotar

6. World Health Organization, 2016.
7. Ibíd.

incesantemente el suelo para obtener la materia prima que requiere la industria textil.

Nuestro corazón necesita con urgencia ser recalibrado para manejar adecuadamente el ambiente que nos rodea. La Creación también es víctima de nuestro pecado y está recibiendo sobre sí las consecuencias de nuestra inconsciencia. El arrepentimiento no es una alternativa, es una necesidad.

Los hebreos tenían arraigada en su idiosincrasia la idea de que el arrepentimiento proviene del concepto de volver, de regresar. No se quedaban en un simple remordimiento religioso, pero tampoco se arrojaban al ejercicio moralista de tener que adivinar cuál es el rumbo adecuado: debían retornar hasta el punto donde habían equivocado el camino. El pueblo de Dios siempre ha tenido suficientes recursos dentro de la misma Escritura para saber cómo relacionarse y tratar adecuadamente a la Creación. Allí se presenta una fotografía de cómo se vería el mundo si le prestáramos más atención al que lo creó.

Hemos vivido demasiado tiempo perpetuando el *modo Scar*. La oscuridad de nuestro corazón ha apuñalado a la Creación y la ha convertido en un daño colateral aceptable para poder seguir satisfaciendo la avaricia de nuestras almas. Llamamos "necesidad" a la obtención de algún artilugio de moda, aun si ello implica destrozar aquello que Dios dijo que era bueno en gran manera. Estamos cegados.

Nos hemos acostumbrado a vivir rodeados de un paisaje de aridez, muerte y oscuridad, pero esto puede cambiar si tomamos las decisiones adecuadas. El *modo Scar* se puede diluir sosteniendo a lo largo del tiempo una decisión a la vez. Los grandes cambios se catalizan a través de pequeñas elecciones. Podemos elegir ser pequeños focos de resistencia frente a un reinado que promueve la desolación a su paso. La Creación está clamando para que se levanten esos soñadores de un mundo que ya no se desangra por causa de las heridas que le causamos; que saben que hay un modo distinto de tratar la Creación; que tienen tatuada su conciencia con la verdad de que *Scar* no tiene la última palabra —porque, de todas maneras, su reinado no es legítimo y su reino es obsoleto—; que están dispuestos a arrepentirse de los pecados que se hacen contra la Creación y enfrentar el mañana con paradigmas más leales, más honestos, más bondadosos; que conspiran para que nuestro mundo pueda volver a ser una fotografía del Paraíso perdido porque saben en el fondo de su alma que este mundo no es el plan fallido de Dios: es su idea sagrada. Y, entonces, quizás podamos volver a ver la Creación con sus ojos y contemplar esta tierra singular, bella y conmovedora repitiendo las palabras que el mismo Dios dijo: «Es buena en gran manera».

Bibliografía

Gonzáles, J. & Gunsalus González, C. (2021). *Cómo leer el Apocalipsis*. Editorial CLIE.

Lomborg, B. (20 de septiembre de 2018). Políticas inteligentes contra el cambio climático. *Milenio*. https://www.milenio.com/opinion/bjorn-lomborg/columna-bjorn-lomborg/politicas-inteligentes-contra-el-cambio-climatico

Morillo Horne, J. (2019). Medio Ambiente. En Padilla, R. (Ed.), *Comentario Bíblico Contemporáneo*. Certeza Unida.

Nordhaus, W. D. (2018). [Nobel Prize]. 9 de diciembre de 2018. *William D. Nordhaus: Lecture in Economic Sciences 2018*. [Video]. YouTube. https://www.youtube.com/watch?v=h1RkSuAs03Q

World Health Organization. (2016). *The Global Health Observatory*. https://www.who.int/gho/phe/en/

Girls Just Want to Have Fun
Las mujeres y la Iglesia

Silvina Repullo[1]

Oh, mother dear, we're not fortunate ones.

Año 1983. Estados Unidos. Una madre sentada a la mesa espera impaciente. De pronto, empieza la música más optimista que podría escuchar. Una joven pelirroja, desalineada, de pelos batidos y cubierta de tul viene bailando en el medio de una calle casi desierta en una Nueva York que amanece. La joven entra a la casa; la madre la espera con cara de decepción y le pregunta: «¿Cuándo vas a vivir bien tu vida?», a lo que la joven responde: «Oh, madre querida, ¡no somos las afortunadas!».

Este es el cuadro inicial del videoclip de "Girls Just Want to Have Fun", de Cyndi Lauper, una canción que se convertiría en un himno feminista y que resume el sentimiento de las mujeres de esa (y esta) época: no somos las afortunadas. El hecho de que nos encontremos reflexionando sobre la realidad de las mujeres en las iglesias cuarenta años después de aquel manifiesto no deja de ser un signo de los tiempos.

"Girls Just Want to Have Fun" señala la esperanza y el dramatismo de la existencia de las mujeres, tanto en esa época como en la actual. En este

---

1. Silvina Repullo nació en Buenos Aires, Argentina, en 1991. Profesora de Ciencias Sagradas por el Seminario Internacional Teológico Bautista, Licenciada en Teología Sistemática y Maestranda en Teología con Especialización en Sagradas Escrituras por la Pontificia Universidad Católica Argentina. Becaria del Intercambio Cultural Alemán-Latinoamericano (ICALA) a través del Programa para la Promoción Científica de las Mujeres. Investigadora adscrita a la Universidad Católica de Córdoba. Coautora de *Feminismo y teología cristiana: una oportunidad de encuentro* (2020). Participa del programa de estudios, investigaciones y publicaciones Teologanda. Fan de *Star Wars*, *Succession* y Ella Fitzgerald; no le gusta *Indiana Jones* y no vio *The Sopranos*. Está casada con Pablo y vive en Buenos Aires.

ensayo quiero reflexionar sobre los roles de las mujeres en la historia de la Iglesia cristiana y animarme a repensar una nueva Iglesia en la que todas/os podamos disfrutar la plenitud del Evangelio. Son dos los motivos que me llevan a escribir estas páginas, uno subjetivo y otro objetivo (aunque ambos atraviesan mi propio quehacer teológico y motivación).

El subjetivo —aunque no sea el más importante para ustedes— tiene que ver con mi historia. Una mujer que estudia teología, lee la Biblia como texto sagrado y pertenece a una comunidad de fe en esta coyuntura histórica tan movilizadora definitivamente se ve enfrentada al tema de "la mujer". El lugar que las mujeres han conquistado en la sociedad no se refleja en las iglesias cristianas que, muchas veces, como la madre de Cyndi, nos vuelven a exigir que hagamos "algo" con nuestras vidas.

El motivo objetivo nos rompe el corazón y, tal vez, explicitarlo desde el comienzo sea un poco anticlimático: la cantidad de casos de violencia de género y femicidios que se reflejan mes tras mes en las estadísticas. Miles de mujeres pierden la vida cada año y no podemos más que preguntarnos: ¿Qué teología está sosteniendo este sistema de violencia hacia las mujeres? Y, más aún, «¿cómo pueden nuestros pensamientos acerca de Dios contribuir a la petición del cese del feminicidio?»[2].

Esta realidad es innegable. Sin embargo, cuando vemos el cambio de paradigma de algunas comunidades de fe sobre la dignidad de las mujeres, nuestro caminar se llena de esperanza. El sometimiento y el sufrimiento van dejando de ser parte esencial de las predicaciones sobre el carácter de la mujer cristiana. Estas iglesias emprenden un valiente camino que permite la pregunta como método teológico; se cuestionan lo que estamos viviendo, las liturgias y formas de relacionarnos con Dios, las imágenes que tenemos sobre lo divino. No huyen de la incomodidad que genera aceptar que hay verdades de fe que son fundamentales, pero también preguntas contextuales que necesitan respuestas.

Las mujeres en la Iglesia primitiva

When the working day is done.

Felisa Elizondo fue una de las primeras teólogas españolas en matricularse en una facultad de Teología; era el año 1968. Décadas después relató que

---

2. Pineda Madrid, 2016, p. 190.

aún recordaba al secretario en el momento de su inscripción: «Me miró como si me hubiera equivocado de lugar y estuviera haciendo algo grave»[3]. Sin embargo, sabemos que las iglesias se sostienen gracias a millones de mujeres dedicadas al servicio del reino. Esto fue así desde el comienzo; las mujeres desempeñaron un papel fundamental en la difusión del cristianismo y la vida de las comunidades cristianas primitivas. Algunas fueron líderes y misioneras; otras desempeñaron un papel importante en el servicio y la ayuda a los necesitados.

A continuación, propongo pensar en tres conceptos que representan a tres mujeres de la Iglesia post-pascual. Aunque los relatos de sus vidas se encuentran en el Nuevo Testamento, los valores que representan raramente se han asociado históricamente con las mujeres.

1. Lidia: *Influencer*

> Entonces una mujer llamada Lidia, vendedora de púrpura, de la ciudad de Tiatira, que adoraba a Dios, estaba oyendo; y el Señor abrió el corazón de ella para que estuviese atenta a lo que Pablo decía. Y cuando fue bautizada, y su familia, nos rogó diciendo: Si habéis juzgado que yo sea fiel al Señor, entrad en mi casa, y posad. Y nos obligó a quedarnos. (Hch. 16:14-15; RVR1960)

Hechos de los Apóstoles narra que, un día de reposo en la ciudad de Filipos, el equipo misionero dirigido por Pablo se puso a conversar con las mujeres que habían ido a escucharlos. En ese contexto, Dios abrió el corazón de Lidia, que era fabricante de púrpura. La fabricación de este tinte era un proceso complejo y costoso que requería de grandes cantidades de materia prima y mano de obra. De hecho, durante la época romana, el color púrpura era un símbolo de estatus y se reservaba exclusivamente para la ropa de los emperadores y las élites. En otras palabras, Lidia era una empresaria con mucho dinero e influencia en su contexto social.

El caso de Lidia nos permite también constatar su autoridad, su condición de *domina* y *patrona*, pues es ella quien decide su conversión, y además "se bautizó con toda su casa" (Hch. 16,15), como también parece que Cloe, en Corinto (1 Cor. 1,11), o Tavías, en Esmirna (Ignt. Smyrn XIII, 2), están a la cabeza de una familia. El hecho de

---

3. Elizondo, 2014, p. 142.

que algunas de estas mujeres no aparezcan relacionadas con ningún varón, la libertad con la que disponen de sus bienes a favor de su inclinación religiosa, y sobre todo, la capacidad para decidir no solo su conversión, sino también sobre la de "los suyos" hace pensar que, lejos de estar sometidas a la tutela masculina, se comportan como un *paterfamilias*.[4]

Estando con las demás mujeres, Pablo comienza a hablar sobre las Buenas Noticias de Jesús y Dios abrió el corazón de Lidia, convenciéndola de la verdad. Su casa probablemente se convirtió en una de las primeras iglesias domésticas de la región. Ella, que buscaba a Dios fervientemente, aprovechó sus recursos e influencia para la gloria de Dios e impactó a su familia y a quienes la rodeaban.

2. Priscila: *Speaker*
   Cuando Priscila y Aquila lo escucharon predicar con valentía en la sinagoga, lo llevaron aparte y le explicaron el camino de Dios con aún más precisión. (Hch. 18: 26; NTV)

Sin duda, Prisca (o Priscila) fue una de las compañeras más queridas de Pablo durante sus viajes misioneros. Aparece siempre mencionada junto a su esposo, y su nombre suele estar escrito antes que el de Aquila. Muchos estudiosos sostienen que el simple hecho de que una mujer sea mencionada por nombre y a menudo en primer lugar en un texto del siglo I podría indicar que Priscila y Aquila compartían de forma igualitaria tanto su trabajo como su labor evangelizadora. En el capítulo 18 de Hechos, conocemos cómo Pablo llegó a encontrarse con ellos y cómo vivieron y trabajaron juntos por un tiempo, ya que los tres tenían la misma profesión. Fueron un apoyo importante para Pablo; además de trabajar con ellos, algunos autores afirman que también compartían su propio hogar.[5]

En este capítulo conocemos también a otro personaje muy importante para la expansión del reino de los cielos: Apolos. Aunque sabemos pocas cosas sobre su vida, lo encontramos en este relato predicando a viva voz sobre Jesús. Aunque Apolos predicaba fervientemente, su predicación estaba incompleta, le faltaba conocer más sobre Jesús. Prisca y su esposo no entraron en un debate público con él para corregirlo; tampoco lo

---

4. Pedregal Rodríguez, 2011, p. 320.
5. Cf. Vázquez, 2012, p. 105.

avergonzaron a viva voz, sino que adoptaron una actitud pastoral: lo llamaron aparte y le explicaron con más precisión el camino de Dios.

3. Febe: *Project Leader*

Les recomiendo a nuestra hermana Febe, diaconisa de la iglesia en Cencrea. Les pido que la reciban en el Señor, como merecen ser recibidos los santos, y que la ayuden en cualquier cosa que necesite de ustedes, porque ha ayudado a muchos, y también a mí mismo. (Ro. 16: 1-2; RVC)

¿Quién era Febe? Lo cierto es que no conocemos casi nada de ella; no es mencionada en ningún otro lugar del Nuevo Testamento. Sin embargo, no es muy común encontrar nombres de mujeres en la Biblia, por lo que la primera conclusión es que, seguramente, esta era una mujer muy conocida y querida dentro del ministerio de Pablo.[6]

Podemos sacar algunas conclusiones más de estas pocas palabras. Febe era responsable de su Iglesia local; esto queda claro cuando Pablo la llama "diaconisa" (que significa *servidora*). Es decir, Febe tenía un rol de liderazgo. Es la única mujer diaconisa que conocemos de una iglesia del siglo I. Seguramente, su rol era acompañar a la comunidad, dedicándose al Evangelio, pero aparece aquí también la referencia a un viaje que estaba por realizar; ese fue el motivo que impulsó a Pablo a escribir la carta. Algunos opinan que las tareas de Febe como diaconisa incluían ser representante de la Iglesia en los viajes.

Pablo recomienda a Febe y les pide a los cristianos que la reciban. El apóstol recomienda a personas pocas veces en sus cartas, y cuando lo hace siempre eran personas de su confianza. Febe probablemente formaba parte de su círculo más íntimo y era tenida en gran estima. No tenemos detalles de qué clase de ayuda ofrecía, pero sí sabemos que ayudaba a muchas personas y al mismo Pablo.

Este pequeño recorrido deja en claro el lugar de importancia que ocuparon las mujeres en la Iglesia primitiva. Esa situación se mantuvo al menos hasta cerca del siglo IV:

---

6. Se calcula que, de toda la composición de relatos de la Biblia, las narraciones de mujeres representan el 1,1%. En la Biblia solo hablan 93 mujeres, y solo 49 son nombradas por su nombre propio y no en referencia a otra cosa ("la esposa de…", "la madre de…", "la mujer que…").

Los ecos de mujeres con oficios clericales continuaron hasta el periodo medieval tanto en Oriente como en Occidente. Así lo testifican los símbolos y poderes sacramentales de las abadesas medievales primitivas, quienes llevaban elementos de la vestimenta sacerdotal en las procesiones, daban bendiciones y recibían las confesiones de sus monjas. Aun así, en la mayoría de los casos, el nivel más elevado del oficio eclesiástico de las mujeres había disminuido ya para el siglo IV.[7]

Aunque las mujeres han desempeñado papeles importantes en la vida de las comunidades cristianas desde el siglo I, a medida que la Iglesia se fue desarrollando como institución, su participación se vio cada vez más limitada. A pesar de todo, y a menudo desde las sombras, "las chicas" siguen haciendo su trabajo.

Mujeres, iglesias y violencias de género: textos bíblicos mal interpretados

Some boys take a beautiful girl and hide her away from the rest of the world.

El colorido video de Cyndi Lauper y su voz se apagan de pronto cuando se escucha la frase: «Algunos chicos toman una hermosa chica y la esconden lejos del resto del mundo». En el mismo momento, vemos en la televisión una escena de la película muda *El jorobado de Notre Dame* (1923). En la escena, Quasimodo rapta a Esmeralda y la esconde en la Catedral Nuestra Señora de París.

La película está, por supuesto, basada en la novela de 1831 *Notre-Dame de París*, del escritor francés Victor Hugo. El impacto de la obra se debe al protagonismo de personas marginadas de la sociedad (un jorobado y una gitana), y al hecho de tener a la Iglesia de Notre-Dame como silencioso testigo del secuestro, la falsa acusación de brujería y el femicidio de Esmeralda.

Es muy fuerte pensar cómo las iglesias simbólicamente fueron, si no impulsoras, al menos testigos de siglos de violencia ejercida contra las mujeres; esto se manifiesta de muchas maneras, pero en su forma más cruel

---

7. Madigan & Osiek, 2005, p. 300.

al atentar contra su vida y existencia. Durante el año 2022 en Argentina, donde vivo, ocurrió un femicidio cada 27 horas; se cometieron 233 en total. La categoría *femicidio*[8] comenzó a visibilizarse y a formar parte de la teoría y la agenda política de las mujeres a principios de los noventa; el estudio de sus causas ha escalado de la mano de autoras feministas de renombre como Diana Russell, Jane Caputi, Marcela Lagarde o Rita Segato. Pareciera, sin embargo, que hablar y visibilizar la temática todavía no alcanza. Los números siguen creciendo.[9]

Frente a esta realidad estremecedora, quedan dos posibles caminos para los cristianos: hacer como si nada pasara y seguir siendo testigos tan silenciosos e inmutables como la Iglesia de Notre Dame... o preguntarnos: ¿Qué hicimos las iglesias para que esto pase? ¿Podemos hacer algo para detener esta situación? ¿Cómo prevenir las violencias de todo tipo y garantizar la vida de todas las personas?

1. Qué hicimos

La estructura social en la que vivimos —que le debe mucho a la tradición judeocristiana— ha colocado a las mujeres en un lugar de sometimiento y subordinación; las ha concebido como ciudadanos de segunda clase. Según la teóloga Silvia Martínez Cano, esta realidad se construye a través de un triple círculo vicioso que rodea la existencia de las mujeres: aprendemos a crecer insatisfechas, a vivir con culpa y a sentir miedo.[10]

Aprendemos a crecer insatisfechas porque predicamos la necesidad del aval de los demás para llegar a ser suficiente. Esto encuentra su correlato en la interpretación de ciertos textos: el de la Caída —en el que Eva, como arquetipo de las mujeres, es la culpable de introducir el pecado en el mundo—, el de la mujer ideal cristalizada en Proverbios 31 o algunos textos paulinos que sostienen la construcción de la identidad femenina como «vaso frágil», «calladas en la congregación» y «sometidas a sus esposos». A lo largo de los siglos, los varones moldearon la imagen de una esposa —"conforme al corazón de Dios"— que calla sus aspiraciones y encuentra su éxito en ocuparse de su familia y de su marido.

---

8. Ver, por ejemplo, Russell & Caputi, 2006, pp. 57-58.

9. Estas cifras reflejan únicamente los casos que llegan a los medios de comunicación nacionales; la realidad debe ser aún más vasta y cruda. Cf. La casa del encuentro, 2022.

10. Martínez Cano, 2017, p. 134.

2. Cómo lo paramos

Nací a principios de los 90' en un hogar cristiano evangélico. En la Iglesia bautista donde crecí, aunque las mujeres tenían lugar público en el culto, se enseñaba una fe rígida y exclusivista, basada en un código de "santidad" duro que proyectaba un reino de Dios muy chiquito y controlado. Esto me llevó a un laberinto dogmático sin sentido.

La gracia llegó como agua para mi propio desierto personal en el lugar menos pensado. Un libro de un sacerdote católico me llevó a comprender que vivir la vida en abundancia era una invitación a la confianza y la gratitud, y que eso requería «el coraje de arriesgarse, porque la desconfianza y el resentimiento siguen advirtiéndome de lo peligroso que es dejar a un lado mis cálculos y predicciones»[11].

La caja donde había metido mis convicciones se rompió en mil pedazos. Frente a esta visión de un Dios que nos ama a todos por igual, empecé a sentir incomodidad ante las situaciones de desigualdad. Reconocer las desigualdades en mi propio camino y el de mis cercanas me llevó a darme cuenta de la marginación que sufren las mujeres.

Veo la realidad contradictoria en que vivimos las mujeres. Por un lado, el mensaje humanizador e inclusivo del reino que predicó Jesús; por el otro, sociedades e iglesias donde los vínculos no son vividos plenamente, de manera igualitaria entre varones y mujeres. Este es mi propio intento por parar la violencia: hablar de estos temas, denunciarlos, exponerlos.

3. Cómo prevenimos

A pesar de todo, hay un mensaje esperanzador; estamos siendo testigos de cómo iglesias renuncian al fariseísmo que les susurra «esto siempre se hizo así» y se abren al soplo fresco del Espíritu que las anima a cuestionar sus propias prácticas y mensajes. Lo hacen porque reconocen que todas las teologías brotan de un punto de vista específico y son siempre mejorables a la luz de la Palabra y el discernimiento constante.

Le hice una pregunta a ChatGPT-3[12]: *¿Cómo pueden las iglesias prevenir la violencia de género?* Esta fue su respuesta:

---

11. Nouwen, 1992, p. 94.

12. ChatGPT es un prototipo de chatbot de inteligencia artificial especializado en el diálogo. Fue desarrollado en 2022 por OpenAI.

Hay varias formas en que las iglesias pueden contribuir a prevenir la violencia de género:

- Educación y sensibilización: Las iglesias pueden organizar talleres y charlas para educar a su comunidad sobre la violencia de género y sensibilizar sobre sus efectos en las víctimas y la sociedad en general. Esto puede incluir la promoción de relaciones saludables y el respeto mutuo entre hombres y mujeres.
- Implementación de políticas y protocolos: Las iglesias pueden establecer políticas y protocolos claros para prevenir y responder a la violencia de género, incluida la capacitación del personal y voluntarios sobre cómo identificar y abordar la violencia.
- Apoyo y protección de las víctimas: Las iglesias pueden proporcionar un espacio seguro y de apoyo para las víctimas de violencia de género, como servicios de asesoramiento y derivación a agencias especializadas. También pueden ayudar a las víctimas a obtener órdenes de protección y apoyarlas en su proceso de recuperación.
- Promoción de la igualdad de género: Las iglesias pueden abogar por la igualdad de género y por el respeto y valoración de ambos géneros en todos los aspectos de la vida, incluyendo el liderazgo de la Iglesia y la toma de decisiones.
- Condena de la violencia: Las iglesias pueden condenar públicamente la violencia de género y el abuso en todas sus formas, y promover valores y enseñanzas que fomenten el respeto y la dignidad de todas las personas.

Si un sistema de Inteligencia Artificial puede expresar estas ideas básicas, no tengo dudas del potencial y la creatividad que existe en las personas empoderadas con una visión más humana del Evangelio de Jesús.

Solidaridad y sororidad: una propuesta relacional y humanizadora para las iglesias

I wanna be the one to walk in the sun.

Todas las personas que experimentamos el amor de Dios y su verdadera libertad queremos ser aquellos que "caminan en el sol". No es una cuestión de sacarle el poder a unos (los varones) para dárselos a otros (las mujeres). Más bien, debemos transformar nuestras relaciones en clave de solidaridad.

Hay un concepto teórico, muy utilizado por los movimientos de mujeres, que puede resultar iluminador para traducir todo esto: *sororidad*. Es una palabra que viene etimológicamente del latín *soror*, que significa "hermana". La sororidad apunta al compromiso social y práctico entre las mujeres. Las bases sobre las que se construye la sororidad son el cuidado, el acompañamiento y la creación de vínculos significativos que practiquen la escucha empática, la acogida y el reconocimiento de la singularidad.

Necesitamos comunidades que trabajen para lograr consensos contra la exclusión, el odio y la discriminación por cualquier motivo. Los vínculos sororales implosionan el poder ejercido verticalmente al traer a las personas (en todas sus dimensiones existenciales) desde los márgenes hacia el centro de las prácticas y los discursos. Al reconocer y respetar las diferencias, emerge una autoridad colectiva que dignifica nuestra voz. En ese sentido, la sororidad propone una manera de ver las relaciones en la comunidad cristiana que imita el ejemplo de Jesús, que nos llamó «amigos y amigas» (Jn. 15:15) y nos enseñó que no debíamos enseñorearnos unos sobre otros (Mt. 20:24-28).

Poner la lupa en las relaciones de poder en los liderazgos de las iglesias es una tarea impostergable. Las relaciones que establecemos dentro de las comunidades pueden ser trascendentes; los valores que practicamos en las iglesias nos marcan para siempre. Pensar y desarrollar teologías que dignifiquen y acojan a las personas es un proyecto urgente, indispensable.

La clave del éxito de una nueva Iglesia y unas nuevas relaciones en la sociedad estará en el tipo de relaciones que establezcamos en las comunidades creyentes. En la medida en que los hombres vivan sin miedo sus relaciones con las mujeres, sin sentirse amenazados en su identidad (porque ya no la basarán en el poder), y en la medida en que las mujeres se empoderen y se liberen de las creencias que las limitan y empequeñecen, será posible una comunidad sororal y fraterna, una *ekklesia* de reciprocidad donde el apoyo, la compasión y la comprensión sean habilidades "naturales" base de una espiritualidad cotidiana viva y dinámica.[13]

---

13. Martínez Cano, 2019, p. 119.

Conclusión: El desafío de vivir nuestra fe

Girls Just Want to Have Fun(damental Rights).

A lo largo de estas páginas, la canción de Cyndi Lauper nos acompañó como una voz profética que nos ayuda a tener esperanza en que pueden existir mejores formas de vivir nuestra fe y nuestro vínculo con Dios y los demás. La experiencia de la gracia nos anima a mantener una actitud subversiva frente a las relaciones definidas por la posesión y el sometimiento, mientras nos invita a vivir en comunidades donde no existan personas "de primera" y personas "de segunda".

Traspasando la amenaza de los márgenes, comprenderemos que "la diversión" que quieren "las chicas" es poder vivir libres, felices, dignas, desplegadas. En conclusión, poder experimentar en esta tierra la sobreabundancia del amor de Dios en todos los ámbitos de la vida. Si nos animamos a vivir en comunidades así, a acoger el dinamismo de este amor divino, podremos ser «capaces de comprender la inexactitud de la realidad y las grietas donde se aloja la misericordia divina»[14].

Bibliografía

Elizondo, F. (2014). Recuerdos del concilio y perspectivas en contexto. En Martínez Cano, S. (Ed.), *Mujeres desde el Vaticano II. Memoria y esperanza*. Verbo Divino, pp. 137-146.

La casa del encuentro. (2022). *Informe de femicidios en Argentina Adriana Maricel Zambrano*. http://www.lacasadelencuentro.org/femicidios03.html

Lagarde, M. (2006). Pacto entre mujeres: sororidad. *Aportes para el debate*, 126. https://www.asociacionag.org.ar/pdfaportes/25/09.pdf

Madigan, K. & Osiek, C. (Eds.). (2005). *Mujeres ordenadas en la Iglesia primitiva: Una historia documentada*. Verbo Divino.

Martínez Cano, S. (2017). Amores que liberan. El Dios solidario libera a las mujeres desde la cruz. En Baracco Colombo, A. (Ed.), *Caín, ¿dónde está tu hermana?: Dios y la violencia contra las mujeres*. Verbo Divino, pp. 131-163.

Martínez Cano, S. (2021). La vida trinitaria de las mujeres. La subversión de la realidad. En Escribano-Cárcel, M. (Ed.), *Trinidad, deseo y subversión*. Verbo Divino.

---

14. Martínez Cano, 2021, p. 129.

Martínez Cano, S. (Ed.). (2019). *Mujeres, espiritualidad y liderazgo: de la mística a la acción*. San Pablo.

Nouwen, H. (1992). *El regreso del hijo pródigo*. PCC.

Pedregal Rodríguez, A. (2011). Las diferentes manifestaciones del patronazgo femenino en el cristianismo primitivo. *Revista de historia de mujeres*, 18 (2), pp. 309-334.

Pineda Madrid, M. (2016). Feminicidio: interrogación al cuerpo roto de Cristo. *Teología 119*, pp. 189-207.

Russell, D. & Caputi, J. (2006). Feminicidio: sexismo terrorista contra las mujeres. En Russell, D. & Radford, J. (Eds.), *Feminicidio. La política del asesinato de las mujeres*. Ceiich-Unam.

Tepedino, A. M. (1994). *Las discípulas de Jesús*. Narcea.

Vázquez, A. (2012). *Así se extendió el cristianismo: El relato según los Hechos de los Apóstoles*. RIALP.

LA FE DE NUESTRAS ABUELAS
Una visión renovada para el futuro del pentecostalismo latino

Daniel Montañez[1]

«¿De dónde es tu abuela?». Muchas veces me han hecho esta pregunta en las aulas de la universidad para reflexionar sobre cómo la historia de origen de mi abuela impacta en mi vida hoy. Mi abuela por parte de mi padre es de Santurce, Puerto Rico, y mi abuela por parte de mi madre es de Michoacán, México. Aunque ambas crecieron a miles de kilómetros de distancia, tenían una cosa en común: su vibrante fe pentecostal. La fe de mis abuelas se transmitiría a sus hijos y llevaría a mi madre y a mi padre a reunirse en una pequeña Iglesia pentecostal en Los Ángeles, California. Si no fuera por la fe de mis abuelas, no estaría aquí hoy.

En el libro *The Spirit and the Screen,* el teólogo Wilmer Estrada Carrasquillo destaca cuántas películas recientes han recuperado las historias de las abuelas, su papel espiritual y su influencia dentro de una comunidad.[2] Por ejemplo, en la película *Encanto* (2021) nos encontramos con Alma Madrigal, abuela y matriarca de la familia Madrigal. La abuela Madrigal es presentada a partir de una historia trágica, la de haber sido forzada a

1. Daniel Montañez nació en Visalia, California, Estados Unidos en 1991. Hijo de madre mexicana y padre puertorriqueño. Es estudiante de doctorado en la Universidad de Boston, en el área de Teología, Ética y Filosofía. Es instructor adjunto del Seminario Teológico Pentecostal y del Programa de Ministerios Latinos y Globales en el Seminario Teológico Gordon-Conwell. Es fundador y director de Mygration Christian Conference y director de la Iniciativa de Crisis Migratoria de la Iglesia de Dios. Co-editor de *La Iglesia y la migración: una visión teológica para el pueblo de Dios* (2022) y autor de múltiples artículos sobre migración, ministerio y apologética. Trombonista de jazz y amante del Universo cinematográfico de Marvel y de *Master Chef*, Daniel se dedica a servir a su comunidad latina en la intersección entre Iglesia, academia y plaza pública.

2. Cf. capítulo 8 de Green & Félix-Jäger, 2023.

huir de su casa después de ser alcanzada por los invasores. Al perder a su marido mientras huía del peligro, en su momento de mayor necesidad, encuentra esperanza en un milagro: una vela mágica que le da un nuevo hogar, una nueva vida y regalos especiales que ayudan a su familia a florecer para las generaciones venideras. En muchos sentidos, esta historia es similar a la experiencia pentecostal con el Espíritu en América Latina y la experiencia de los inmigrantes pentecostales latinos en los Estados Unidos.

En este capítulo quiero abordar algunos desafíos y oportunidades para entender la identidad pentecostal latina en el siglo XXI. Aunque a menudo esta identidad se caracteriza por ideologías cercanas a la teología de la prosperidad, espero revisar estas preocupaciones y proponer una visión alternativa de la identidad de fe pentecostal latina. Esta identidad no se basa en el evangelio de la prosperidad, como a menudo muchos asumen de la experiencia pentecostal, sino en un auténtico encuentro con el Espíritu Santo entre voces olvidadas y marginadas; un gran ejemplo de esto es *la teología de la abuelita*.[3]

La teóloga Kat Armas nos recuerda que «muchos de nosotros tenemos o conocemos a un teólogo fuerte, devoto y no reconocido que ha servido como madre de nuestra fe, un faro de luz en nuestro viaje espiritual, ya sea que esté biológicamente relacionado o no»[4]. Para mí, la teología de la abuelita se encuentra no solo en la fe de mis abuelas, sino también en la fe de aquellos a quienes vi crecer en una Iglesia pentecostal latina.

Este capítulo nace de una convicción: la de que, al resaltar la sabiduría y las experiencias de las abuelas que han moldeado a la Iglesia pentecostal, podremos redescubrir una verdad profunda dentro de la experiencia pentecostal, una que debe ser recordada y reclamada para determinar el futuro de la Iglesia pentecostal latina.

Los orígenes del pentecostalismo latino

El comienzo del movimiento pentecostal se remonta popularmente al avivamiento de la calle Azusa en Los Ángeles, California. En 1906, un

---

3. En su libro *Abuelita Faith*, Kat Armas define este concepto como «una narrativa personal y bíblica contada a través de la vida cotidiana de las mujeres». Algunos también la llaman «"teología de la cocina", porque se forma en la cocina, mientras los frijoles negros se cocinan a fuego lento en la estufa, se trapea el piso y se prepara el cafecito. La teología de la abuelita toma forma mientras los miembros de la familia están sentados alrededor de la mesa discutiendo la lucha, la lucha de la vida cotidiana» (Armas, 2021, p. 20).

4. Ibíd., p. 11.

pequeño grupo de cristianos se reunió para buscar una revelación del Espíritu Santo, tal como lo hicieron los primeros discípulos en el libro de Hechos. Bajo la guía de un predicador afroamericano llamado William Joseph Seymour, esta comunidad pobre y marginada recibió una visita del Espíritu Santo, que se manifestó a través del don de lenguas, la sanidad y varias señales y prodigios.

El teólogo Eldin Villafañe observa que «los latinos han sido parte integral del movimiento pentecostal desde sus comienzos»[5]. El historiador Víctor de León también explica que «nadie se sorprendió al ver mexicanos en la reunión de la calle Azusa, aunque su número no era aún demasiado grande. Muchos de ellos eran rancheros acomodados y católicos muy devotos. No obstante, algunos habían arribado recientemente de México, y para esta época se encontraban expatriados en un entorno controlado por la cultura y el lenguaje gringo»[6]. La historia nos revela que la comunidad latina estuvo viva y activa desde el inicio del mover del Espíritu en Azusa.

Desde Azusa, el movimiento pentecostal se extendió por Estados Unidos y América Latina. Esto fue posible gracias a misioneros pioneros y líderes como Francisco Olazábal —quien en 1923 fundó el Concilio Latinoamericano de Iglesias Cristianas— y H. C. Ball —quien en 1926 fundó el Instituto Bíblico Latinoamericano—. Juan León Lugo, conocido como "el apóstol pentecostal para Puerto Rico", ayudó a establecer las Asambleas de Dios en Puerto Rico. Leoncia Rosado Rousseau, también conocida como Mamá Leo, llevó el fuego de Pentecostés a los marginados y adictos en las calles de Nueva York. Estos son solo algunos ejemplos de los innumerables pioneros que llevaron la llama de Pentecostés mientras se extendía como un reguero de pólvora por la comunidad latina en Estados Unidos y América Latina.

Hoy la importancia del pentecostalismo latino no puede ser subestimada. Según el teólogo Allan Anderson, «el crecimiento del pentecostalismo en América Latina ha sido una de las historias más notables en la historia del cristianismo»[7]. Si bien las narrativas dominantes a menudo señalan al pentecostalismo como un movimiento nacido en Estados Unidos, la realidad es que América Latina estaba experimentando su propio momento de Pentecostés en países como Argentina, Chile y Brasil.

En los últimos años, la rápida difusión del pentecostalismo ha resultado en una evangelización inversa, ya que muchos pentecostales

5. Villafañe, 2012, p. 37.

6. De Leon, 1981, p. 18.

7. Anderson, 2014, p. 72.

latinoamericanos que emigran a los Estados Unidos están renovando la fe cristiana de América del Norte. Un artículo reciente de *Christianity Today* informa que «mientras el cristianismo en general envejece y disminuye en los Estados Unidos, los creyentes hispanos están contrarrestando las tendencias, y los líderes tienen esperanzas para el futuro, a medida que continúa la inmigración de México y América Latina»[8]. La influencia y el impacto del pentecostalismo latino deben ser considerados como una parte esencial en el proyecto de dar forma al futuro de la fe cristiana en el siglo XXI.

Aunque el movimiento pentecostal latino es uno de los movimientos religiosos de más rápido crecimiento en la actualidad, no está exento de preocupaciones y críticas. Gran parte del evangelicalismo estadounidense a menudo ha menospreciado al movimiento pentecostal por considerarlo pura emotividad o por ser antiintelectual. El pastor Gabriel Salguero argumenta que, «durante mucho tiempo, la Iglesia latina hispana ha sido invisible para muchos en los Estados Unidos y su crecimiento no ha recibido la atención necesaria, considerando que es el grupo evangélico de más rápido crecimiento en los Estados Unidos»[9]. Mientras que los pentecostales a menudo se identifican como evangélicos, hay menos evangélicos que abrazarían a los pentecostales como propios.

Del mismo modo, en América Latina hay quienes, dentro de la tradición reformada, están cansados del movimiento pentecostal debido a la creciente influencia de la teología de la prosperidad en muchas iglesias locales. Jairo Namnún de *Coalición por el Evangelio* señala:

> En las últimas décadas una nueva ola de pentecostalismo ha barrido las viejas denominaciones. Usualmente referidos como neopentecostales, han modernizado muchas de las prácticas de la antigua denominación mientras mantienen el énfasis en lo que ellos consideran como manifestaciones del Espíritu Santo. Es a través de este neopentecostalismo que el evangelio de la prosperidad ha echado raíces en América Latina.[10]

La difusión del evangelio de la prosperidad en la vida de la Iglesia pentecostal es una preocupación para muchos que contemplan lo que esto significa para el futuro del cristianismo en América Latina y más allá.

---

8. Seidel, 2023.

9. Ibíd.

10. Namnún, 2015.

¿Cómo deben los creyentes pentecostales responder a estas preocupaciones a la luz de su fe cristiana? ¿Son estas preocupaciones una representación exacta de la fe pentecostal latina? ¿Cómo deben los creyentes entender la forma en que el Espíritu se está moviendo dentro del movimiento pentecostal latino?

El evangelio de la prosperidad en el pentecostalismo latino

¿Qué enseña la teología de la prosperidad? Según el sociólogo Tony Tian-Ren Lin, los pentecostales del evangelio de la prosperidad creen: «(1) Que es la voluntad de Dios que los fieles sean ricos y sanos, y (2) Que se requieren pensamientos positivos y actos de fe en nombre de los creyentes para "mover la mano de Dios" para conceder esta prosperidad y fe»[11]. Son estos dos principios los que guiarán nuestra comprensión de la teología del evangelio de la prosperidad en el pentecostalismo latino.

Las primeras reflexiones de la teología del evangelio de la prosperidad se remontan a finales del siglo XIX, cuando Estados Unidos experimentó un período de rápido crecimiento económico. Una de las primeras afirmaciones de la teología de la prosperidad fue pronunciada por John Davison Rockefeller, quien declaró: «Dios me dio mi dinero. Creo que el poder de hacer dinero es un regalo de Dios»[12]. Fue la creencia de Rockefeller en el favor divino como la fuente de su riqueza la que dio paso a una conciencia pública emergente de la relación positiva entre la religión y el dinero. Así, el aumento de la riqueza a través de una sociedad industrializada preparó el escenario para el amanecer de la teología del evangelio de la prosperidad en los Estados Unidos.

A principios del siglo XX hubo varios líderes pentecostales que sentaron las bases para el surgimiento del evangelio de la prosperidad norteamericano. Dos de las figuras más conocidas fueron los ministros pentecostales Kenneth Hagin y Oral Roberts. Hagin creía que «los creyentes individuales tenían el poder creativo de Dios para hablar verbalmente las cosas en la realidad»[13]. Esto llevaría a la fundación del movimiento *Palabra de fe*. Oral Roberts enseñó que «Dios deseaba prosperidad financiera y salud

---

11. Lin, 2020, p. 90.

12. Collier & Horowitz, 1976, p. 48.

13. Lin, 2020, p. 8.

para su "amado"»[14], una interpretación de 3 Juan 2, que declara: «Amado, deseo sobre todas las cosas que tú puedas prosperar y estar en salud, así como tu alma prospere» (RVR). Muchos eruditos argumentan que esto es una mala interpretación del significado original de Juan. Roberts también inventó el sistema del "pacto de bendición", que «prometió bendiciones financieras a aquellos que dieran $100 o más a su ministerio. La idea dio paso al concepto más amplio de *Semilla de fe*: [donde] los creyentes podrían "sembrar" (contribuir) dinero en la obra de un predicador con la promesa de que Dios devolvería el favor en la forma de una próspera "cosecha financiera"»[15].

El movimiento Palabra de fe y el movimiento de Semilla de fe se extenderían rápidamente con el auge de los medios de comunicación, las publicaciones cristianas y el teleevangelismo durante la segunda mitad del siglo XX. Fueron estas creencias las que sirvieron como pilares para el surgimiento del movimiento del evangelio de la prosperidad y continuarían influyendo en el pentecostalismo latinoamericano de los EE. UU.

La historiadora Arlene Sánchez Walsh traza la influencia de la teología del evangelio de la prosperidad entre los pentecostales latinos en dos oleadas:

> La primera ola de congregaciones latinas, a partir de la década de 1970, consistió en recientes salidas de denominaciones pentecostales clásicas que estaban tratando de forjar una identidad teológica de "fe" distinta. […] La segunda ola comenzó a reimaginar la teología de la prosperidad como un mensaje especial para los creyentes hispanos y alentó a los feligreses a aferrarse a su herencia lingüística y cultural.[16]

Así, mientras que el evangelio de la prosperidad se transmitió por primera vez a través de los pentecostales latinos de EE. UU. que buscaban asimilarse a la cultura norteamericana, la incorporación de la teología del evangelio de la prosperidad dentro del pentecostalismo latinoamericano creó un espacio para una expresión más contextualizada culturalmente. Hoy en día, esta expresión se puede encontrar en predicadores como el

---

14. Ibíd., p. 9.

15. Ibíd.

16. Bowler, 2013, p. 204.

televangelista hondureño Guillermo Maldonado, el pastor guatemalteco Cash Luna o el obispo brasileño Edir Macedo.

Aunque el impacto del movimiento del evangelio de la prosperidad sobre los latinos pentecostales no debe ser subestimado, sería erróneo asumir que es representativo de toda la experiencia pentecostal latina. El evangelio de la prosperidad no comenzó en América Latina, sino en Estados Unidos. No es original de la identidad pentecostal latina; más bien, surge de una visión capitalista del colonialismo norteamericano. En pocas palabras, el evangelio de la prosperidad es un intento de recolonizar América Latina a través de una visión imperialista occidental de la prosperidad económica, el nacionalismo religioso y el excepcionalismo estadounidense.

Esta visión del florecimiento humano somete a las comunidades inmigrantes latinas pobres y marginadas en los EE. UU. con la promesa de una vida mejor y una movilidad social ascendente a través de la realización del sueño americano. Es una visión que muchos inmigrantes latinos tienen al viajar a Estados Unidos y el evangelio de la prosperidad sirve como un medio simplista para lograr estos fines a través del lenguaje de la fe y las obras. Para aquellos que son incapaces de alcanzar las riquezas de "la gran promesa estadounidense", el evangelio de la prosperidad sirve como una de las grandes exportaciones norteamericanas, difundida a través de los medios de comunicación, el televangelismo y la comercialización de la fe.

La historiadora Kate Bowler describe la difusión del evangelio de la prosperidad señalando que, en los años 1980 y 1990, «las emisoras religiosas consideraban la programación en español como uno de los mercados más populares de la industria»[17]. Kenneth Hagin fue uno de los primeros en aprovechar esta oportunidad con la traducción al español de su libro *The Believers Authority* en 1974. Como resultado, «a partir de la década de 1970, los pentecostales latinos habían comenzado a abandonar sus denominaciones para predicar en iglesias de la prosperidad»[18]. Por lo tanto, es importante entender que mientras el evangelio de la prosperidad se ha extendido entre pentecostales latinos, no es auténtico a la identidad pentecostal latina. Es un producto de una visión capitalista estadounidense que promete bendiciones y riquezas, pero en cambio ofrece una fe barata y un falso sentido de liberación de la pobreza.

---

17. Ibíd., pp. 204-205.
18. Ibíd., p. 93.

La promesa del pentecostalismo latino

Hay un dicho popular en América Latina: «La teología de la liberación eligió a los pobres, pero los pobres eligieron el pentecostalismo». Se desconoce el origen de esta frase; a menudo se atribuye a un teólogo argentino de la liberación (aunque no se ha descubierto ninguna fuente oficial).[19] Esta poderosa frase habla de una realidad importante entre los pentecostales latinos que no se puede entender a menos que uno escuche el verdadero origen del movimiento pentecostal. Para entender por qué los pobres eligieron el pentecostalismo, debemos recurrir a las voces de los "pobres" mismos.

Hay una conciencia social que ha existido dentro de los pentecostales latinos desde sus inicios. Desde la irrupción del Espíritu Santo en el avivamiento de la calle Azusa, se dijo que «la línea de color fue lavada por la sangre [de Jesús]»[20]. Los latinos pentecostales jugaron un papel importante en el desarrollo de una fe que abordó no solo las dimensiones espirituales de la vida cristiana, sino también la realidad vivida y las experiencias de los pobres en los Estados Unidos y América Latina, porque en muchos sentidos el pentecostalismo nació de los pobres. El misionero latinoamericano Richard Shaull observó una vez que

> los que antes eran objetos pasivos, sobre los que actúa la historia, ahora se están convirtiendo en agentes activos. Constituyendo una nueva clase social, comienzan a articular una visión de una nueva sociedad que va más allá de los modelos capitalistas occidentales y marxistas, y están sentando las bases para ello con las iniciativas que están tomando en la reconstrucción económica y política a nivel local.[21]

Es a partir de la "Iglesia de los pobres", como dice Shaull, que nos encontramos con las voces ignoradas y minorizadas de los pentecostales latinos que han experimentado un auténtico encuentro con el Espíritu de Pentecostés, pero a menudo han sido silenciados o ignorados por las narrativas más populares.

---

19. La evidencia encontrada más cercana es Miller, 2006.

20. Cox, 1995, p. 58.

21. Shaull, 1992, p. 261.

Al escuchar la voz de los pentecostales marginados se descubre que el encuentro del Espíritu entre los pobres es personal y social. A nivel personal, Dios se encuentra con la comunidad pentecostal latina a través de una auténtica experiencia con el Espíritu Santo que trae la salvación y les da poder para enfrentar las realidades vividas y las luchas de la vida cotidiana. A nivel social, la transformación del individuo conduce a la curación de las personas, las familias y, en algunos casos, las sociedades en conjunto. Shaull testifica sobre este dicho:

> Muchas personas quebrantadas, cuyas vidas han sido devastadas por la pobreza, el abandono, el fracaso y la derrota, y que a menudo son adictas a las drogas y la violencia, son sacudidas por una poderosa experiencia de éxtasis. [...] Así, muchos que antes eran agentes de destrucción, se transforman en agentes de curación, personas que pueden así contribuir a la reconstrucción de la familia y de la comunidad de la que forman parte.[22]

Es en la conciencia social pentecostal de amar al prójimo a través del poder del Espíritu que uno descubre una identidad auténtica de la experiencia pentecostal latina.

Un ejemplo clave de esto se puede ver en la vida y el ministerio de la reverenda Leoncia Rosado Rousseau, también conocida como Mamá Leo. Este nombre cariñoso representa la presencia matriarcal entre la comunidad pentecostal latina: una abuelita de fe para las generaciones venideras. Siendo una pastora pentecostal pionera en su día, Mamá Leo sirvió a aquellos que se encontraban entre los más marginados en las calles de la ciudad de Nueva York. Según Villafañe, «la concepción del evangelio de Mamá Leo siempre incluía la dimensión social. Hablaba de su preocupación por el trabajo social, la participación con la comunidad y la ayuda a los necesitados, los *outcasts* (parias), como ella los llamaba»[23]. La obra de Mamá Leo revela el poder pentecostal del Espíritu para ministrar las necesidades individuales y sociales de las comunidades pobres y marginadas.

Mamá Leo representa solo una de las innumerables mujeres, madres y abuelas pentecostales latinas que han enseñado durante generaciones que los frutos de la salvación no deben buscarse en las riquezas terrenales,

---

22. Shaull, 1996, p. 52.
23. Villafañe, 2012, p. 46.

sino a través de un encuentro auténtico con el Espíritu Santo. Tal encuentro traerá consuelo y satisfacción para enfrentar las luchas cotidianas de la vida.

Como mis abuelas, Mamá Leo nunca fue al seminario. Nunca recibió un título en teología ni fue considerada una gran teóloga según los estándares occidentales. Sin embargo, como la mayoría de las abuelas en las iglesias pentecostales latinas que conozco, la unción y autoridad que tienen estas abuelitas de fe no tiene rival. Decir que la fe pentecostal de mi abuela es antiintelectual es no ver las condiciones socioeconómicas que han creado sistemas de exclusión y han impedido que tantas comunidades reciban una educación formal. Decir que la fe pentecostal de mis abuelas es pura emotividad es exagerar y desestimar uno de los aspectos más hermosos y auténticos de la fe pentecostal latina. Y aunque es posible que un gran número de abuelas nunca entren en un aula de seminario, conozco a muchas que tienen vidas de oración más poderosas y consistentes que muchos profesores.

Nuestra herencia: el futuro del pentecostalismo latino

La fe de nuestras abuelas es un regalo, un *Encanto* para las generaciones venideras, una herencia preciosa que nos empodera con el poder del Espíritu Santo para transformar los desafíos personales y las luchas sociales de la vida cotidiana. Nuestra propia experiencia es un testimonio de las palabras que Pablo dijo a Timoteo: «Traigo a la memoria tu fe sincera, la cual animó primero a tu abuela Loida y a tu madre Eunice, y ahora te anima a ti. De eso estoy convencido» (2 Ti. 1:5; NVI).

Armas nos cuenta que «figuras matriarcales como las abuelitas conservan y transmiten tradiciones, creencias, prácticas y espiritualidad religiosa»[24]. Así como la abuela Madrigal transmitió dones especiales a sus hijos y nietos, así también nuestras abuelas transmiten la herencia del Espíritu para empoderarnos con dones que bendicen a nuestras familias y comunidades. El encanto de la fe de la abuelita pentecostal se encuentra en la confianza en el Espíritu Santo; allí es donde radica nuestra visión renovada del futuro de la fe y la identidad pentecostal latina.

Un ejemplo final de la fe de la abuelita se puede encontrar en la película *In the Heights*, en la que Lin Manuel Miranda cuenta la historia de

---

24. Armas, 2021, p. 33.

una comunidad de inmigrantes hispano-latinos en Washington Heights, ciudad de Nueva York. En el centro de esta comunidad se encuentra la abuelita Claudia, una inmigrante cubana cuya fe y sabiduría unen a los múltiples personajes e historias. «¡Paciencia y fe!» es el dicho por el que la abuelita Claudia es más conocida, un dicho que describe la importancia de confiar en Dios para salir adelante en las luchas diarias de la vida.

La teología de la abuelita «nace a través de lo cotidiano. No es elevada, sino informal»[25]. Es una fe con capacidad para transformar no solo individuos, sino comunidades enteras, una fe que puede soportar las circunstancias más difíciles y ver a Dios moverse en formas sobrenaturales.

A medida que emerge la próxima generación del pentecostalismo latino, brota también una creciente conciencia social sobre las injusticias sistémicas que han limitado a nuestras comunidades. Estos son los poderes y principados que nunca fueron completamente identificados con un lenguaje intelectualmente sofisticado por parte de nuestras abuelas; pero fue también un mundo espiritual contra el que lucharon valientemente a través de la oración y el ayuno en el poder del Espíritu.

A medida que los pentecostales latinos comienzan lentamente a lograr una movilidad social ascendente y mayores recursos educativos para comenzar a articular y abordar estos principados sistémicos, es más importante que nunca que redescubramos *la fe de la abuelita* y el poder del Espíritu. No podemos permitir que esa fe sea usurpada por los ideales coloniales de la prosperidad occidental; ese camino solo nos conduce a la esclavitud, la explotación y la gracia barata. El futuro de la fe pentecostal latina, por el contrario, debe entenderse a la luz de la fe de nuestras abuelas: una herencia que se nutre de las dimensiones personales y sociales en un auténtico encuentro con el Espíritu Santo.

Bibliografía

Anderson, A. (2014). *An Introduction to Pentecostalism: Global Charismatic Christianity*. 2ᵈᵃ Ed. Cambridge University Press.

Armas, K. (2021). *Abuelita Faith: What Women on the Margins Teach Us about Wisdom, Persistence, and Strength*. Brazos Press.

Bowler, K. (2013). *Blessed: A History of the American Prosperity Gospel*. Oxford University Press.

---

25. Ibíd., p. 20.

Collier, P. & Horowitz, D. (1976). *The Rockefellers: An American Dynasty*. Holt, Rinehart and Winston.

Cox, H. (1995). *Fire from Heaven: The Rise of Pentecostal Spirituality and the Reshaping of Religion in the Twenty-first Century*. Da Capo Press.

De Leon, V. (1981). Growth of Hispanic Pentecostals. *Paraclete* 15:1 (Winter), pp. 18-21.

Green, C. E. & Félix-Jäger, S. (2023). *The Spirit and the Screen: Pneumatological Reflections on Contemporary Cinema*. Fortress Academic.

Lin, T. (2020). *Prosperity Gospel Latinos and Their American Dream*. UNCE Press Books.

Miller, D. (2006). *The New Face of Global Christianity: The Emergence of "Progressive Pentecostalism"*. Pew Research Center's Religion & Public Life Project. https://www.pewresearch.org/religion/2006/04/12/the-new-face-of-global-christianity-the-emergence-of-progressive-pentecostalism/

Namnún, J. (2015). *Encountering Prosperity Theology in Latin America*. The Gospel Coalition. https://www.thegospelcoalition.org/article/the-prosperity-gospel-in-latin-america/

Seidel, L. G. (2023). *Hispanic Leaders Don't Want to Miss This Missional Moment*. Christianity Today. https://www.christianitytoday.com/ct/2023/march-web-only/hispanic-ministry-leaders-lifeway-survey-church-population-.html

Shaull, R. (1992). Latin America: Three Responses to a New Historical Situation. *Interpretation Journal* 46, no. 3, pp. 261-70.

Shaull, R. (1996). The Pentecost Appeal to the Poor. *Church & Society* 86, 4 (March-April), pp. 49-55.

Villafañe, E. (2012). *Introducción al Pentecostalismo: Manda Fuego, Señor*. Abingdon.

TIEMPO SUFICIENTE *ANTES* DEL FIN
Dimensiones desconocidas de nuestra escatología cristiana

Edgardo Fuentes[1]

Me parece curioso que, de alguna manera, las series, películas y equipos deportivos favoritos de mi mamá terminaron siendo también los míos. No sé en cuántas ocasiones he visto *The Last of the Mohicans* (1992) o cuándo llegará el momento en que esa corta melodía inspirada por Trevor Jones deje de ser el ringtone de mi celular. También llevo más de 25 años celebrando y sufriendo la pasión por mis Lakers, equipo que mi madre creció admirando. Pero, sin duda alguna, el legado cinematográfico que con mayor gratitud le debo a mi madre es el amor por la famosa serie de Rod Serling *The Twilight Zone* (1959-1964), traducida al español como *La dimensión desconocida*.

Todas las noches antes de dormir disfruto de al menos un episodio. Creo que el blanco y negro ayuda a descansar mis pupilas hiperdilatadas tarde en la noche. Pero más allá de su efecto analgésico, no deja de sorprenderme la capacidad que tiene esta serie para despertar la creatividad intelectual, en especial frente a la incesante labor del que tiene la osadía de hacer teología en pleno siglo XXI. Es como si tuviésemos que trasladarnos a esa

---

1. Edgardo J. Fuentes Colon nació en Bayamón, Puerto Rico en 1989. Tiene una Maestría en Divinidad por el Seminario Evangélico de Puerto Rico y actualmente está cursando su doctorado en Estudios Teológicos en la Universidad Interamericana de Puerto Rico. Es ministro ordenado de la Iglesia Cristiana Discípulos de Cristo en Puerto Rico; es además profesor de teología y maestro licenciado de inglés. Escribe regularmente en la revista *Manifiesto 2:28* de la Iglesia Cristiana Discípulos de Cristo de Puerto Rico. Fan de los deportes (actualmente practica *pickleball*), la ciencia ficción *vintage*, la música *indie* y la instrumental.

dimensión desconocida, fuera de nuestro ámbito racional y cientificista, para poder dar sentido a nuestra realidad con mayor claridad. Dentro de la amplia oferta de episodios que hay en sus cinco temporadas, me limito a compartir uno de ellos para abordar la reflexión que nos compete.

Henry Bemis es el protagonista de uno de los episodios más icónicos de la serie. "Time Enough at Last" (*Tiempo suficiente al fin*) nos cuenta la historia de un banquero frustrado, antisocial y con serias deficiencias para la interacción humana. Su único medio de escape es la lectura. Henry lee todo lo que hay a su alcance y constantemente paga el precio de su descuido, causado por su deseo voraz de encontrarse con alguna nota impresa. Su esposa no lo tolera y su jefe ha amenazado con despedirlo; todos hacen lo posible para evitar que se encierre en su propio mundo.

Una tarde como cualquier otra, Henry se encierra en la bóveda del banco. De repente, una bomba masiva destruye la Tierra en su totalidad. Nadie sobrevive, excepto Henry. La bóveda del banco sirvió como amortiguador del impacto. Henry piensa que es el fin de todo; en su búsqueda de sobrevivientes, se topa con los restos de una biblioteca y encuentra miles de libros a su disposición, lo suficiente como para acompañarlo por el resto de su vida. «Tiempo suficiente al fin», piensa. Una vida culmina y otra comienza. Cuando por fin se sienta a leer el primero de una larga lista de textos, sus anteojos caen al suelo y se rompen. De pronto, le resulta imposible leer. «No es justo», se dice… «tenía todo el tiempo…».

Naturalmente nos inclinamos a ver en Henry a una víctima más del cinismo de Rod Serling, el creador de *The Twilight Zone*; pero hay mucho más en esta historia, que ilustra una penosa realidad: la forma en que nosotros también decidimos *leer* los tiempos en los que estamos viviendo. Como ocurre con Henry, nuestros anteojos no nos permiten conectar con las personas a nuestro alrededor y su ausencia total no nos compunge. Ensimismados, nos lamentamos más por la pérdida de nuestros anteojos que por la fatalidad que nos rodea. Desde esa visión miope hemos construido una escatología individualista e indiferente, que lee muy bien las supuestas señales del desastre, pero no es capaz de discernir la necesidad más inmediata de nuestros hermanos/as. Valdría la pena preguntarnos: ¿De qué nos sirve ser capaces de leer señales extraordinarias si la cotidianidad en la que nos encontramos no es pensada con detenimiento? A su vez, ¿tiene la fe cristiana el potencial de ofrecer una vía alterna a esta seductora insensatez egoísta?

Desde los anteojos del propio Jesús

A mi entender, Jesús de Nazaret ya había comunicado su preocupación sobre este mismo dilema cuando, en el Evangelio de Lucas, en el capítulo 12, expresa lo siguiente: «¡Hipócritas! Ustedes saben interpretar la apariencia de la tierra y del cielo. ¿Cómo es que no saben interpretar el tiempo actual? ¿Por qué no juzgan por ustedes mismos lo que es justo?».

¡Las palabras de Jesús resultan muy desafiantes para toda clase de lectores pues su vigencia es increíble! Nuestro Maestro nunca fue un propagador de ideas acríticas ni defensor de la falta de criterio en conversaciones importantes. Note que el problema no es interpretar, juzgar o establecer lo que es justo, todas palabras que aluden a esta importante labor crítica. La molestia de Jesús tiene que ver con la falta de aplicación de esas mismas reflexiones a nuestra vida cotidiana.

Jesús se encargaba de resaltar la importancia de nuestro presente como un lugar teológico y de que aquello asociado a nuestra dimensión terrena y finita fuese parte del repertorio de nuestras consideraciones escatológicas. Después de todo, era él quien daba sentido a esa gran señal de los cielos que guió a los sabios de oriente. Él *es* la noticia experimentable en el presente y quien fundamenta la esperanza de todo creyente en cualquier parte del planeta. Por tanto, una escatología que obvie el momento presente de seguro desfigurará cualquier noción sobre el futuro. Como reseña la frase de Lucas 12, el tiempo actual, atado a nuestra condición existente, es un buen punto de partida para comprender los planes redentores de nuestro Señor. La escatología inicia, se desarrolla y culmina en la persona de Jesús.

Una escatología primeramente humana, *luego* simbólica

Volvamos a Henry y la propuesta de Serling en este episodio. El protagonista adjudicó el final de su tiempo no al estallido de la bomba, sino a la rotura de sus anteojos. No fue insoportable la soledad como producto de la ausencia humana, sino la incapacidad para leer. El entendimiento de Henry sobre el final muy poco tenía que ver con relaciones o un sentido de comunidad y coexistencia; para Henry, el final no es otra cosa que la conclusión de su propia lectura de la realidad, fragmentada, ensimismada y egoísta.

Desde la escatología cristiana, la finalidad o propósito redentor último es la reconciliación de todas las cosas con su Señor. Es decir, la participación de los hijos/as de Dios en el plan salvífico de Cristo como una comunidad rebosante de alegría por la victoria alcanzada. Por ende, una escatología que sabe leer señales en el cielo, que anticipa y espera, pero no pone atención a la dimensión humana, pretende leer con anteojos rotos. Su visión, como la de Henry, reflejará nuestro quiebre interno y nuestras carencias relacionales. ¡Qué penoso es hacer teología sin ese calor humano! El producto final puede parecer coherente, pero desprovisto de humanidad no puede afirmar la esperanza final que hemos heredado.

En segundo lugar, la escatología no puede reducirse a la interacción con símbolos, pues pierde su capacidad para leer en calidad de relaciones vivas. Nuestra esperanza final no es un mero tecnicismo teológico que se articula en ideas: es esencialmente la añoranza de estar juntos/as frente a nuestro Creador. Los símbolos que le dan sentido a nuestra fe dejarían de ser símbolos si se convirtieran en un fin en sí mismo; o sea, la propia definición nos obliga a pensar en el símbolo como un primer estadio que apunta a algo mayor y trascendental.

De acuerdo con nuestra ética cristiana, la manera en la que nos relacionamos con Dios y con nuestro prójimo —según el resumen de toda la ley que hizo el mismo Jesús— es lo que a fin de cuentas calibra nuestras prácticas cotidianas. Henry Bemis ignoró las señales de un matrimonio fallido, de un continuo cuestionamiento de parte de su jefe y de los reclamos de su clientela en el banco, todas señales que recuerdan la importancia de vivir un presente en calidad de relaciones y no como meros intérpretes desinteresados de un mundo que decodificamos robóticamente.

Claro, siempre es más sencillo lidiar con símbolos desprovistos de vida y criterio propio que interactuar con tus hermanos/as, pero el precio de esa escatología deshumanizada es tan letal como la bomba que destruye el mundo de Henry Bemis.

A tono con esta idea, propongo dialogar brevemente con un incomprendido teólogo moderno: Rudolf Bultmann. Cuando se hizo famoso por el concepto de desmitologización bíblica y teológica, muy poca atención se puso a las implicaciones que su propuesta tenía para las relaciones humanas. Para Bultmann, el énfasis no era necesariamente erradicar el mito o el símbolo de nuestro sistema doctrinal, sino adecuarnos para una fe más auténtica y humana. Lamentablemente, el debate que suscitó su planteamiento no era por lo que afirmaba sobre el ser humano, sino por la tragedia existencial que provocaba correlacionar la palabra mito con las narrativas bíblicas. La desmitologización, como la entendía Bultmann, evitaba a su vez la despersonalización de la fe, aunque esta segunda no parecía apretar ningún botón de pánico en sus opositores. ¡Quienes lo leían lo catalogaban como un frenético lector que buscaba destruir la validez de nuestra historia, cuando en esencia buscaba invertir los órdenes de importancia al momento de contarla! La fe cristiana, decía Bultmann, no es una invitación a la idolatría textual o hermenéutica, a un entendimiento confinado a lo que podemos descifrar al estudiar las Escrituras. Se trata de priorizar aquello que es verdaderamente importante: el relato esencial o *kerygma* que anuncia a Jesucristo como protagonista escatológico.[2] Dicho de otro modo, el mensaje no puede contarse sin los mensajeros y aquellos/as que interpretan desde Cristo. ¡Ellos/as son tan importantes como el mensaje que se comparte!

Hacia una escatología que sabe lamentarse por la pérdida

Para Bultmann, por tanto, la escatología no es una catástrofe literal ni una indiferencia hacia el presente. Fue un defensor incansable de la escatología realizada, es decir, de aquella que comienza a experimentarse en el momento en el que nos ha tocado vivir. En este sentido, poner atención al tiempo presente no es simplemente poner atención a la circunstancia, sino al ser humano que la vive. La famosa frase de Ortega y Gasset lo resume muy bien: «Yo soy yo y mi circunstancia»[3].

El episodio al que aludimos en esta reflexión muestra un detalle vital en el carácter de Henry Bemis: no sabe lamentarse por la pérdida de su propia especie pues se había dedicado a ignorar esa presencia mientras vivía. Esa insensibilidad humana está presente en muchísimos episodios de *The Twilight Zone*, y aparece continuamente en el conflicto entre el ser humano y la máquina artificial. Curiosamente, en este episodio es el propio humano el que se comporta como una máquina. El periodo de luto fue automáticamente superado por Henry cuando se percató de los restos de la biblioteca. ¡Los libros eran más importantes que los huesos en el suelo! Semejante imagen me hace cuestionar si la escatología que hemos predicado y vivido sabe lamentarse por la pérdida o si somos indiferentes a los huesos a nuestro alrededor.

---

2. Bultmann, 1981, p. 41.

3. Fernández, 2021, p. 66.

En los discursos optimistas de superación personal —que en ocasiones se confunden con la esperanza cristiana—, no vale tomarse tiempo para lamentarse. Se cree que los sentimientos son una carencia de carácter; la capacidad para el duelo sanador es cada vez más escasa. Se insta a una respuesta de asimilación automática, como la que notamos en la historia de Henry. Para ser justos, en ocasiones nuestras nociones escatológicas reproducen este dilema. Nuestro discurso triunfalista no nos acerca al galardón mayor al que alude Apocalipsis y nuestras conductas personalistas no reflejan la dimensión personal de nuestra buena noticia.

Vivimos en una horrenda contradicción pues la esperanza que decimos afirmar no nos acerca a la vida plena, sino simplemente a esquivar el aguijón de la muerte. Por algo Jesús utilizó la palabra *hypocrites*, que tiene una doble significación. En un principio hacía referencia a aquellos que interpretaban *por debajo* (de manera oculta); más adelante, hizo referencia a los actores o propulsores de falsedad. No podemos pretender esquivar esta realidad o que otros/as no noten nuestras contradicciones. ¡El propio Nietzsche se lamentaba de la sustitución de la tragedia clásica por la comedia, porque entendía la catarsis como una parte fundamental de nuestro diseño humano![4] Hemos erradicado la catarsis y creo que necesitamos reaprender a lamentarnos. Una escatología verdaderamente cristiana puede ayudarnos a lograrlo.

La escatología entonces no puede ser inhibidora del duelo y el lamento. No debe exhortarnos a sentir menos, sino a sentir más. Naturalmente, se ha asociado nuestra esperanza cristiana con la ausencia de llanto, de dolor y de lágrimas. Nos han enseñado que mientras más enfocada esté nuestra esperanza en ese porvenir idílico, nuestra teología será mejor. Debemos ser fuertes y consistentes para disfrutar del mar de cristal y no ser propiciadores de la generación de cristal que emerge en nuestros tiempos. Una nueva escatología para un tiempo desencantado —que sufre las consecuencias directas de esa supuesta *súper fe* que de nada adolece— es responsabilidad de todos/as los que hacemos teología para este tiempo. Si el siglo XX fue el que cobró la mayor cantidad de vidas y un siglo después aún estamos aprendiendo a reconciliarnos con la cifra y a asimilar lo sucedido con cierto rencor y enojo es porque el ciclo del duelo aún sigue vigente.

La escatología cristiana debe servir como aliciente ante la dureza de nuestro entorno pues lejos de escapar, busca reconciliar *ser humano* y *circunstancia*, tal como planteaba Ortega. Así también podremos reconciliar

---

4. Nietzsche, 2020, p. 26.

el llanto y la esperanza futura, tal como expresaba el apóstol Pablo en 1 Tesalonicenses 4:13: «Y ahora, amados hermanos, queremos que sepan lo que sucederá con los creyentes que han muerto, para que no se entristezcan como los que no tienen esperanza». La exhortación paulina es a explorar, investigar más a fondo y cultivar una esperanza escatológica futura, una que llora y se lamenta, pero que a la vez sonríe ante el porvenir que nos aguarda.

Que si estalla algo, sean los entendimientos *escato(i)lógicos* sobre nuestra fe

El *escatón* de Henry Bemis inició mucho antes de que estallara la bomba. Sin percatarse, Henry ya se había encerrado en una bóveda ultrasegura que lo mantenía alejado de sus semejantes y de toda crítica externa. Con mucha maestría, Serling dedica gran parte del episodio a las interacciones de Henry previas al anuncio de la bomba que lee en el periódico. Lo interesante es que, tomando en cuenta el carácter abusivo de su esposa que lo ridiculiza y del empleador que le llama la atención constantemente, Henry parecería estar justificado en su indiferencia por el presente. Pero como ocurre en tantos otros episodios de *The Twilight Zone*, aquí no hay ganadores. El estallido que había comenzado a resonar sutilmente en la vida de Henry encontró finalmente su punto culminante. La ironía final de sus lentes rotos parece un dictamen en su contra, como si Serling quisiera decir que no hay tal cosa como víctimas unilaterales en la indiferencia generalizada en la que vivimos. Todos/as perdemos.

Si el tiempo presente no es un lugar teológico para una nueva escatología realizada, ese silente y progresivo daño del estallido comenzará a desfigurar nuestras relaciones humanas. Lo final será un mero *coup de grâce*, un golpe de gracia para una ya atormentada humanidad.

Esa bóveda, externa o autoconstruida, no es necesariamente un espacio físico enajenante, sino cualquier mecanismo de escape que nos hace sordos, ciegos o mudos ante la inminente maldad que nos acecha. Quizás asumamos esta actitud para protegernos o proteger a otros/as de nuestra propia maldad. Quizás la realidad que hemos heredado nos aburre y en esta rápida fluctuación de tendencias ideológicas no logramos asimilar una idea que ya encontramos otra para remplazarla.

Si las calles no son un lugar transitable para el encuentro con mi hermano/a, las futuras calles de oro que aguardamos serán una mera ornamentación estética. Me he atrevido a llamar a esta lectura de nuestra escatología como *escato(i)lógica*: una fisura en la lógica de lo que vendrá. ¿No sería mejor aprender a percibir en nuestras calles —rocosas, imperfectas, destruidas o incluso bañadas en sangre— una motivación para compartir el mensaje de esperanza que nos ha sido dado? ¿De qué nos sirve una escatología que nos ocupa solo provisionalmente, pero a expensas de una cotidianidad que nos aburre?

Hagamos estallar todos estos entendimientos irracionales sobre el fin que nada tienen que ver con la restitución plena de los santos en su encuentro definitivo con Jesús. Que los mecanismos con potencial de enajenación sirvan como vehículos de expansión para encontrarnos los unos con las otras y que sea el evangelio como una bóveda con cabida ilimitada. ¡Que tu cuenta de Instagram, el metaverso o el púlpito de tu congregación sean plataformas en las que puedas revertir los entendimientos *escato(i)lógicos* de nuestra fe cristiana! De igual modo, que estallen también todas aquellas etiquetas que ven la sensibilidad ante el dolor y la amargura como señal de debilidad cristiana. Con mucha probabilidad, tú mismo has experimentado —en ti mismo o en alguien más— el daño colateral de una escatología insensible, infrahumana. La contrapropuesta del evangelio no es la deificación que deja atrás lo corpóreo como material desechable, sino una revaloración de nuestra identidad a la luz de aquel que se hizo carne. Ante la inhumanidad, la respuesta no es la reciprocación primitiva y violenta, sino una mayor humanidad.

Conclusión: la comunidad expectante en su tarea *antes* del fin

Quiero proponer un reverso al sugerente título "Tiempo suficiente al fin", cambiar esa expresión complaciente por una que exhorte la voluntad de cada hijo/a de Dios: "Tiempo suficiente *antes* del fin". ¡Cómo cambia una mera preposición al sentido de la frase! En los labios de Henry, *tiempo suficiente al fin* no es otra cosa que la victoria de la complacencia, el alivio por no tener que emprender más. Nuestro llamado va en la dirección contraria. Desde nuestra proclamación, debemos afirmar que hay *tiempo suficiente antes del fin* para aferrarnos a la esperanza y a la misión que realizamos como comunidad expectante. Bajo unos lentes escatológicos todavía funcionales, implica que el tiempo antes del fin sea la motivación para aprovechar cada instante que tenemos: rectificar nuestros entendimientos torcidos antes de que estalle la bomba de la completa indiferencia.

Para Serling, en medio de la catástrofe del siglo XX, el estallido de la bomba nuclear era el escenario más apocalíptico posible. No sería extraño que en nuestros tiempos acechen los efectos de un nuevo tipo de bomba. Nuestra catástrofe puede tentarnos a doblar rodillas frente a la indiferencia, cuyo radio de expansión es tan letal como un arma nuclear. Decía el teólogo Paul Tillich que peor que llegar a la conclusión de que Dios no es, o que podría no ser, es saber que es y que no nos importe.[5] Es decir, la indiferencia ante su providencia es la fatalidad más horrenda. La opción de hacer a Dios una mera idea real, pero inconsecuente es peor que cualquier modalidad de ateísmo o agnosticismo contemporáneo. En base a la advertencia de Tillich, concluimos que no es suficiente que nuestro entendimiento escatológico promueva la verdad, que sea real o responda a nuestra ortodoxia. También tiene que movilizarnos a búsquedas más profundas. Tomando prestado de su lenguaje, diríamos que no es una ambición utópica la de procurar la correlación entre verdad y relación: el anhelo de relacionarnos con aquello que entendemos como absolutamente verdadero.

En fin, y como sugiere Serling en la famosa introducción de *The Twilight Zone*: «Hay una quinta dimensión más allá de lo que es conocido para el hombre; una dimensión tan vasta como el espacio y tan eterna como el infinito». Oremos para que la arrogancia epistemológica que a veces destila nuestro discurso choque con la creatividad única del Espíritu de Dios y expanda nuestros horizontes en busca de una nueva dimensión.

Hay tiempo suficiente antes del fin y corresponde decidir a favor de una fe más proactiva. Optar por una escatología que inaugure un tiempo nuevo y no se conforme con reseñar lo que dijeron otros/as. Que antes del quiebre total de nuestros anteojos, de la caducidad de nuestros cuerpos mortales o la fatiga de nuestro intelecto, podamos abrazar el tiempo presente con la intencionalidad que caracterizaba a nuestro Señor Jesús, ese que, aun en medio de la total ruptura física y emocional, supo acoger en sus brazos al ladrón y ofrecerle la cercanía de una salvación presente: «De seguro estarás hoy conmigo en el paraíso».

Que nuestra escatología sea como esa proclama: *Hoy* y *conmigo*.

Proximidad humana en el presente y luego, solo luego, el Paraíso.

---

5. Bayer, 2008, p. 27.

Bibliografía

Bayer, O. (2008). Tillich as a Systematic Theologian. En *The Cambridge Companion to Paul Tillich*. Cambridge University Press.

Bultmann, R. (1981). *Teología del Nuevo Testamento*. Ediciones Sígueme.

Fernández, P. H. (2021). *Guía del lector de Ortega y Gasset: conceptos alfabetizados, definidos y clasificados*. Editorial Círculo Rojo.

Ford, D. (1997). *The Modern Theologian: An Introduction to Christian Theology in the Twentieth Century*. Blackwell Publishing.

Nietzsche, F. (2020). *El nacimiento de la tragedia*. Passerino Editore.

Tillich, P. (1951). *Systematic Theology: Reason and Revelation, Being and God* (Vol. 1). The University of Chicago Press.